古代歷史文化 研究輯刊

二三編

王明蓀 主編

第 12 冊

先驅者之聲：晚清三大女報
女權意識主體的考古學研究

呂俊賢 著

國家圖書館出版品預行編目資料

先驅者之聲：晚清三大女報女權意識主體的考古學研究／呂
俊賢 著 — 初版 — 新北市：花木蘭文化事業有限公司，2020
〔民 109〕
目 4+202 面；19×26 公分
（古代歷史文化研究輯刊 二三編：第 12 冊）
ISBN 978-986-518-037-9（精裝）
1. 女權 2. 清代
618   109000481

ISBN-978-986-518-037-9

9 789865 180379

古代歷史文化研究輯刊
二三編　第十二冊　　　　　　ISBN：978-986-518-037-9

先驅者之聲：晚清三大女報
女權意識主體的考古學研究

作　　　者　呂俊賢
主　　　編　王明蓀
總 編 輯　杜潔祥
副總編輯　楊嘉樂
編　　　輯　許郁翎、張雅淋　美術編輯　陳逸婷
出　　　版　花木蘭文化事業有限公司
發 行 人　高小娟
聯絡地址　235 新北市中和區中安街七二號十三樓
　　　　　　電話：02-2923-1455／傳真：02-2923-1452
網　　　址　http://www.huamulan.tw 信箱 hml810518@gmail.com
印　　　刷　普羅文化出版廣告事業
初　　　版　2020 年 3 月
全書字數　182045 字
定　　　價　二三編 21 冊（精裝）台幣 55,000 元　　　　版權所有‧請勿翻印

先驅者之聲：晚清三大女報女權意識主體的考古學研究

呂俊賢　著

作者簡介

呂俊賢，1982年生，高雄人。大學就讀臺師大地理系，同時修習歷史學分，畢業時取得地理科與歷史科的教師證，之後考取國中教師，主要教授地理。因為大學有修習歷史的經驗，因而研究所進修轉向文史方面的領域，取得高師大國文碩士與成大中文博士學位，研究主題主要以後現代理論為題材，探究晚清社會文化的現代性、女權運動與當代女性主義等相關議題的發展。

提　要

　　傅柯的《知識考古學》指出，傳統歷史研究採取直線觀照，無法呈現歷史事件全貌，因此轉向歷史事件的斷裂面向，挖掘被忽略與隱藏的論述運作。

　　本文從「考古學」觀點，以《中國女報》、《中國新女界雜誌》、《天義報》為文本，梳理晚清女權論對於女性主體的建構視角與歷程。男性知識分子為了國家建設的需求，將婦女塑造為「國民之母」的形象，以拯救國家的衰弱；但三大女報的論述主張卻是跳脫「國民之母」的軸線，分別提出「盡與男子一樣義務」、「國民新角色的探索」、「跳脫國家的無政府視角」。西方思想在晚清社會的傳播，受到國家存亡危機意識與當下歷史情境的雙重影響，在詮釋理論的過程中，配合國家民族的需要，轉換理論原本的面貌。婦女解放與啟蒙的主體，因應國家民族需要的大前提下，不同的女權話語路線，不斷變換自身形象與實踐位置。

　　透過「考古學」分析，顯示晚清婦女形象的建構與國家現代性的發展有密切的互動關係。婦女形象是隨著社會變化被不斷建構的，呈現一幅變動中的歷史圖景；婦女解放運動的論述演變，不僅是婦女社會地位的轉變，在文化符碼的轉變中，也是知識分子在社會變動中的自我認同，意味性別形象的變化蘊藏多元複雜的社會實踐內涵。

誌　謝

　　進入研究所就讀，論文就走進我的生活，經過資料收集、整理、撰寫，論文的完成便代表一段學習歷程的紀錄。五年來，經常獨自面對著筆電，看著相關的研究資料，將其一筆一筆地敲進筆電裡。一份博士論文的完成，除了要靠個人的努力之外，師長與朋友的協助與支持更是重要的關鍵。

　　首先，最感謝的是林朝成老師的指導，對於研究題目給予我自主的發揮空間，在研究架構悉心指正與建議，讓我得以順利地串連起研究脈絡。其次，感謝蔡玫姿老師對我的論文細心審閱，於百忙中撥冗指導，玫姿老師深度的析論和建議，使我的論文可以更為增進，令我獲益良多，讓我在研究學習的過程中有更多的成長。再者，論文審查與口試期間，承蒙余昭玟老師、蔡振念老師、黃錦珠老師賜予寶貴意見與指正，均使我得以突破盲點，對論文進行進一步的縝密修正，使論文得以更加完善，深表感謝。最後，感謝同事智偉與我的討論對話，在與你的漫天閒聊之中，讓我跳脫孤軍奮戰的思維，給予我很多論文撰寫的靈感。

　　在職進修的研究生活緊湊忙碌，回憶起剛考上博士班的喜悅還記憶猶新，飛逝的秒針，如同一顆不斷流動的水星，在筆電寫下誌謝的同時，代表做為學生的時刻即將畫下句點。這幾年，在工作、生活與學業的多重壓力下，慶幸有許許多多的貴人相助，不論在博論撰寫還是論文發表，終能達成了自己的目標。感謝一起學習的伙伴，雅慧與雅薇，同為中學教師的身分，使我們擁有更多的共同話題，能夠一起學習是難得的緣分，認識她們，使我的博班生活更加的豐富燦爛。

　　博士論文的完成是人生一個階段的自我實現，冀勉自己把握所學、放眼

未來。謹以此獻給所有鼓勵、協助與支持我的貴人，衷心地感謝曾經陪伴的每位親友，願你們都幸福快樂。

呂俊賢 謹誌
於成大中文系博士班
民國一〇六年十一月

目次

第一章 緒 論

第一節 研究動機與目的

　　長久以來，傳統歷史學的研究一直著重於歷史事件發生的延續性，並且在眾多的事件當中找出一個共同中心意義，透過這個意義將紛雜歧異的個別事件予以編列，按照既定存有的編年時序來述說與解釋歷史的發生。傳統歷史學塑造一個不可逆轉的論述系統，將歷史事件的遞變轉化過程，按照這個既有的系統來顯示事件的起承轉合，顯示出這些歷史事件的連續性與相似性，從中建構出這些散亂事件的一致性，史學家則在其中闡述這些事件的一貫性觀念，而這樣的論述操作，使得那些不符合既定脈絡的歷史缺口，往往在一貫性的中心架構下遭到忽略，甚至有意地弭平與消除。傳統歷史學看重事件演化的精神串聯，將一連串的分散事件集結在一起，使得史學家在觀照一個時代的歷史事件時，可以建立這個時代的共通意義或象徵，並以此為這個時代做出一個統一的歷史解釋。

　　對應晚清歷史的發展性質，長久以來，對於 1840 年以後的歷史發展，歷史學界最為共通的註解形象便是「一個飽受外國侵略，落後又腐敗的政權」，「半殖民地與半封建的社會」變成為晚清歷史研究論述的一個基準。〔註1〕「殖民」

〔註1〕夏曉虹：《晚清女性與近代中國》（北京市：北京大學出版社，2004 年），頁 1、6。夏曉虹指出「半殖民地與半封建社會」這一定義由毛澤東寫入《中國革命與中國共產黨》課本中之後，在廣為流傳之後，深入人心，成為大陸地區對晚清歷史研究的主要基準。原文如下：「自從 1840 年的鴉片戰爭以來，中國一步一步地變成一個半殖民半封建的社會。」

意味著外國勢力對中國的步步入侵，而「封建」則是標示清廷政府的腐朽，兩相配合之下，晚清近代史一直演述著清廷無能誤國與列強瓜分侵略的恥辱史，而隨著這條歷史主軸出線的便是知識分子的救國運動。於是晚清歷史便在「列強入侵→清廷無能→救國運動」這條軸線上不斷地上演相同的歷史事件：英法聯軍刺激了自強運動，甲午戰爭催生了維新運動，而日俄戰爭帶出了立憲運動。在這條歷史軸線上我們可以看到，晚清知識分子一直無法釋懷國家憂患的救亡意識，面對不斷發生的侵略事件，促使知識分子不斷尋求救國的途徑方法，而歷史演化便不斷地在亡國與救國之間循環擺盪。晚清知識分子戮力於救國運動是晚清歷史一條顯而易見的論述主線，它整體概略化了晚清歷史事件的一貫性，但這一貫性的演述卻也可能簡化了驅動晚清社會的動力，似乎一切的歷史事件都凝視在亡國與救國的歷史循環，掩蓋與忽略其他真實與意義的存在。

對於傳統歷史學習以為常的一貫性演述，長久以來，傳統歷史學注重歷史直線延伸的研究，忽略橫切面的探討，傅柯（Michel Foucault，1926～1984）對此則從不連續的角度，提出斷裂史觀，並認為歷史演述應該將重點轉移到事件的斷裂面與不連續的現象上，挖掘埋藏於歷史事件罅隙與裂縫中的材料（material）意義，這些不在一貫性軸線上的斷層材料，雖然不一定自成體系，但有其論述形成與運作的基礎，與當下社會文化制度的維持息息相關。傅柯將這些斷層材料，透過「考古學」（archaeology）的方法，將其視同歷史事件一般來處理，從其所在的縫隙缺口來演述歷史的真正面相，重新挖掘被傳統歷史學所隱藏與忽略的各種論述運作。

回觀被「亡國與救國」高度抽象化的晚清社會，在亡國與救國軸線之外，任一論述的組織與運作機制都有其複雜性，也未必可以化約進「亡國與救國」的中心軸線，在牽一髮動全身的時代變局裡，許多不在歷史軸線內的細節，其本身也富含引導歷史走向的可能性。傅柯認為，斷裂材料的論述，透過文本檔案來演述、補繹與編撰，可以呈現其深藏的思想、制度與論述的關係規則，讓我們可以對歷史演述有重新的認識。對於晚清社會景象的重構，扮演斷裂材料功能的便是晚清如雨後春筍般，不斷問世的報刊，藉由報刊雜誌的考古分析可以獲得更實在真切的印證。

報刊做為晚清歷史研究的文本材料，它能更加貼近於當下社會生活的各個層面，經由媒體運作的公共空間，對於當時知識分子，以致社會民眾，在思想、輿論、撰寫與人際交流都起了一定的作用，但這些作用未必會呈現在

專論的作品文本中。晚清報刊扮演的角色主要是提供在晚清社會人際網絡裡，議題設定與話語論述的功能，進而建立起社會對話與人際互動的機制。透過對話，民眾參與及影響社會的運作機制，此為民眾參與社會運作的實質表現，而當中報刊扮演民眾與社會的搭橋作用。報刊不同於作家的作品，為滿足讀者的需求，它需要不斷的更新與印行，講求時效與奇異搜隱，以最大程度貼近當下的社會情境。因此，貼近社會讀者的報刊媒體，它與民眾立場息息相關，也因此留下忠實且詳盡的紀錄。「官方檔案單一性，作家別集太乾淨，野史筆記不可信」，菁蕪並存的報刊文本，成為最能反映「眾聲喧嘩」的開放場域，夏曉虹如此評述晚清報刊在歷史演述上的功能：

> 上下追蹤，左右逢源，報刊因此可以幫助後世的研究者跨越時間的
> 限隔，重構並返回虛擬的現場，體貼早已遠逝的社會、時代氛圍。
> 〔註2〕

報刊的發行打破上諭與邸報所規制的統一性，反映晚清社會的多元輿論與思維並存的時局，確保立論者的立場相對客觀性與事實陳述最能貼近與還原晚清民間社會的真正動向。

在中國傳統社會，婦女往往不是歷史舞台的主要角色，婦女上場的角色不外乎是某人的女兒、妻子、母親（抑或祖母），向來就不是主角的身份，當然更不可能成為歷史中心軸線的發聲者。在中國傳統社會中，婦女一直是「扮演」無聲的存在。隨著晚清的社會變動，婦女所面對的變化處境遠比男子來得多，也更為複雜，官方檔案、作家別集、野史筆記缺乏婦女的反映，但在「眾聲喧嘩」的報刊中我們可以挖掘出更多的歷史材料。對應於傅柯的斷裂史觀，晚清時局的震盪，打破中國傳統婦女無聲的一致性，女權意識的興起改變父權中心的統一思維，婦女開始嘗試在教育、社交、經濟、婚姻、自由、參政各層面發表自己的聲音，而報刊媒體便成為這些婦女聲音的傳播媒介與文本。女權做為晚清婦女運動的核心思維，但不同的倡議者從其不同的背景與經歷卻又有不同「聲響」。不同的話語主張，透過報刊搭建的對話橋梁，磨合不同觀點間的差異性，使得能夠產出較高效益的社會議題討論，同時經由報刊的傳播，晚清民眾能從單純的讀者，進入公共議題的對話場域，報刊的傳播促使不同的論述產生社會對話，因此，不同視角出發的女權意識，在報刊上輝映出不同的立場色彩。

〔註2〕夏曉虹：《晚清女性與近代中國》，頁2。

第二節　研究脈絡

本節說明本論文採取的研究架構、研究方法與文獻回顧。

一、研究架構

本論文主要目的在於探析晚清女權意識主體的置換與轉變，藉由知識考古學的理論觀點，運用知識考古學的方法策略，來檢視晚清女權運動中，女性主體意識在變化過程中出現的不連續斷裂現象與其相關意涵，從而形塑三大女報的先驅者色彩，並援以其他理論來深究女性實踐主體的形成。〔註3〕不同的思維策略，透過分析觀點可以呈現事物多元的不同面貌。本論文的分析架構如圖一所示，嘗試透過知識考古學的研究觀點，以晚清三大女報爲主要文本，分析晚清女權意識主體的發展過程，將晚清知識分子的女權論述視爲知識考古學中的檔案（archive），來呈現女權運動論述的實際運作，並透過論述其「稀有性」（rarity）、「外緣性」（exteriority）、「積累性」（accumulation）的分析，從多元視角觀看晚清的女權運動。

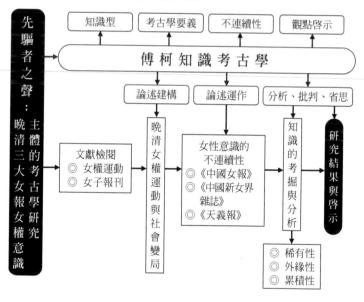

圖一　研究架構圖〔註4〕

〔註3〕 本論文以傅柯「知識考古學」爲主要分析理論，於此之外，尚援用以下理論作爲分析方法：1.拉克勞「霸權理論」中的「敵對」與「異質性」；2.克里斯蒂娃女性論述的「象徵」與「表徵」；3.珊卓哈定的「女性主義立場論」。
〔註4〕 資料來源：筆者自行整理繪製。

　　首先針對知識考古學進行文獻閱讀分析，檢閱出關於知識考古學理論的思維背景、理論發展脈絡、運作特徵，以及理論運用限制，在這樣的基礎上將其發展成爲本文論述的主要理論依據。其次，關於晚清女權意識主體部分，本文從晚清女權運動興起的歷史背景中，以晚清三大女報爲主要分析文本，回顧知識分子的女權主張，分析其多元的女權概念，整理女性主體在多元女權主張中的變化過程，歸納出女性主體所處的性別結構與思維策略。再從知識考古學的觀點，分析晚清女權運動中，不同女權論述對於女性主體的建構脈絡，探究其論述的不連續特性，考掘論述所形成的斷裂與矛盾現象。

　　本文的分析脈絡爲一循環演繹的架構歷程，採取文本資料的閱讀、分析，在文本檢閱過程中，本文嘗試初步分析整理得一歸納論點，再經由理論觀點的理解與詮釋，不斷地思辨與論證，漸次修正論點的缺漏與未竟之處，最終提出研究成果的批判結論，以期論述脈絡能清晰完整。

二、研究方法

　　按照前述研究架構的脈絡，本文進行的研究方法主要爲文本分析的方式，針對三個面向對文本進行研究探討。首先，關於傅柯知識考古學部分，此爲本文的理論基礎部分，以《知識考古學》（《The Archeology of Knowledge）一書爲主，輔以其他相關著作與研究。〔註5〕其次，關於晚清女權意識部分，以《中國女報》、《中國新女界雜誌》、《天義報》三份女子報刊爲主要分析文本，加上晚清知識分子在女權運動的相關論述，二者相互對照比較並進行探討。最後，關於理論應用部分，以「晚清女權意識女性主體的置換與轉變」爲題，分析不同報刊與知識分子之間的相關論述，並以傅柯知識考古學理論觀點，探討其女權主張的歧異與轉變過程。

（一）傅柯知識考古學理論的文本分析

　　此一部分爲本文第二章內容，主要的探討文本爲傅柯《知識考古學》著作，並輔以傅柯的相關著作與作品文集，加上其他學者對於傅柯知識考古學之相關研究專書、期刊與論文等。相關文本的收集，透過文本檢閱，經由閱讀與歸納整理之後，在理論觀點的概念化過程中，進行對知識考古學的理解與詮釋，不斷思辨文本的概念與主題，從而演繹形成本文的理論架構，做爲本文分析理論的主要內容，增進本文論述的周延性與切實性。

〔註5〕傅柯書籍主要是《古典時代瘋狂史》與《規訓與懲罰——監獄的誕生》。

（二）晚清女權運動的文本分析

此一部分為本文第三章內容，以晚清女權運動為檔案（archive）主題，以同時期女子報刊和知識分子的相關論述，針對女權運動發展過程中形成的思維脈絡，檢視其呈現在女子報刊中的論述主張。首先以甲午戰爭到辛亥革命之間為主要時段，探究晚清女權運動興起的歷史時空背景，針對相關文本進行資料分析。從有關晚清女權運動變化的論述，歸納整理晚清女權意識主張的轉變過程，探究女權主張的歧異路線與對立衝突，並以此做為後續分析判定的基礎。

（三）知識考古學理論應用的文本分析

此一部分為本文第四章與第五章內容，將前兩章部份進行聯結，以知識考古學的理論觀點，分析探討晚清時空背景中女權運動在主張上的多元歧異特性，透過對三大女報進行分析，解釋女權主張論述的轉變，探討晚清女權運動過程中，歧異論述所呈現的多元特徵與現象。

本文從晚清維新知識分子的女權主張出發（男子論述），從此一軸線呈現出晚清女權運動的轉變歷程，挖掘論述的不連續現象，從報刊路線的衝突面考掘出彼此的斷裂性質，分析歧異觀點走向的影響因素，進行共時性的探悉，呈現不同報刊與性別角色之間的歧異論述及多元運作，再透過知識考古學論述描述原則之「稀有性」、「外緣性」，及「積累性」，對三大女報與晚清女權運動主張進行分析，考掘女權主張的不連續現象。（概念示意如圖二所示）

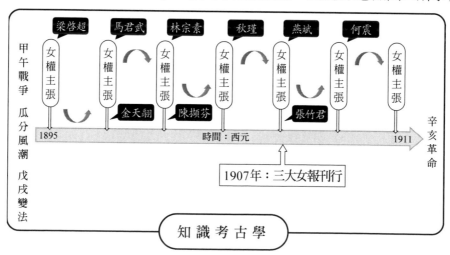

圖二　知識考古學理論應用的概念圖〔註6〕

〔註6〕資料來源：筆者自行整理繪製。

三、文獻回顧

　　本論文以晚清三大女報為研究文本，但研究主題涉及晚清社會婦女解放運動的範疇，故以下針對晚清女權與女性主義的當代研究做出回顧分析，分別整理出對本文最具啟發性的當前著作。

（一）須藤瑞代，姚毅、須藤瑞代譯：《中國「女權」概念的變遷：清末民初的人權與社會性別》（北京市：社會科學文獻出版社，2010 年）。

　　須藤瑞代在本書的研究對清末民初中國女權思想的源起、流變和演化，提供清晰的論述脈絡。本書的書寫結構採用編年與人物兼具的思想史寫作，透過一條清晰的軸線貫穿全書，即不同時期的女權論述如何建構論述中的女性主體。女性主體的呈現是圍繞在女權論述的爭論中被建構出來的，因此婦女不是自明的主體存在，女權的論述先於女性主體。婦女被確認為女權的主體是在聯結國家民族的關係中被確立的，因此作者認為晚清的女權是遭到國家框架的綁架。須藤瑞代指出，清末民初中國女權主體的建構有兩項外緣的影響機制，首先是中國當時所處的國際關係局勢，其次是西方女性主義思想的引入與影響。作者從「女權」思想在中國的傳播經驗來看，她認為國際關係的發展對於當下社會建構性別認同有著極大程度的影響，此一說法可以說是作者在社會性別理論研究的貢獻，開拓了社會性別建構的理解層面。因此，假定所有女權思想論述都是具體受到當下具體情境所約束，那麼當下情境之一的國際關係局勢變是無法迴避的具體存在之一。

　　須藤瑞代認為，在清末民初中國知識分子在談論女權時，絕大多數都有刻意模仿或導入歐美國家與西化的日本文明，以歐美國家或日本的「文明」現況為標竿。這種情形甚至在 1920 年代後，女權論述中出現「女權」與「母權」的衝突與分離，也可以看做是西方女性主義理論引入的影響，作者認為這是西方理論內部的分裂衝突性質，進而迫使中國知識分子對理論做出應對的回應。在 1920 年代，源於歐美的婦女運動、自由戀愛和貞操論點等大量議論，或由日本，或從歐美，間接與直接流入中國。其中強調母性的觀點，以及重視男女平等的思想，也同時流入中國。因此，中國的知識分子在面對這些可能相互矛盾的論點說法，在引入中國社會時，便體認到有必要對這些相異的觀點進行整合。另外，須藤瑞代也指出，中國與日本在「同為女人」的性別認同，其間的共通性質並不只因於中日婦女同處於東亞世界，以及同樣

受到儒家父權壓迫的基礎上，而是「同樣問題」意識的形成都是根據西方理論討論而來的。換句話說，這些西方理論，在中國知識分子的接觸中發現中國婦女的「問題」，同樣的情形也在日本知識分子身上，發現日本婦女的「問題」。如此一來，對西方理論的討論，一方面內化了西方的女性主義思想，一方面也形塑了中日婦女「同為女人」的共通形象。

對於女權發展與國家民族框架的關聯性，須藤瑞代認為這與中國女權思想和西方女權思想的關係密切相關，作者指出中國女權論述的本質反映出西方女權思想內部關於人權本質與國家體制之間的矛盾性質。清末民初的中國女權論述受到歐美女權思想的影響甚鉅，時常援以西方的論述觀點，或者以歐美國家的情境為正面榜樣，藉此來論述中國女權的問題與改變。須藤瑞代將這樣的情形看作是近代中國女權思想從西方國家單方面的引進過程；然而，中國知識分子嘗試用西方觀點解決中國問題，並不代表中國知識分子沒有中國的視角，或意謂他們不是從中國問題角度出發，因此作者所謂西方單向引入中國的說法便缺乏中國女權論述者的主體性。本文認為晚清知識婦女在詮釋與援用西方思想，便試圖納入自己的本土視角，不全然採用西方的論述內容，在中國傳統與西方現代之間嘗試建構接合的可能性，《中國新女界雜誌》在女權立論上主張「發明與引進」、「破舊與開新」便是一例。另外，在1920 年代以後，婦女從事職業工作與扮演母親身份，這兩種角色的衝突可能已經成為一些知識婦女的生活經驗。在此時女權論述中，開始出現女權與母權的分離，這便是中國婦女從實際生活經驗所得到的理論性反應，而這種反應不能簡化視為對西方理論的回饋。因此，須藤瑞代在女權「主體」的建構過程中，著重於文本與論述對女性主體建構的影響，卻是忽略了現實情境中的實踐主體，導致無法呈現出中國婦女實際的生活經驗與中國女權論述者的主體性。

不過，須藤瑞代在本書中揭示出清末民初多元而爭議不斷的女權思想，有助於讀者打破把「女權」僅理解為一種抽象空洞的口號，或是少數西方標準的刻板印象。書中一開始便提及中國女權運動的肇始，其關注的便不僅僅是婦女爭取權利的問題，而是當下時局國家民族建構和中國社會發展的根本性問題。須藤瑞代在分析清末民初的女權論述，在書中指出兩個判斷：首先，中國的女權被國家民族框架所綁架了；其次，中國的女權思想被西方思想所制約了。事實上，中國女權與國家民族的關係、中國女權思想與西方思想的

關係，這兩個面向確實是討論中國女權無法回避的課題，同時也一直是圍繞中國女權思想研究的兩個核心問題。須藤瑞代在本書以思想史做為主要的研究路徑，卻討論著一個存在著超越歷史和外在於歷史的先驗女權標準，即去性化的「男女平等」。因此女權所提倡的男女平等，便被視爲婦女在公共領域（經濟權與參政權）與男子享有對等權利，女權的開展是解放婦女，讓婦女從家庭走向公共領域。作者以這樣的女權主張標準來評判本書所討論的各家女權論述，如此一來，晚清女權論述的主張便較民國初年來得更有發展空間，因爲秋瑾的「盡與男子一樣的義務」、張竹君的「摸索新角色」、何震的「拒絕在民族國家框架下解放婦女」，她們的女權論述都是讓婦女跳脫單單「母親」的角色，而探索發展出未來婦女的各種可能性。因此，從婦女具體的生活經驗出發，以具體的平等爲基礎，實踐女權不見得一定與母職角色產生衝突，因爲女權所要爭取的是選擇的自由，選擇不扮演母親角色是自由，但選擇扮演母親角色也是自由，二者都是女權的自由選擇。換言之，女權運動者的論述，其精神不是反對婦女扮演母親的角色，履行母職，而是拒絕依據生理性別而強加刻板固定的性別角色與性別責任於婦女身上，進而斷絕婦女自主選擇的主體自由。

（二）夏曉虹：《晚清女性與近代中國》（北京市：北京大學出版社，2004 年）。

夏曉虹撰寫《晚清女性與近代中國》最主要的研究方法，便是透過深度分析晚清報刊資料，進而闡述書中所探討的十項案例人物或事件。〔註 7〕因此，夏曉虹透過深度閱讀晚清報刊資料，在報刊資料中找尋分析素材與線索，進而描繪晚清社會的生態系統，是一種高層次的讀報理解。夏曉虹對於晚清報刊的理解方式，是對晚清社會的深度閱讀，透過報刊閱讀，重新還原複製過往的晚清世界。藉由報刊訊息的揭露，報導內容中個別的人事物建立起相互的關聯性，此人與彼事的關係在分析中逐漸清晰，事實的呈現便越趨客觀。經過深度讀報，讀者可以更加清楚了解，報刊記載的人事物在晚清社會的脈絡發展中佔據何種位置？扮演何種角色？發揮何種功能？產生何種影響？因此，可以說分析報刊內容的人事物，便可以探究這些人事物背後的社會意義。

〔註 7〕分別依序爲「上海中國女學堂」、「杜成淑與屈彊」、「《女子世界》」、「男降女不降」、「班昭與《女誡》」、「Harriet Beecher Stowe」、「羅蘭夫人」、「惠興」、「胡仿蘭」、「秋瑾」。

夏曉虹在《晚清女性與近代中國》的導言中，通篇便在闡述一個重點，即本書的著作便是她深度讀報的心得。夏曉虹以獨特的研究視角，在繁雜的報刊史料中分析晚清社會百態，經由個案的深度剖析，建立全書論述的整體構想，卻又未完全分閉起來。以小見大，既可以免除宏觀敘述產生的疏漏，又可以展現了一幅逼近真實的晚清圖景，揭示出晚清社會運作背後所隱含的文化動態。因此，我們可以說，《晚清女性與近代中國》是夏曉虹將報刊文字與歷史脈絡相互「參讀」下所誕生的一項成果。她在本書的後記提到，將書本裡外世界的訊息相互溝通，文獻史料所抖落的歷史塵埃在現實生活中便可重新復活於客觀的想像中；透過這一層想像，歷史與我們相距並不遙遠，研究者便可親身目睹與體驗晚清社會的延續脈絡。

夏曉虹對晚清報刊進行類似大數據式的分析研究，從報刊資料中建構一幅徹底改觀的晚清社會圖像。夏曉虹將看待晚清社會研究的視角從官方檔案轉移到民間傳媒的報刊身上，此一舉動，改變了只有官府立場的上諭與奏摺構築的單向統一圖景，呈現出晚清社會在思想與生活等不同層面文化的多元色彩，反映出晚清社會運行的豐富生氣。夏曉虹對報刊的分析研究，讓讀者可以重新認識晚清社會多元與輿論的變異格局，看到中西文化參雜交匯而引發的異彩紛呈。夏曉虹在《晚清女性與近代中國》的書寫脈絡中，對報刊的文本分析與晚清社會的歷史研究二者之間，架構起十足充分的關係連結；夏曉虹打破以往對報刊研究僅止於資料價值評斷的侷限，發揮報刊重新構築晚清社會圖景的重要功能，而《晚清女性與近代中國》的立論基礎便是充分建築在作者對晚清報刊的信賴。

晚清婦女歷史的發展是整個晚清社會變動的一個重要環節，若是沒有整體社會脈絡的認識，探究晚清婦女議題便會變成單一人事物的討論，沒有辦法呈現婦女議題在社會全面的圖景。因此，藉由報刊是了解晚清社會最為適切的途徑，報刊記載的內容是晚清社會的真實反映，是當下的一手原始資料，藉由這些原始資料的梳理則讓我們回頭檢視了晚清社會運作的真正現場圖景。因此，隨著對晚清社會增加的熟悉，研究者可以透過報刊，在自身的識覺認知上構築一幅晚清社會的歷史圖景。在這基礎之上，本書所述說的十件個案便不再只是歷史單一軸線的理論分析，而是源於過去現實，並且特點鮮明的專題史，進一步來看，「重構晚清圖景」便躍然而生。報刊的發行是面對廣大社會讀者的公共領域，其刊物的存續與否是要接受當下社會大眾的集體

檢視。晚清報刊的內容對現今的讀者來說，它是過去歷史的再現，但對晚清時下的社會大眾而言，接受的卻是當下現實的訊息，而晚清時人對於刊物本身內容價值判斷的重視，便主導糾正報刊錯誤與延續報刊的發行。因此，透過各種刊物的相互參照，是可以達到令人信服的客觀性；資料間的交雜印證，可以糾舉報刊內容的假訊息。是故，熟讀晚清報刊，大致而言我們可以了解這些報刊是真實客觀的，因為官方檔案造假的程度，就某方面而言，是遠較於民間刊物來得嚴重。了解夏曉虹在《晚清女性與近代中國》是進行何種晚清婦女歷史的研究方向，便能理解書中十件個案的研究成果何以得來以及具體價值。

　　夏曉虹以詳實的晚清報刊做為《晚清女性與近代中國》的研究基礎，以婦女議題做為切入晚清社會的研究視角，考察晚清社會的運作樣態。本書雖是論述分立的十件個案，但個別的小歷史經過關係的串聯便可以觀照整體時代社會的大歷史運作。晚清婦女運動的發展圍繞著婦女自我意識主體而運行，但在過程中卻是與國家民族的高度關聯的命運共同體，近代中國的啟蒙與現代性發展對晚清婦女運動發揮實質的影響，而女性主體的形塑也成了晚清社會整體運作機制的一環。我們可以將《晚清女性與近代中國》看做是晚清時期的一部女性斷代史，而這部女性斷代史為我們呈現一幅新的晚清圖景，以及一種新的切入晚清歷史圖景的途徑方法。

（三）宋少鵬：《「西洋鏡」裡的中國與婦女：文明的性別標準和晚清女權論述》（北京市：社會科學文獻出版社，2016 年）。

　　宋少鵬在本書開頭便指出清末民初的女權論述一開始便是在國族思維的框架中展開的，國族主義的集體思維很大程度地主導了這一時期女權思想的論述與實踐。因此，對於此一時期的女性史研究便將焦點一直放在國家與女權之間的互動關係。然而，宋少鵬認為以國家民族為女權思想當然出發點的研究脈絡，終究局限於國家民族的框架之中，無法探究女權與國族主義之間互動的歷史情境，以及女權論述思想的理論轉化，甚至忽略了在國家民族框架之外的女權論述。為此，宋少鵬將本書聚焦在中國近代女權論述的萌發階段，從全球歷史發展的視野中，從西方文明在中國近代的傳播脈絡中，分析晚清女權思想的論述與實踐，在中西思想傳播與轉化的大時空中，嘗試回答晚清婦女解放運動的轉變過程。

　　宋少鵬在本書提到，晚清的男性知識分子受到西方文明等級觀點的影

響，促使女權思想加速在晚清社會的傳播，因為男性知識分子普遍接受婦女地位高低與國家文明程度之間的預設關聯，因此當男性知識分子內化這種文明優劣的思想之後，便開始積極著手於婦女的「改造」運動，他們的最終目的不是實踐女權，而是文明國家，藉由提高婦女地位來使得國家走向文明行列。宋少鵬指出，對於晚清女權思想起源的分析，從中可以發現源自西方自由主義的思想脈絡，在晚清的社會情境中，轉化出一種屬於晚清的自由主義的女權思想，一種富含國族色彩的女權論述。西方思想與中國情境的特定結合，反映出的中國內在特質。以「天賦人權」來說，晚清對「天賦人權」的強調並不在婦女應該享有「權利平等」的地位，而是婦女應當承擔「責任平等」的義務，因為「同為國民」，因此應該「同擔責任」，以此論證「男女平等」。而在民國以後，婦女再從「責任共擔」，進而要求「權利共享」，以婦女同樣對國家有所貢獻，共同擔負國民責任，以此要求婦女也要有平等的「國民權利」，此一觀點在 1920 年代，仍是女權運動者在爭取婦女參政權所採用的重要鬥爭策略。國族框架下的女權論述是抵抗外來侵略者的一種手段，然而這種抵抗卻又是對侵略者的一種仿效，因此有人開始嘗試在國族框架外的女權論述，試圖建構一條徹底解放婦女的可能途徑，從無政府視角提倡的「女界革命」便是一個例子。國族主義下的女權論述擱置了男女性別之間的對立關係，因為它的目標是放在國與國之間；無政府主義的「女界革命」則是指涉出文明進步論述所刻意的「無視」，對這種「無視」提出批判，因此無政府主義倡議女權運動必須跳脫國家民族的框架才有可能達到真正的解放。

宋少鵬指出民初時期「婦女參政」所引發的爭論便是潛藏於國族框架下女權論述矛盾的彰顯，即「國民之母」與「女國民」的角色衝突。國族框架無法調和婦女在雙重角色的衝突與矛盾，這種為難局面，宋少鵬認為是西方自由主義與現代資本社會的結構性問題，民初所出現的「女權」與「母職」的爭論，便是這種結構性問題的內在邏輯困境的表象化。相反的，無政府主義的觀點，開闢一條新的現代性探索路線，試圖以新的文明論述可能的路徑，建構不同的女權論述。最後，宋少鵬歸結出，文明進步的觀點是晚清社會發展與實踐的根本，性別關係從文明論述的架構出發，是晚清女權論述的重要緣起，也是影響晚清現代性論述的重要成分，從文明觀點開始的現代性操作，徹底改變中國婦女傳統的角色與意義，成為建構中國現代性的方案之一。

（四）倪志娟：《女性主義知識考古學》（北京市：高等教育出版社，2012 年）。

　　倪志娟在本書指出新女性主義對父權體制的政治、經濟等制度提出批判，批判層面直指理性中心的二元結構，試圖找出新的價值體系與倫理推測。因爲在現有的權力結構體系，婦女無法得到眞正的性別解放，唯有試圖建構超越二元對立結構的新文化模式，擺脫傳統體制的權力壓迫，建立相互尊重的社會互動關係。因此，新女性主義的訴求應該從性別平等的層次進展到建構社會文化多元理論的境界，婦女不再只是傳統男子中心的理性工具，而回歸人類個體的深刻認識，反對以理性爲名的反人性。換言之，新女性主義不再侷限於「女性」個體權益的探討，更多是著眼於以全人類的共同權益爲目標的努力。性別、族群、婚姻、經濟、生育等問題都存在內在的相互關聯，當新女性主義以全息觀點的視角來看待這些問題時，明確指出男子參與所發揮影響的重要性，因爲新女性主義認爲，若是缺乏男子參與，這些問題中的婦女壓迫現況都不可能獲得眞正解決，因此跳脫單純對男子的批判，新女性主義訴求更多的男子參與，共同合作解決問題。此外，新女性主義同時認知到個體之間的差異性，不再主張普世皆準的單一價值標準，而是強調尊重個別差異的平等性，在平等中個體自由追尋自我的實現價值，扮演最適合自身的實踐角色，讓不同群體之間以合作關係取代對立衝突，這意味新女性主義在問題解決上呈現更寬廣的詮釋視角。

　　另一方面，倪志娟認爲新女性主義在建構自身論述時，確實借用後現代主義的觀點與方法，但在新女性主義與後現代主義在宗旨目標上，仍然存有無法彌合的差異。新女性主義最根本的目標是改變性別壓迫的社會實踐關係，這一點是不同於後現代主義聚焦於對宏大話語的否定，因爲新女性主義的最終訴求是尋求自身個體的獨立性與政治性。換句話說，新女性主義想要建構的是對基本前提的社會文化角色與制度的變革，以合作轉化對立，形塑一種新的社會認同意識，跳脫原有二元機械運作機制，提供一種新社會眞實的可能性實踐。

（五）張麗萍：《報刊與文化身份：1898～1918 中國婦女報刊研究》（北京市：中國書籍出版社，2015 年）。

　　張麗萍以 1898～1918 近代中國期間的女子報刊爲分析基礎，從文化的視

角分析報刊傳媒對女性身份的建構與塑造之特點，並且將研究範疇擴增到「激進的革命性婦女報刊」之外的「立憲改良派」與「資產階級革命派」的代表刊物，挖掘過去甚少被提及的女子報刊資料，針對跨越 20 年的多種女子報刊，分析不同時代的刊物內容，從女性文化身份的研究視角出發，梳理女子報刊與女權觀念的變遷與社會互動的關係，以及女子報刊對當時女性身份建構與示範作用。張麗萍透過具體分析清末民初多份女子報刊的內容，明確指出女子報刊所扮演的菁英媒體角色，對於當時女性身份認同與建構有著密切關係。女子報刊以傳媒文本的方式揭示各種女性問題的立場與態度，嘗試引導當時婦女建立自身的覺知與覺醒。因此，張麗萍認為此一時期的女子報刊發揮了婦女解放的啟蒙作用，提供當時婦女一種新的身份認同與典範作用。女子報刊在「國民之母」與「女子國民」之間的爭論樹立可能的轉換座標，並且構建清晰的未來婦女的圖景，顯示對未來女性的理想期待，同時在國家新文明的建構過程中，女子報刊也提供傳統婦女邁步新文明路徑的現代典範與認同座標的效用，確立新女子的可能形象。然而，本書的研究範疇是以當時的女子報刊為依歸，並未論及清末民初在政治與社會的變化形勢，諸如民國初年「女權」與「母職」的爭論，是本書的一個不足之處。

（六）關於「三大女報」的研究

有關三大女報的研究，主要以單篇論文的形式為主，學位論文方面有二〔註 8〕：

1. 楊錦郁：《《中國新女界雜誌》研究》（臺北市：銘傳大學應用中國文學系碩士論文，2005 年）。楊錦郁以《中國新女界雜誌》為研究文本，分析《中國新女界雜誌》的女性觀、科學觀與文藝作品，探討燕斌為主的旅日知識婦女如何透過媒體來報導女界議題、論述女權意識，進一步討論《中國新女界雜誌》在晚清社會所扮演的思潮脈絡與時代定位。

2. 周翔：《《天義》雜誌研究》（北京市：中國社會科學院研究生院碩士論文，2012 年）。周翔探討《天義報》對無政府主義在晚清知識界的發展，以及與日本無政府主義者的互動關係，並在第二章專論何震在無政府主義框架下的女權論述，探討《天義報》的女性主義思想來源、婦女革命與無政府主義的關聯。

〔註 8〕《中國女報》可能因僅有兩期刊行，未有單一針對《中國女報》的學位論文。

　　單篇論文方面：

1. 夏曉虹：〈晚清女報中的國族論述與女性意識──1907 年的多元呈現〉，《北京大學學報》（哲學社會科學版）第 51 卷第 4 期（北京市：北京大學，2014 年），頁 118～132。夏曉虹在此文中指出 1907 年發行的女報中以「三大女報」的影響最大，「三大女報」同中存異與各自獨特的主張：秋瑾提倡的民族主義、燕斌宣導的國家主義、何震標舉的無政府主義，都從不同視角切近婦女與國族的互動論述，豐富晚清社會的思想圖景，「使其在同一對話場域中展現多元的樣態」。

2. 李又寧：〈《中國新女界雜誌》的創刊及內涵〉，《中國婦女史論文集第一輯》（李又寧、張玉法編輯）（臺北市：臺灣商務印書館，1981 年），頁 179～241。李又寧從歷史時序中討論晚清現代化與婦女解放的關係，從太平天國的婦女政策、傳教士的倡議到維新派的主張，作者認為晚清女權運動肇始於 20 世紀開端，女報主張同時拯救國家與婦女，並且出現兩個晚清女權運動中心，上海與東京，而在東京的留日女學生則是發展出兩大女權運動陣營：「一是提倡無政府主義和社會主義，以女子復權會和《天義報》為中心。一是鼓吹教育，培養女國民，建設新社會，以留日女學會職員，《中國新女界雜誌》代表後者。」

3. Peter・Zarrow（沙培德），張家鐘摘譯，馬小泉校：〈何震與中國無政府女權主義〉，《黃淮學刊》（社會科學版）第 4 期（河南省：商丘師範學院，1989 年），頁 20～27。沙培德認為何震主張的女界革命是「建立在道義與男女平等的超常意義之上」，指出何震對社會革命的推崇、對功利主義的批判、對真正平等的論析，顯示何震對中國政治學理的熟悉；對真正平等的追求，何震將女權論述緊密結合無政府主義，訴求「盡覆人治」。沙培德認為何震無政府女權主義的意義，在於她對中國社會結構與專制文化的精闢分析，以獨立自由的女性個體，實踐更廣泛的革命改變，透過整體社會的解放來獲得女性個體的真正解放，因此何震的思想主張是晚清女運動的重大成就之一。

4. Dorothy Ko（高彥頤）、Lydia H. Liu（劉禾）、Rebecca E. Karl，陳燕谷譯：〈一個現代思想的先聲：論何殷震對跨國女權主義理論的貢獻〉，《中國現代文學研究叢刊》第 5 期（北京市：中國現代文學館，2014 年），頁 69～95。作者認為何震思想的重要性，在於她對在「男女有別」提出新穎獨到的分析，指出何震先於「五四」之前就明確揭露「『男女有別』不但內在於

古代父權國家的政治、經濟、哲學、社會、學術和家庭等體制，而且更是分析資本主義國家型態、私有制、雇傭勞動和改頭換面的性別奴役的根本範疇。」作者將文章共分上、下兩部分：

(1) 在文章的上篇部分從社會性別與政治經濟的向度，分析何震所倡議的中國女權主義，作者認爲何震在晚清社會所嘗試的女權主義，建構了「至今無人企及的激進與全面的批判方式」，作者認爲何震在「男女有別」與「生計」兩方面問題的見解具有高度原創性，對議題認知的複雜性與思想力度，值得當代女權主義論述繼承與發揚。

(2) 在下篇部分，作者從全球視野來分析女報文本的互動關係，指出 1907 年晚清與世界在政治、社會、文化與經濟都有突出的大變革，而晚清婦女與這些變革的關係也全面系統性地揭露，何震的女權論述正是在這樣的關鍵時刻中置入實踐話語當中，「她不是唯一站出來反抗社會不公的晚清婦女，但她對社會不公的認識自始至終沒有脫離性別的立場，這使何殷震成爲一個獨特的社會和政治批評家。」

作者試圖反思晚清女權主義發展與維新人士自由主義觀點的關聯，挑戰「晚清女權論述源自歐洲男性自由主義哲學影響」的說法，認爲何震「對自由主義代議制國家的徹底否定，以及她對現代資本主義制度下男女有別的尖銳分析」是被長期忽略的。因此，作者指出何震認爲歧視婦女的論述實踐並不是社會運作的副產品，而是社會建構的本質，因而全體社會都必須從「男女有別」與「生計」的向度來思考，這兩個至關重要的分析視角，從過去到現在（晚清）都構成統治權力的物質宰制與意識形態的基礎。作者認爲何震這般的洞見，正是「她生活在晚清多重的思想世界之中，她不僅積極參與了那個思想世界的話語鬥爭，而且開闢了一個原創性的理論空間」的呈現。

第三節　重要概念釋義

本節檢閱本文之相關重要名詞，依序爲知識考古學、[註9] 婦女解放、女子報刊，另對於婦女解放與女子報刊的小節各有若干細項，就其在晚清時期的特徵予以說明。

〔註 9〕 此處針對「知識考古學」只做約略的說明，關於該理論的探討釋義將於第二章進行。

一、知識考古學

　　「知識考古學」一詞，其源出自法國思想家傅柯的著作《知識考古學》一書〔註 10〕，其意所指為傅柯在《知識考古學》一書中所論述的理論觀點，是對歷史事件採取不同傳統的逆向分析視角。傅柯在書中指出，人類的歷史文明世界中並不存在先驗的真理，沒有一套準則可以放諸四海皆適用，也沒有傳統歷史學所宣稱的那般，存在統一性質的連續特徵。傅柯認為在歷史洪流的演變中，看似相連不斷的時間軸線，實質上存在著諸多不連續的斷裂面，充滿著裂隙與深淵，真正的歷史面貌並不如傳統史學家所宣稱的那般並行不輟。傅柯的觀點，打破了傳統歷史學所注重的一貫性、連續性等特質，有別於以往的傳統視角，重新從一個新的角度去分析歷史事件的發生現況與場域特質，從而挖掘出事件中不同論述的歧異特徵，從論述內部的架構脈絡來反詰傳統歷史學的統一性，並從權力分析的角度來探討各種論述的實踐規則，挖掘出讓論述得以運作的權力關係與支配規範。傅柯的知識考古學將散布於歷史時代中的各種論述視為一種「檔案」（archive），分析這些論述的內涵就如同翻閱檔案一般，不同的檔案各有不同的建置模式，因此每一份檔案的內涵，需要透過不斷地挖掘才得以呈現它最完整的面貌。

二、實踐主體

　　實踐主體（practitioner）的存在考量的是「它」與社會結構的互動關係，不是一個絕對的概念，主體與他者的互動關係呈現出一種相對性的概念，在與他者互動的過程中，主體逐漸建構完善的自身，因此主體不是絕對的理性主體，而是在社會關係互動中不斷修正的有限理性的實踐主體。傅柯將主體視為一個需要考察其合理性存在的過程，分析其合理性的存在形式：「各種合理性在不同的基礎，不同的創造，不同的修正中彼此產生、彼此對立和彼此糾纏。」〔註 11〕

〔註 10〕其書名法文為 *L'Archéologie du Savoir*（1969 年），英文譯為 *The Archaeology of Knowledge*（1972 年），本文此書採用翻譯版本如下，中文版：王德威譯：《知識的考掘》（臺北市：麥田出版社，1993 年）；馬月、謝強譯《知識考古學》（北京市：生活·讀書·新知三聯書店，1998 年）；英文版：A.M. Sheridan Smith trans., *The Archeology of Knowledge*, London: Routledge, 2002。本文文中行文以《知識考古學》指稱此本著作，以「知識考古學」指稱此項理論；中譯本的使用以「馬月、謝強」版本為主，但在本文文中引文考量文義最適呈現，兩本中譯本均有使用。

〔註 11〕倪志娟：《女性主義知識考古學》（北京市：高等教育出版社，2012 年），頁 62。

透過對絕對理性的反思與批判，主體將獲得重新建構，並且在建構的過程中也揭示出社會生活的多元與互動關係的真實。在對理性的反思與批判中，揭露理性中心對他者施加的非理性控制，擴大主體的內涵與外延，使其成為社會關係脈絡中的相對實踐者，原有的理性內涵則是不斷消逝，瓦解了主體的絕對性存在，挖掘中心之外的他者的文化意涵與存在的合理性。

傅柯指出主體不是一種超越歷史的先驗存在，而是在社會進程中關係互動的構成物，主體既不是客體的對立面，也不是社會權力的中心，或是絕對的獨立個體，主體是一種由論述話語與意識形態所構建的實踐者，是知識體系與社會權力互動下的產物。傅柯認為社會的運作是由論述權力所組織的一張複雜紛亂的關係網絡，社會中的個體無不受到這層論述權力的制約與宰制，即便是標榜絕對理性的知識體系也不例外。因此，當我們嘗試對主體進行任何分析時，實際上便是在分析社會中知識體系與論述權力的互動關係。

傅柯將現代性的意涵視為人對自身有限理性與異常面的認識，一者人是有限的存在，是有限生命之物，是生產工具與論述運作的載體；二者，人具有異常的另一面，是病態與犯罪的錯亂主體，有限存在與異常層面都顯示出理性自身的侷限性，理性終究無法成為涵蓋人類生存全面的絕對存在，人的存在無法脫離成為社會互動關係中的他者。傅柯從多元立場對現代性的反思，同時涉及了西方傳統文化的互動機制，他主張社會中的各種論述話語都有其意義與權利，而不是單獨接受一種專一的權威，承認各種實踐主體的發言權，去除理性中心控制的種種偏激，維護他者與「異端」文化的價值正是傅柯觀點的價值所在。「生活世界的回歸與理性主體分裂、他者出現這兩個主題，不僅意味著西方哲學開始重新審視經驗世界的價值，也意味著文化中的他者開始獲得合法性。這為女性主義提供了一個探索女性主體身份、重新認定女性價值的新思路，女性主義對男權知識傳統的考察中，具體分析了女性他者身份的形成與定義。」〔註12〕

回看晚清社會的變局，歷史的演變使得知識婦女開始尋求自我意識主體的可能。晚清女性主體的建構是一個動態的過程，其特點在於打破傳統本質性先驗存在的主體，而是強調一個不斷變化的歷程，因為這樣的特性，使得知識婦女以他者的身份得以超越性別的限制，被賦予挑戰社會觀念的機會，可以批判與去除傳統典律（canon）的固著性，彰顯出在傳統體制下被忽略女性聲音，使社會上的實踐主體可以更加多元性的呈現。

〔註12〕 倪志娟：《女性主義知識考古學》，頁 69。

三、婦女解放

　　「婦女解放」做爲一思維概念的探討，其核心意涵便是「女性意識」的呈現與「女權」提倡，以做爲女性主義所探究的主要課題之一，而晚清隨著婦女解放思潮的開展，關於女性個體的功能與角色的核心概念，在不同時空的背景下，有不一樣的詮釋見解。

（一）晚清婦女

　　甲午戰後，晚清社會從民間到政府都推行諸多女子教育的措施，從民間私人興學（始於 1898 年上海經止女塾最早）到官方學制制定（1903《癸卯學制》、1907《女子師範學堂章程》），國內出現興辦女學的熱潮，同時女子留學人數增多（留學方向從歐美轉向日本），此一時期的「興女學」倡議與發展，帶動婦女解放運動的討論，針對婦女解放的報刊（女報）也同時大力刊行，其中夏曉虹指出最眾聲喧嘩的年分便是 1907。〔註 13〕

　　晚清維新人士受到社會達爾文主義的影響，試圖改變當時中國人口結構的貧弱以達到富強國家、進步文明的目的，女性「二萬萬人口」〔註 14〕的思考概念，是將女性人口建立在絕對數量的重要性。在國家被視爲一個整體的先決條件下，半身不全的女性人口將妨礙國家富強的未來願景，以梁啓超（1873～1929）爲例，在〈國家思想變遷異同論〉、〈論民族競爭之大勢〉、〈生計學學說沿革小史〉、《新民說》、《變法通議》等文章中，都可以看到他基於「人口結構」概念而嘗試進行改善的討論，晚清報刊也常採用「二萬萬人口」做爲對當時女性人口的代稱詞。

　　晚清維新人士的救國論述，將女性人口放置於「國民－國家」的結構視角中，從國民責任與義務來探討女性主體位置。傳統社會對於婦女「纏足與無才」的角色設定，在晚清的時空背景下，被視爲是一種國際笑柄，成爲國家貧弱的象徵指涉，而維新人士關注的是國家興盛與文明進步，因此婦女必

〔註13〕 夏曉虹：〈晚清女報中的國族論述與女性意識——1907 年的多元呈現〉，《北京大學學報》（哲學社會科學版）第 51 卷第 4 期（北京市：北京大學，2014 年），頁 132。因此，本文所設定之「晚清」時期，具體年分爲 1895～1911 年，即甲午戰爭到辛亥革命之間，此爲本文所探討的年份時期。
〔註14〕 晚清人口總數在道光朝已達四億之數；同治朝歷經戰亂（太平天國、捻亂、回變）造成人口低於四億；光緒朝末期人口約回增至四億五千萬之數（按辛丑合約賠款計數，中國人民每人負擔賠款一兩，共賠款四億五千萬兩）。因「四萬萬人口」成爲晚清全體人口的代稱詞，而佔半數之婦女則稱爲「二萬萬人口」。

須重塑健全的身體與學養的心識，國家才能擺脫舊有的貧弱態勢。傳統社會的婦女空間，不外乎胎教、婦道、母儀的位置，除了這些對應關係，婦女幾乎沒有存在的場域。晚清維新人士認為這樣的傳統場域造成婦女的依賴性質，成為（男子）國家富強的阻礙與負擔，因此「她」必須放足與興學，成為奠基國家富強基礎的「國民之母」，維新人士將婦女從家庭場域移置到國家場域，大大擴展婦女的生活位置（situation）。然而，這一位置的改變，實質也僅僅是在男子中心之外的相對位移，此時女性主體位置是男子進行歷史論述的相對建構，維新觀點的婦女解放並未觸及女性主體的真正解放。〔註15〕

戊戌變法的主張在「庚子後新政」獲得了落實，此時由官方提出了關於女學倡議的學制，深化「國民之母」的養成；然而，在「文明－野蠻」、「生存－滅亡」的進化軸線中，「國民之母」的意涵卻是顯示國家整體的「權力」重於女性主體的「權利」，當時有文章謂說：

> 夫開明之世，人人皆能自由，而不相侵其自由，故擅男威以壓女權，執尊卑之謬說，以害人間天賦之自由者，此未開化野蠻之陋風，實背天地之公義，今欲至世界於開明，豈尚容此蠻習之存於世上哉！〔註16〕

因此，晚清維新人士將婦女解放局限於國家命運的軸線中，多數者對於婦女實際問題的接觸是缺乏，不若民初新文化到五四時期對婦女問題的實質探討，因為國家危境重於女界危境，如此視角窄化了婦女解放議題的討論。民初社會將「女性問題」視為社會進展的歷程之一，是文明社會演化過程中產生的必要解決問題之一，陶履恭便曾言：

> 女子問題歐美問題之最重者也，其成為問題也，純為社會姿態之所以誕生，所醞釀，其所由來非一朝夕，必社會狀態有其所以興起之原因，吾今欲究中國女子問題，自不能不述及女子問題發源地之歐美……女子問題者，在今日已無國界可言……〔註17〕

〔註15〕 然而，不可否認的是女學的倡議確實擴展了婦女的知識接觸，增加不同於家庭範疇的社會活動，這一改變確實對婦女啟蒙的影響是顯著的，許多呼籲婦女解放運動的知識婦女，不少便源自此一時期女學接觸。

〔註16〕 〈群進化論〉，《清議報》（全編）卷20第5集外論彙譯通論頁33～39。引自李又寧、張玉法（主編）：《近代中國女權運動史料1842～1911》，（臺北市：傳記文學社，1975），頁370。

〔註17〕 陶履恭：〈女子問題〉，《新青年》第4卷第1號（上海市：群益書社，1918年），頁14～15。

延續文明進化的觀點，從文明歷程的演化，來看待婦女在經濟、教育、思想等生活層面產生的問題。

　　在辛亥革命之後，國家危境不再存在，維新人士對於婦女解放的關注便不若先前那般急切；對知識婦女而言，女界革命尚未成功，革命之後男女不平等反映在參政、教育，因此辛亥一役的政治革命並未帶來平等的男女權力關係，女界並未獲得預期的解放。本文聚焦於知識婦女如何突破維新人士所建構的國家中心視角，在窄化的論述軸線外突出歧異的不連續主張，鼓吹婦女解放的另一種論述：〈告海內女子〉、〈女子亟宜自立論〉、〈女權將伸〉、〈中國女子之前途〉、〈敬告我同胞姊妹〉、〈男女平權說〉、〈論中國女子之前途〉、〈討汙衊女界之大蟊賊〉、〈告全國女子〉、〈女權發達〉、〈敬告中國二萬萬女同胞〉、〈敬告我女國民同胞〉、〈東方女界之新氣象〉、〈女權平議〉、〈敬告姊妹們〉、〈敬告女界同胞〉、〈忠告女同胞〉等，從女性視角來討論婦女自立自尊的婦女解放。〔註18〕

（二）女權運動

　　回觀中國的傳統社會，婦女要掌握權力或享有權利，必須透過祖母、母親或是妻子的身份，但這樣的權力結構只是男子權力體制的一種代表。在中國傳統家庭結構中，年長婦女因其身份，或許享有崇高地位，但這樣的地位如同月光是太陽的反射一般，是家族男子權力的一種反映，婦女始終只是男權社會中的他者（the other）。綜觀西方在女性主義的運動發展，對應本文較為接近者，大致可以分類為三種主張：〔註19〕

1. 第一種主張以五〇年代的西蒙・波娃（Simone de Beauvoir，1908～1986）為代表，主張婦女要與男子擁有相同的對待，諸如經濟、工作機會、法律與政治參與等（此一觀點是認同象徵秩序）。

2. 第二種主張以六、七〇年代的海倫・希克蘇（Helene Cixous，1937～）和露西・伊莉加萊（Luce Irigaray，1930～）為代表，主張男女有別，男女各是不同的主體，並且從解構的角度來看待兩性之間的權力問題（此一觀點是反對象徵秩序）。

〔註18〕　參照李又寧、張玉法（主編）：《近代中國女權運動史料　1842～1911》，頁368～480。
〔註19〕　本論文從此三種主張的觀點來分析晚清社會男女性別的權力關係與主體對應。

3. 第三種主張則爲茱莉亞·克利斯蒂娃（Julia Kristeva，1941～），她總結了女性主義的在歷史發展上所出現的經驗，強調當代婦女應該立足於充滿對抗性質的邊緣地位，並且從這邊緣地位出發去解構父權中心的權力秩序，而不是只在於重複過往那般訴諸於社會地位和政治權力的訴求。

綜觀上列三項論述，其所指的意涵主要包含三個向度的概念：平等意識、性別意識和主體意識。因此，女性意識的建構是婦女對所處的文化環境中，對於婦女的地位、人格、功能等關於女性主體議題的深刻認識，而本文亦將從這樣的概念來探討近代中國女性報刊所呈現的女性意識的意象。

克里斯蒂娃從語言的向度來探討女性角色的特質，認爲男女性別的互動關係，如同語言一樣是一個非統一的主體，可以區分爲象徵（the symbolic）與表徵（the semiotic）的運作模式：[註20] 表徵是一個本能充斥而處在象徵之外的異質間，而象徵則是代表著對表徵的壓制；在這過程中，男子即爲象徵，而女人則爲表徵。主體的建構便在象徵與表徵相互辯證的作用下，因應不同的時空環境而呈現歧異的互動組合關係。因此，克里斯蒂娃認爲男女性別角色的樣態是文化環境下選擇的一種結果，婦女長期處於男子宰制的地位，就如同表徵一般，是語言（象徵主體）的邊緣，這種「象徵－表徵」的關係便如同晚清一開始的女權運動面貌，婦女是臣屬於男子救國需求下的變動工具，婦女解放是因應男子的亡國恐懼心理而被提出來的。

「女權」一詞，在晚清的解釋是婦女的權利或權力，呼應知識分子（主要是男子）對於「女權」的討論是肇始於「興女學」，這時期的概念主要著重於「權利」，因此「興女權」便意味恢復婦女的固有權利（此處主要指婦女的教育權）。晚清處在國家危急存亡的變局，知識分子（主要是男子）紛紛尋求解藥之方，其中的一種歸因便是指責婦女不受教育、不事生產，純爲男子之負擔。因此提出一連串關於婦女解放的論述，其中之一便是提倡女學的功用，於是「興女學」成爲晚清女權運動的重要手段之一。維新運動之後，受到「天

[註20] Julia Kristeva, *Revolution in Poetic Language*, Margaret Waller trans.(New York: Columbia University Press, 1984), p.24.「the symbolic」與「the semiotic」均有「符號」的字義，「the semiotic」亦有翻爲「記號」（羅婷：《克里斯多娃》（臺北市：生智文化出版社，2008 年），頁 163），因此爲做字義區隔，將其翻譯爲「象徵」與「表徵」的中文用詞，採用以下來源：李美媛：《克里斯蒂娃（Kristeva, Julia）的社會哲學初探》（高雄市：國立中山大學中山學術研究所碩士論文，1993 年），頁 29。

賦人權」觀念的影響，「女權」一詞的使用越來越趨普遍，這種現象顯示出晚清知識分子對於女性權利的強調以及付諸實踐的急切需求。然而，婦女解放最早開端於知識分子對國家興亡的危機感，因此在女權運動發展的過程中，國家與民族的興亡是首要目的，「興女學」是當時知識分子所採取的標靶藥方，因此女子教育在「女界革命」當居於首要之位。

（三）晚清的「天賦人權」觀照

　　「女權」在晚清越來越被知識分子（男女皆有）所關注，此與「天賦人權」觀念在晚清社會的盛行密切相關。〔註21〕在 19 世紀末到 20 世紀初，源自歐洲的「天賦人權」概念在中國維新派知識分子中廣爲被接受，〔註 22〕並將這一全新的思維概念做爲國家革新的主要號召。「天賦人權」本意，主張自由與平等是人與生所具備的基本權利，任何形式與制度都無法剝奪。晚清維新派知識分子，面對國家存亡的局面，他們深信「天賦人權」是改變中國危境的關鍵藥方。傳統的中國社會存在僵固的性別角色與地位的劃分，而「天賦人權」的引入正是打破傳統的性別差異觀念的重要指標，性別平等成爲「天賦人權」在晚清所呈現的關鍵意涵，賦予婦女能夠行使與男子相同的權利與「義務」。維新派知識分子所詮釋的「天賦人權」，與西方「天賦人權」的差異點在於他們強調權利與義務的並存，主張個人的權利必須從屬於個人對國家的義務之下，個人必須盡其義務，才得以享獲權利，這樣的詮釋視角源自晚清社會背景的影響，也轉變「天賦人權」的平等主張，尤其在性別平等的理解，婦女須先盡了「她的義務」才能獲得「她的權利」。

　　對知識分子而言，國家存在的需求重於人民的天賦權利，當然對女權運動的觀點也是建築在這條充滿亡國恐懼情緒的主線上，因此由男子開始的女權運動，其中心思想便環繞於婦女如何發揮「救國」的「工具性功能」。晚清的知識分子認爲要救治國家脫離危境，便要強化國民的素質能力，擺脫弱國

〔註21〕　關於「女權」一詞在晚清社會的傳播，請參照須藤瑞代，姚毅、須藤瑞代譯：《中國「女權」概念的變遷：清末民初的人權與社會性別》（北京市：社會科學文獻出版社，2010 年），頁 3～14。

〔註22〕　參照王春林：〈男女平等論〉，《女學報》第 5 期（1898.08.27）；龔圓常：〈男女平權說〉，《江蘇》第 4 期（1903.06.25）；杜清持：〈男女都是一樣〉，《女子世界》第 6 期（1904.07.13）。分別參照徐玉珍、徐輝琪、劉巨才（編輯）：《中國婦女運動歷史資料（1840～1918）》（北京市：中國婦女出版社，1991 年），頁 141～142、191、195～197。

的局面，而婦女便在這樣的思想層面上與國家連結上重要的關係，因爲婦女擔負著生養國民這般重要的「責任義務」，因此婦女在國家需求的框架下應該被重視。是故，男女同於國民的一份子，男女便應當擔負同樣的國家責任與義務，「男女共擔義務，同盡天職」，「國家興亡，匹夫有責，匹婦亦有則」。於是，面對國家民族的迫切之需，人人應該擔負做爲國民的責任義務，對天賦人權的詮釋重點，從權利的享有變成義務的擔負，而男子則從這樣的「天賦人權」觀點，試圖說服婦女共同承擔國家的命運。

維新派知識分子發起的戊戌變法雖以失敗收場，但在變法的過程，對於自由與平等觀念的傳播起了一定的作用，並將之與婦女解放的風潮相互串聯，將女權復興與拯救國家聯結上關係。他們除了強調男女雙方都應該擁有獨立的人格權利，同時也將性別平等的議題放置在國家社會轉變的核心位置，並透過報刊的發行將這樣的觀點做了大範圍的傳播。因此可以說，晚清女權運動一開始的面貌便是由男子所主導，婦女依舊是臣屬於男子。男子爲了國家民族的需求，主張「恢復」女權，女權是男子做爲富強國家的一種「工具」。然而這樣的女權思想，隨著外來思潮在晚清社會的傳播，個人不同的詮釋，女權運動也開展出不同路線的主張。

另一方面，西方一手文本的翻譯傳入，也加強「天賦人權」觀點的傳播與接受。晚清女權意識發展里程碑的標的人物馬君武（1881～1940），他所譯介的「女權篇」〔註23〕與「女權說」〔註24〕，使得晚清人士開始接觸了西方女權理論的第一手文本。斯賓塞的「女權篇」與彌爾「女權說」，這兩篇著作是原二位作者寫給英國人看的，或是更精確地說，是英國「男人」。其主旨在於說明當時英國社會的老舊習俗與法律制度對婦女的不公，沒有賦予婦女應有的權利，因此在內容上是批評英國社會婦女屈從男子的野蠻習性。然而，在馬君武譯介的刻意操作之下，這兩篇原本批判英國社會婦女不平等的著作，成爲晚清知識分子推行女權運動的取法對象，同時也將晚清知識分子對於西方理論的溯源看法開始趨於定調，此後對於女權運動的主張，都奠基於

〔註23〕出自斯賓塞（Herbert Spencer，1820～1903）1851年的《社會靜力學》（*Social Statics*）第16章「The Rights of Women」，以下文中提到本文均以「女權篇」表示。

〔註24〕出自約翰・彌爾（John Stuart Mill，1806～1873）1869年的《女人壓制論》（*The Subjection of Women*，現譯《婦女的屈從地位》），以下文中提到本文均以「女權說」表示。

「天賦人權」的理論之上而拓展開來，但對「天賦人權」的不同詮釋發展出歧異的女權路線，〔註 25〕在這當中知識婦女在女權意識建構的發展歷程，不同的詮釋視角，發展出不同的啓蒙路線。

（四）晚清的婦女啓蒙

晚清婦女的啓蒙發展，受到傳統與現代之間觀念的沿襲、自生、外引等不同視角的影響，呈現出多重的擺盪路線，不同的知識婦女將女性主體置放於不同的位置，因而其啓蒙的面貌便發展出多元的路線。傅柯曾言：所謂的啓蒙，便是修正意志、權威及理性運用之間的原本關係。〔註 26〕他強調啓蒙的作用在於推翻過往的權威中心，同時在傳統與現代的發展之間建立起二者聯繫的「一貫性」（generality），這才是啓蒙的眞正精神所在。晚清的知識婦女，面對時代社會的變化，她們在傳統與現代之間的游移擺盪，對歷史的承續與斷絕，凸顯知識婦女因應新時代變化的選擇視角，如同可里斯蒂娃所提「象徵－表徵」的互動關係，婦女所處的邊緣性質會依照與男子不同的依附關係而有所不同，因此克里斯蒂娃所定義的「女人性」，其特點不存在一個本質性先驗主體，而是強調一個不斷變化的過程。因此，婦女在建構女性主體的動態過程中，扮演著一個動態變化的角色，而在這樣的位置上去解構男性中心所施加的權力秩序，跳脫單純訴諸社會地位與性別權利的訴求，在邊緣的位置上，透過個體化的原則，在各種持續出現的話語論述中，婦女成爲一個獨立的差異個體，脫離傳統過往單一性主體觀點；在不同社會文化的情境下，因應各種的利益需要，婦女勢必產生不同的特質與殊異，經由這樣的具體實踐運動，婦女可以破除傳統觀念裡的二元性別對立的論點，並且創造出更多的空間讓婦女來彰顯自身的差異變化。

首先，面對男子在國家民族需求框架下所訴求的婦女解放，有些知識婦女開始對這樣的男性觀點提出批判，她們雖然認同國家民族是需要被拯救，但婦女在國家民族發展的過程中，她們更加關注女性主體的存在性，不單單只是「被要求」的存在角色；更爲激進的知識婦女，將男子的婦女解放論視爲男子「求名」、「求利」、「求自逸」的工具手段，是爲男子以解放之名行利

〔註25〕 須藤瑞代提出晚清女權路線共可歸納出金天翮、秋瑾、張竹君、何震等四人的論述主張。參照須藤瑞代，姚毅、須藤瑞代譯：《中國「女權」概念的變遷：清末民初的人權與社會性別》，頁 51～104。

〔註26〕 Michel Foucault, *The Foucault Reader*, Paul Rabinow ed.,(New York: Pantheon Books, 1984), p.43.

用之實，〔註 27〕因此這些知識婦女最為關注的婦女自身經由抗爭所獲得的女權，是婦女同為「人」的實質純粹權力。其二，晚清知識婦女面對傳統歷史的態度，也反映出其婦女解放的啟蒙觀點。有人對過往採取決絕的斷然態度，也有人試圖接合傳統與現代。採取斷絕的知識婦女，著眼於傳統文化對婦女的諸多限制與壓迫，其將這些種種的「閨制」視為中國女權不彰的最佳佐證，也是國家「不文明」的徵兆，因此對這些「歷史軌跡」是採取除魅（entzauberung）的作法，希望藉此建構出符合新時代的「文明婦女」。但另一方面，也有對傳統文化採取保留態度，她們主張對歷史應該去蕪存菁，以自身的歷史文化為發端，詳加考究，再佐以新時代的觀念，斟酌參議，如此方能建構「屬於中國」的女權論述與解放路線，因此除了「外引」自西方的思想，她們也看重「自生」於歷史文化的觀點。魏愛蓮（Ellen Widmer）曾將這兩種不同的女權論述者做出這樣的對比：若要從從明確的修辭用語來區辨的話，單士釐（1858～1945，後者，代表接合傳統）與秋瑾（1875～1907，前者，代表斷絕傳統）之間的不同可從溫和的改革者與激進的革命家二者來做為一種差異程度的表達。〔註 28〕二者相較之下，後者（此指接合傳統）對於婦女啟蒙的實踐路線顯然是複雜地多了，在發明、引進、破舊、開新之間不斷地摸索，揉合出新舊交疊的婦女解放與啟蒙的路線。

然而，不同知識婦女雖然發展出不同的婦女解放路線，在婦女啟蒙的實踐軌跡也大有不同，但在這些迥異的思維觀點中卻有一個共通的面向，便是女性自我主體的主動性，如同《中國新女界雜誌·補天石》中女性角色的故事情節一般，〔註 29〕這意味無論主張觀點路線如何，最終著手婦女解放的主體，還是要由婦女自我來覺醒與實踐。

四、女子報刊

晚清的「女子報刊」，就其文本的性質，是以婦女做為預設讀者而進行編

〔註27〕 震述：〈女子解放問題〉，《天義報》第 7 期。王忍之、張枬編輯：《辛亥革命前十年間時論選集·卷二·下》（北京市：生活·讀書·新知三聯書店，1960年），頁 962～964。

〔註28〕 Ellen Widmer：〈Shan Shili's *Guimao luxing ji* of 1903 in Local and Global Perspective〉，《世變與維新—晚明與晚清的文學藝術》（胡曉真主編，臺北市：中央研究院中國文哲研究所，2001 年），頁 439。

〔註29〕 媧魂：〈補天石〉，《中國新女界雜誌》第 2 期，頁 305～312；第 3 期，頁 507～520。

撰的報刊，其內容主要欲發揮的功用便在於啓蒙傳統婦女的學識能力，並進
而復興女權的標的，最終達到國家革新的終極目標。也因爲這樣的特性，女
子刊物的發行，在許多的操作層面上，無論是編輯、撰文、發行，都是出自
男性知識分子之手，純爲婦女者是相對少數。〔註 30〕不過，隨著社會風氣演
變，婦女參與女子報刊發行運作的人數越來越多，部分傳統的閨秀婦女，因
應時代變化，勇於跨越傳統「閨制」，接受新時代的洗禮，相融於新時代，並
且離開閨房，步入公共領域，與當時的男性知識分子一樣，扮演起「啓蒙者」
的角色，爲「她」而奔走於時代變化的前端。

（一）女學

在傳統中國社會裡，婦女缺乏完善的教育機會，這種現象直到晚清才有
具體的改變。受到西方列強的侵略刺激，國家的衰微讓知識分子產生無比的
危機感，開啓提倡一系列強國保種的改革呼籲，解放婦女成爲這個時期的重
要呼聲之一，而「興女學」則是達到目的的重要手段之一。

1.女學目的論

晚清國家的危急存亡，維新知識分子紛紛尋求解藥之方，其中的一種歸
因便是指責婦女不受教育、不事生產，純爲男子之負擔。因此提出一連串關
於婦女解放的論述，其中之一便是提倡女學的功用。

梁啓超在〈變法通議〉中也提到對於女學重要性的強調，梁啓超指出女學
不受教育則無法擁有自立的能力，這會產生許多弊端，因爲婦女無法自立生存
便只能依賴於男子，而梁啓超認爲一個國家若半數盡爲依賴人口，則會耗費諸
多資源，不利於國家的富強發展，使得國家難以擺脫貧弱的狀態。另外梁啓超
再從母教的觀點來看，亦認爲有良好學識能力的婦女，對於培育身心強健的下
一代至關重要。〔註 31〕康同薇（1878～1974）的〈女學利弊說〉則從西方文明

〔註 30〕 關於晚清時期（1895～1911）女子報刊的發行資料，可以參照下列整理資料：
1.呂美頤、鄭永福：《中國婦女運動──1840～1921》（河南省：河南人民出
版社，1990 年），頁 188～190，計有 38 種刊物；2.羅秀美：〈從閨閣女詩人到
公共啓蒙者─以近代女性報刊中的論說文爲主要視域〉，《興大中文學報》第
22 期（台中市：國立中興大學中國文學系，2007 年），頁 35～39，計有 29
種刊物；3.劉人鵬：《中國婦女報刊史研究》（北京市：中國社會科學出版社，
2012 年），頁 89～92、125，計有 42 種刊物。

〔註 31〕 梁啓超：〈論女學〉，《飲冰室文集之一‧變法通議》。參照李又寧、張玉法（主
編）：《近代中國女權運動史料 1842～1911》（臺北市：傳記文學社，1975
年），頁 549～556。

的角度提到歐美各國之所以強盛，此與其等對女學的提倡有關，並以此呼籲應
該廣開女學的興盛，以求國家的進步。〔註32〕金天翮（1873～1947）在 1903
年發表的《女界鐘》，這部「中國女界盧騷」的著作援以「天賦人權」的觀點，
從「國民之母」的角度也大聲倡議女子教育。〔註33〕

　　傳統上中國婦女的生活場域大多被侷限於家庭之中，「大門不出，二門不
邁」的「閨制」，使得婦女鮮少有機會接觸家庭之外的社會環境，而學識教育
的缺乏更讓婦女沒有能力去開拓自己的視野，也無能去主張自己的權利。方
君笰（生卒年不詳）在 1903 年的〈興女學以復女權說〉便點出教育與權利二
者之間的關聯，她曾道：

> 然當知女子所以無權之原因，而後求所以復之之道，庶不至貽人以
> 口實。……中國女子之無權，實由於無學，既已無學而無權，則欲
> 倡女權，必先興女權。……吾願同胞之有志恢復女權者，必先以興
> 女學為事，而勿侈言女權也可。〔註34〕

　　女權運動者想要透過教育將婦女的生活場域從家庭擴展到社會，而婦女
的教育內容也不局限於「相夫教子」的賢妻良母課程，更多的是對於實業技
能的培養，以求婦女可以在社會中真正達到自主自立的地位，而不是家庭中
依賴男子的被扶養人口。部分的知識婦女，因其自身對新事物的接觸與吸收，
也開始踐履探索屬於婦女的新形象角色。

2.「女學」與「女權」

　　晚清女權運動的重要手段之一便是女學的提倡，但在婦女解放的過程
中，「女權」與「女學」之間孰先孰後卻有不同話語論述相互爭辯著。維新運
動之後，受到「天賦人權」觀念的影響，「女權」一詞的使用越來越趨普遍，
這種現象顯示出晚清知識分子對於女性權利的強調以及付諸實踐的急切需
求。然而，婦女解放最早開端於知識分子對國家興亡的危機感，因此在女權
運動發展的過程中，國家與民族的興亡是首要目的，「興女學」是當時知識分

〔註32〕康同薇：〈女學利弊說〉，《知新報》第 52 冊（1898.05.11）。參照丁守和（主
　　　　編）：《中國近代啟蒙思潮‧上卷》（北京市：社會科學文獻出版社，1999
　　　　年），頁 237～241。
〔註33〕〈女子為國民之母〉，《順天時報》（光緒 31 年 6 月 17 日）。參照李又寧、張
　　　　玉法（主編）：《近代中國女權運動史料 1842～1911》，頁 607。
〔註34〕方君笰：〈興女學以復女權說〉，《江蘇》第 3 期（1903）。引自李又寧、張玉
　　　　法（主編）：《近代中國女權運動史料 1842～1911》，頁 577。

子所採取的標靶藥方，因此女子教育在「女界革命」當居於首要之位。

　　蔣維喬（1873～1958）在〈論中國女學不興之害〉〔註35〕與〈女權說〉〔註36〕便點出了「女學」與「女權」之間先後的觀點爭論。蔣維喬認爲，倡言女權要具備必要的前提條件，要透過女子教育的大量普及，婦女普遍貝有相對應的學識與道德能力，這個過程是需要假以時日才能達成，因此女權的建立是在女學普及之後；然而，國家的危機是迫在眼前，因此女學的急切性是遠大於女權。同時，蔣維喬還指出，在前提條件不完全的情況下，大肆空談女權，其結果必造成弊大於利，形成權利的濫用。

　　不同於蔣維喬的觀點，柳亞子（1887～1958）則是持相反立場，他在〈哀女界〉〔註37〕一文提到，其現實狀況是女權已被剝奪到蕩然無存，無論是在公領域（社會）抑或私領域（家庭）。柳亞子將女權的完全獲取放置在婦女解放的首位，對於任何有損於女權的話語言說便是加以攻伐，他認爲對婦女解放採取溫和派立場，是成了保守反對派的幫兇。柳亞子從「天賦人權」的觀點論述，反駁蔣維喬女權前提條件的論說，柳亞子提倡女學但更加看重教育的實質內容，不能僅侷限賢妻良母的階段。按照柳亞子的見解，女學若只是一般知識的教授，「女權既喪，學來何用？」女權獲取應是婦女解放的主導，推廣女學是實現女權的手段，而非目的。

　　而在蔣維喬與柳亞子的先後爭論中，自立（〈女魂篇〉〔註38〕作者，《女子世界》第2～4期）的看法算是蔣、柳二人的一種調和，自立認爲女性權利上的自由、獨立，這些要素並不可能由婦女單獨獲得，若是沒有國家體制所賦予的保障，社會文化的改變，女權的獲取可能只是曇花一現。丹忱（〈論復女權必以教育爲預備〉〔註39〕作者，《女子世界》第3期）也支持這樣的觀點，

〔註35〕竹庄（蔣維喬）：〈論中國女學不興之害〉，《女子世界》第3期（1904.03）。參照李又寧、張玉法（主編）：《近代中國女權運動史料1842～1911》，頁637～641。

〔註36〕竹庄（蔣維喬）：〈女權說〉，《女子世界》第5期（1904.05）。參照夏曉虹（編選）：《《女子世界》文選》（貴州省：貴州教育出版社，2003年），頁80～82。

〔註37〕亞盧（柳亞子）：〈哀女界〉，《女子世界》第9期（1904.09）。參照李又寧、張玉法（主編）：《近代中國女權運動史料1842～1911》，頁463～467。

〔註38〕自立：〈女魂篇〉，《女子世界》第2～4期（1904.02～04）。參照夏曉虹（編選）：《《女子世界》文選》，頁64～71。

〔註39〕丹忱：〈論復女權必以教育爲預備〉，《女子世界》第3期（1904.03）。引自夏曉虹（編選）：《《女子世界》文選》，頁120～121。

指出婦女要具備學識與道德，除了教育別無其他，因而教育者是恢復女權的預備。

這些關於「女權」與「女學」孰先孰後的爭論，反映出西方女權思想傳入中國之時，晚清知識分子所面對的思維困惑，當下的中國婦女在私權與公權都是一無具有的狀態（再加上國家民族危機的急迫性），女權實踐似乎只能從教育著手（這一點是沒有爭議的），但對於目標的確認與認識，不同觀點角度便出現這場論爭，顯示出這個問題的複雜性，柳亞子在觀點上固守女權的優先性，而蔣維喬則看中女學優先的實踐性，爭論的雙方其話語張力是互相依存，關聯輔助，同樣都對於晚清女權運動有功不可沒的時代意義。

（二）女子團體與女子報刊

隨著維新運動思潮的開展，晚清社會出現越來越多締結團體與創辦報刊的風潮，團體與報刊的交互配合成為知識分子宣傳新思維，啟迪民智的重要手段，而婦女解放運動也跟隨這樣的社會風潮，出現眾多的女子團體〔註 40〕與女子報刊〔註 41〕，而這些大量的女子團體與女子報刊的問世，是晚清婦女解放運動的重要標竿之一。

1.女子團體

從維新運動之後，知識分子以團體的方式做為推動社會進步的組織方式，透過集體的行動，試圖改變國家民族的存亡危境。呂碧城（1883～1943）投書於《中國女報》第 2 期的〈女子宜急結團體論〉提到：

> 自歐美自由之風潮，掠太平洋而東也，於是我女同胞如夢方覺，知
> 前此之種種壓制束縛，無以副各人之原理，乃群起而競言自立，競
> 言合群。〔註42〕

明確揭示了晚清女子團體的出現與西方文化影響的關係，而知識婦女受到這種風潮的帶動，真切體認到中國婦女若要追求屬於婦女的權利，單打獨鬥是難以達到效果，也因此仿效男性知識分子的做法，大力運作鼓吹婦女解放的團體，許多知識婦女紛紛對此提出類似觀點。張竹君（1876～1964）在〈女

〔註40〕 1901～1911 年期間計有女子團體 41 個，參照呂美穎、鄭永福：《中國婦女運動──1840～1921》，頁 170～173。

〔註41〕 參照註 19。

〔註42〕 呂碧城：〈女子宜急結團體論〉，《中國女報》第 2 期。引自李又寧、張玉法（主編）：《近代中國女權運動史料 1842～1911》，頁 681。

子興學保險會序〉曾言及

> ……其術無他，未蹈斯險，則預防之；既蹈斯險，則拯救之。修智
> 育以求自治，習工藝以求自養，聯同志以求自鏡，此預防之術也。
> 凡吾女界之顛連而莫告者，孤寡孤獨而不克自治者，則協力以匡濟
> 之，此拯救之術也。〔註43〕

她認爲中國傳統婦女所遭遇的「危境」來自於男子的壓制與婦女的放棄，因
此導致婦女身處於種種險境。爲了改變這樣的局面，婦女必須要自立自強，
她又道：

> 嚴於自治，已成一己，勇於合群，以結團體，始於立志，中於憂慮，
> 終於實行，雖艱難百折，必達其目的而後已，揆諸博愛之理，庶無
> 悖歟？〔註44〕

再三強調婦女必須團結一心，共同著力於改變當下的危境。秋瑾也有類似言
論，她在〈致湖南第一女學堂書〉〔註45〕提到婦女要團結合群，齊心問學，
以求脫離男子自立。呂碧城的〈女子宜急結團體論〉也提到婦女必須透過集
結團體，如此才能打破傳統家庭的限制，進而可以達到復興女權的效果，她
道：

> 若於男女間論之，不結團體，女權必不能興，女權不興，終必復家
> 庭壓制。……故吾深望同胞，集結成一完備之大團體，一人倡而千
> 百人附，如栽花然，一粒種發爲千丈樹果，其根柢深厚，生機活潑，
> 則同根之樹，必無此枝榮彼枝悴之理。〔註46〕

呂碧城認爲婦女唯有合群組織團體，才能在爭取女權的運動上發揮最大的效
能。整體來說，透過團體組織來進行社會運動，儼然成爲晚清知識分子（男
女亦同）所採取的共同途徑與做法。

晚清這些女子團體的出現，有著與傳統女子文學往來不一樣的目的與性

〔註43〕 張竹君：〈女子興學保險會序〉，《警鐘日報》（1904.04.23～25）。引自李又寧、
張玉法（主編）：《近代中國女權運動史料1842～1911》，頁924。另此文亦
有刊登於《中國新女界雜誌》第4期。

〔註44〕 張竹君：〈女子興學保險會序〉。引自李又寧、張玉法（主編）：《近代中國
女權運動史料1842～1911》，頁924。

〔註45〕 秋瑾：〈致湖南第一女學堂書〉（1904.10）。參照夏曉虹（編輯）：《中國近代思
想家文庫：金天翮、呂碧城、秋瑾、何震卷》（北京市：中國人民大學出版社，
2015年），頁83。

〔註46〕 呂碧城：〈女子宜急結團體論〉，頁682。

質，她們並不局限於單一區域的交往，也未必有著實質的關係，但因為相同的主張促使她們結合團體，同時也接受男子的共同合作。這一類的女子團體以「中國女學會」最早，1898 年發行的《女學報》便是該團體的機關報刊。〔註47〕女子團體出現的熱潮為 1900 年代初期，在日本由中國女留學生發起。由於旅日的人數不斷增長，這些擁有共同思想主張的女性知識分子在異國開始集結成團體，最早者便是 1903 年胡彬夏（1888～1931）在東京成立的「共愛會」，並發布了〈日本留學女學生共愛會章程〉，宗旨明示：

> 本會以拯救二萬萬之女子，複其固有之特權，使之各具國家之思想，
> 以得自盡女國民之天職為宗旨。〔註48〕

共愛會倡導女權，關注婦女國民意識的啟蒙，其組織運作並不局限於日本，目標在於成為中國的全國性女子團體，以發揮最大的影響力。除了共愛會之外，在日本的中國女子團體，其運作較具規模影響者尚有「中國留日女學生會」與「女子復權會」。中國留日女學生會成立於 1906 年，李元為會長，燕斌（1870～？）與唐群英（1871～1937）為書記，團體運作主要協助留日女學生的生活問題，聯絡感情，提攜學識，如燕斌所言：

> 我們女學界，若沒有個獨立的團體，彼此互相提攜，不惟對不住後
> 來留學的女同胞，也見得我們女學界太無資格了。〔註49〕

而女子復權會則是一個全然的政治性團體，主要由何震（1885～？）創辦，《天義報》該團體的機關刊物，以宣揚無政府主義思想為核心，何震在《天義報》的廣告便說明：

> 夫居今日之世界，非盡破固有之階級，不得使之反於公；居今日之
> 中國，非男女革命與種族、政治、經濟諸革命並行，亦不得合於真
> 公。震等目擊心傷，故創為女子復權會，討論斯旨，以冀實行其目
> 的。〔註50〕

〔註47〕 夏曉虹：《晚清文人婦女觀（增訂本）》（北京市：北京大學出版社，2016 年），頁 40。

〔註48〕 〈日本留學女學生共愛會章程〉，《浙江潮》第 3 期。引自李又寧、張玉法（主編）：《近代中國女權運動史料 1842～1911》，頁 910。

〔註49〕 煉石（燕斌）：〈留日女學界近事記〉，《中國新女界雜誌》第 2 期，頁 96。

〔註50〕 何殷震（何震）：〈《天義報》廣告〉，《女子世界》第 6 期（1907.07）。參照夏曉虹（編輯）：《中國近代思想家文庫：金天翮、呂碧城、秋瑾、何震卷》，頁 137～138。

另外，受到日本影響的女子團體尚有 1906 年創立的「中國婦人會」，創辦人為邱彬忻，其創立該組織的直接原因之一便是 1906 年舊金山大地震，導致當地多數華人受災，該組織主要以慈善賑災為目的，團體性質主要為慈善組織，唯有財富雄厚者才有能力加入，因此參與者多為上階層官紳女性族群，顯示出其組織性質帶有相當程度的的「貴族氣息」。

　　這些女子團體的出現，為使團體運作達到最佳效果，一般都有規劃完善的團體運作規章，並定期辦理宗旨活動。團體的性質多樣，其特性大多義和主辦者的主張相關，不外乎以婦女解放為目標，並且達到移風易俗。她們的目標著重提升婦女的學識能力，戮力於女子教育的推行，扶持傳統婦女培養婦女的自立能力，例如張竹君所創立「女子興學保險會」。另一種團體則是政治訴求較為顯著，著眼於政治情勢，提倡改革，甚至參與革命行動；對於外國勢力的入侵情形，也提出具體批判，並參與相關的愛國運動，諸如「赤十字會」、「拒俄行動」等。也有部分團體著力於改良社會風俗，「去除纏足」便是一例，據林維紅的研究統計，自 1875～1911 年間，在中國（含臺灣，亦有男子提倡）成立的不纏足組織便有 51 個，〔註51〕由此可見去除纏足是當時社會所著重的焦點之一。

　　整體而言，晚清的女子團體，其組成分子多元，組織類型亦多樣化，分布範圍也廣泛，女性意識的獨立與成熟促使知識婦女結合團體，以集體的力量為自己發聲。女子團體的大量出現，是當時知識分子（包含男女）集體行動的一種風潮，各種訴求團體的建構，把原本只在私領域中的傳統集結到了公領域的範圍裡，一方面藉由集體的活動，婦女開始大量參與社會公眾事務，為自己的權利來發聲，提出自我的訴求與主張；另一方面，經由大量知識婦女的集體推動，對於提升傳統婦女學識的推展，也發揮出積極的影響作用，拓大了婦女啟蒙的影響範圍。

2.女子報刊

　　女子團體的盛行促使了婦女解放運動的勃興，其言論主張的傳播需求，帶動了相關女子報刊的刊行，這在 20 世紀的最初十年間尤為顯著。報刊的發行者，男女皆有之，共通特性便是接受或接觸相當程度的新式教育或思想，婦女有不少具有留學生的背景。透過報刊來傳播婦女解放的思想，如同燕斌

〔註51〕林維紅：〈清季的婦女不纏足運動（1894～1911）〉，《婦女與社會》（李貞德、梁其姿主編）（北京市：中國大百科全書出版社，2005 年），頁 393～405。

發行《中國新女界雜誌》（1907）所言：

> 顧東西女界，教育而外，可以發明新理，提倡精神，聯絡感情者，
> 惟乎雜誌。〔註52〕

燕斌希望透過《中國新女界雜誌》的廣泛發行，使中國婦女人手一本，細心察讀刊物上所發表的文章，達到「觀其言論而見諸實行」。這些報刊發行人試圖透過報刊的傳播與宣傳，達到婦女啓蒙的效果，帶動更多婦女投入婦女解放運動，爲自己爭取更多的權利，擴大女界的影響力，因此造就相當多的知識分子（男女皆有）投入報刊辦行的工作，除了燕斌之外，陳擷芬（1883～1923）辦《女學報》（1903）、丁祖蔭（1871～1930）辦《女子世界》（1904）、秋瑾辦《中國女報》（1907）、何震辦《天義報》（1907）、陳志群（1889～1962）〔註53〕辦《神州女報》（1907）等等，這種現象在 1907 年達到最高峰，主要集中在上海與東京兩地。〔註54〕

在女子報刊的大量發行過程中，也塑造了一批專業的女性媒體人，她們爲報刊的內容從事編輯、撰寫，甚至新聞採訪，例如林宗素（1878～1944）曾擔任《俄事警聞》的記者。另外女子報刊的刊行，除了展現知識婦女對婦女解放運動的直接參與之外，同時也是提供知識婦女發聲的一個公眾領域，諸如何香凝（1878～1972）、方君笄等女性社會運動者，也積極在這些「眾聲喧嘩」的女子報刊中疾書發表，對此夏曉虹指出女子報刊關注議題的廣泛性：

> 女子教育之外，女報關心的問題也很廣泛。諸如家庭婚姻、社會習
> 俗、時事政治，都在議論的範圍內。作者們一般主張婚姻自由、家
> 庭革命、經濟自立，反對纏足與裝飾，批判三從四德的舊道德，宣
> 導女國民意識，激勵女子愛國，參與國事，直至爭取參政權。每有
> 重要事件發生，女報都代表女界及時發言，……〔註55〕

〔註52〕 煉石（燕斌）：〈發刊詞〉，《中國新女界雜誌》第 1 期，頁 15。

〔註53〕 陳志群（陳勤、陳以益），晚清女子報刊重要推手，曾參與《女子世界》、《女子世界》（續辦）、《神州女報》（1907）、《女報》（1909）等刊物的編輯與發行。

〔註54〕 1907 新刊行的報刊統計中，便有 10 種新的女子報刊。參照史和、姚福申、葉翠娣編：《中國近代報刊名錄》（福建省：福建人民出版社，1991 年），頁 405～407。

〔註55〕 夏曉虹：《晚清文人婦女觀（增訂本）》，頁 35。

以上這些種種的作爲交互影響，對婦女解放運動帶來積極性輔助的效果。因此，知識婦女透過報刊的媒介，在公眾領域發揮她們的文筆長才，實現自我的價值，進一步扮演起婦女啓蒙者的角色，融合於新時代的對應，在這公眾的輿論陣地上，爲自己表達正當訴求的呼籲。

五、三大女報

　　1907 年是晚清女子報刊發行最爲繁榮的一年，當年度便有 10 份女子刊物創刊問世，〔註 56〕其中以秋瑾《中國女報》、燕斌《中國新女界雜誌》、何震《天義報》這三份刊物對後世影響最大。〔註 57〕

（一）三大女報的外部比較

　　在 1907 年當下，晚清報業的重要推手陳志群〔註 58〕相當程度的推崇這三份女子報刊。陳志群首先在《（續辦）女子世界》發表一文〈女界二大雜誌出現〉，文中提到：

　　　　二女士皆東京留學生，品學兼優。而此二大雜誌亦各有所長。〔註 59〕

陳志群注意到《中國女報》與《中國新女界雜誌》的問世，賦予這兩份報刊極高的評價，陳志群並且有意將續辦的《女子世界》與秋瑾的《中國女報》一同合辦，但秋瑾因顧慮政治因素而推辭陳志群的建議。在秋瑾就義之後，陳志群爲了紀念秋瑾的義行，重新創辦《神州女報》，在《〈神州女報〉發刊詞〉中提到《中國新女界雜誌》與《天義報》，並且做一比較。他在〈《神州女報》發刊詞〉提到：

　　　　抑記者曠觀中國女界之機關，除北京之《北京女報》，上海之《天足會報》及《中國婦人小雜誌》外，以東京爲盛：若《天義》雜誌，

〔註 56〕其他七份刊物分別在東京有《二十世紀之中國女子》；在上海有《神州女報》、《天足會報》；在北京有《女學報》、《中國婦人會小雜誌》、《婦女會報》、《星期女報》。

〔註 57〕夏曉虹：〈晚清女報中的國族論述與女性意識——1907 年的多元呈現〉，頁 118。

〔註 58〕陳志群，晚清重要女性報刊創辦人，曾創辦《女子世界》（續辦）、《神州女報》、《女報》等刊物，爲晚清女報界貢獻最大之人。參照夏曉虹：《晚清女性與近代中國》，頁 102。

〔註 59〕如瑾（陳志群）：〈女界二大雜誌出現〉，續辦《女子世界》第 2 年第 6 期（1907.06）。引自夏曉虹：〈晚清女報中的國族論述與女性意識——1907 年的多元呈現〉，頁 118。

若《中國新女界雜誌》。二者宗旨，頗不盡合……〔註60〕
由此可見，陳志群將《中國新女界雜誌》與《天義報》視爲當時女子報刊中
重要的刊物，同時也認爲《中國新女界雜誌》、《天義報》與《中國女報》實
爲晚清女子報刊之鼎立三強。〔註61〕

《中國新女界雜誌》與《天義報》同屬在日本東京發行之女性報刊，但
在論述宗旨卻大相逕庭，「我們可以說，在 1907 年日本的中國婦女，在思想
上至少有兩大陣營。一是提倡無政府主義和社會主義，以女子復權會和《天
義報》爲中心。一是鼓吹教育，培養女國民，建設新社會，以留日女學會職
員爲主幹。《中國新女界雜誌代表後者》。」〔註62〕

比較三大女報，可以看到其存在共同特性：首先，三大女報的發行者與
編輯均爲婦女，她們從不同於男子的角度來觀看女性問題，因此報刊內容是
由女性視角所建構的婦女解放論述。其次，晚清婦女解放運動的思維觀點本
是一種外引的論述，尤其是來自日本方面的引介，而三大女報的的發行者都
具有留日或旅日的經驗，這樣的背景建立她們吸收海外女權思想的經驗。再
者，三大女報的問世，在當時「眾聲喧嘩」的報刊界產生了一定的影響作用，
例如在續辦的《女子世界》第 2 年第 6 期（1907.06）都刊出這三份刊物的引
介專文。最後，三位辦報的知識女士彼此間都有相當程度的交流，例如秋瑾
與燕斌互有詩作互動，燕斌亦曾投書於《中國女報》，而何震出版了秋瑾逝世
後第一本詩集；這些交流互動呈現出她們在婦女解放運動上的共通性，透過
媒體文本的空間，使其成爲晚清婦女解放運動的代表性之一，在晚清的當下
時空，「她們的論述」發揮著時代精神的先驅者色彩。相較男子是掌控權力秩
序中心的本地人（native），婦女做爲社會秩序的陌生人（stranger），比起男子
更能跳脫本地人的信念或行爲模式，因此知識婦女的視角正是扮演在社會主
流制度中一種外來者向度的觀察功能，而這種觀察可以增加客觀核心的價

〔註60〕〈神州女報發刊詞〉，《神州女報》第 1 卷第 1 號（1907.12）。參照徐玉珍、徐
輝琪、劉巨才編輯：《中國婦女運動歷史資料（1840～1918）》，頁 293。

〔註61〕記者：〈神州女報發刊詞〉，《神州女報》第 1 卷第 1 號（1907.12）。參照徐
玉珍、徐輝琪、劉巨才編輯：《中國婦女運動歷史資料（1840～1918）》，頁
293。

〔註62〕參照李又寧：〈中國新女界雜誌的創刊及內涵——《中國新女界雜誌》重
刊敘〉，《中國婦女史論文集第一輯》（臺北市：商務印書館，1981 年），頁
206。

值，減少片面的壓迫與扭曲。〔註63〕因此，同於 1907 年問世的《中國女報》、《中國新女界雜誌》與《天義報》，三份報刊的主編同為具有「日本經驗」的婦女，相似經歷卻有各自獨特的探求。她們在婦女解放的對話場域中，呈現的是多樣的面貌：《中國女報》的「盡與男子一樣義務」，盼望「漢俠女兒」的行動；《中國新女界雜誌》的「國民新角色的探索」，呼喚「女子國民」的現身；《天義報》的「脫離國家的無政府視角」，推崇「女虛無黨」的實踐，三大女報從不同的視角描繪了晚清婦女與國族關係的論述，增加晚清社會思想圖景的豐富性。三大女報各自獨異的婦女解放探求，使得她們的主張在相同的論述場域開展多元的樣態。因此，可以說這三份報刊一發行便受到晚清報刊界關注，彼此之間相異的論述主張，以及「她們」在女性意識上的多元呈現，這些異同提供本文將其放在一起討論的理由，經由相互觀照，才能清晰分梳她們在「女性」上的主觀論述與主體意識的觀點呈現。

以下整理三大女報的出版資料：

1.三大女報發行者

(1)秋瑾

秋瑾（1875～1907），字璿卿，號競雄，又稱鑑湖女俠，浙江紹興人，1904年隻身東渡日本留學，與林宗素、陳擷芬等組「共愛會」，並加入革命團體。1906 年回國，隔年創辦《中國女報》。1907 年參與徐錫麟起事，失敗被俘，7月 15 日從容就義，年 31 歲。

(2)燕斌

燕斌（1870～？），筆名煉石，河南人，1905 年留學日本，於早稻田同仁醫院習醫，參與「留日中國女學生會」活動，創辦《中國新女界雜誌》，主要相關言論便發表於此刊物。

(3)何震

何震（1885～？），原名班，字志劍，江蘇儀徵人，1904 年與劉師培（1884～1919）結婚，婚後進入上海愛國女學校（蔡元培（1868～1940）於 1901年創辦）就讀，改名為震。1907 年 4 月，與劉師培東渡日本，開始與幸德秋水等無政府主義者往來，同年創辦《天義報》，其主要論述便刊登於此刊物。

〔註63〕Sandra Harding, *Whose Science? Whose Knowledge? : Thinking from Women's Lives*(Milton Keynes: Open University Press, 1991), p.167.

2.三大女報的刊行比較

	《中國女報》	《中國新女界雜誌》	《天義報》
發行狀況	1907 年 1 月到 3 月刊行，為月刊性質，共計發行 2 期，因秋瑾於當年 7 月革命起事失敗遇難，該刊物因而結束。	1907 年 2 月到 7 月刊行，每月 1 期，計有 6 期；第 6 期因論文有「婦女實行革命應以暗殺為手段」等字意而被日本警廳查禁。發行量達 10000 份，僅低於《民報》的 12000 份，〔註64〕為中國婦女在日本東京發行最多的女性報刊，曾被譽為「女學門界之大王」。〔註65〕	於 1907 年 6 月到 1908 年 6 月刊行，以旬刊發行，共計有 19 期，字數約 39 萬字，〔註66〕部分期數合刊發行，有 8～10 期、11～12、13～14、16～19 期；1908 年亦遭受日本政府查禁而停刊，發行量約 500 份。〔註67〕。
地點	在上海刊行。	在東京刊行，發行地點包含上海、天津、北京、武昌、南京，甚至四川、雲南亦有之。〔註68〕	主要在東京刊行。
篇目	社說、論說、演壇、譯編、傳奇、小說、文苑、新聞、唱歌、女學文叢等，全刊為白話文。	刊物內容共分論著（文論）、演說、譯述、史傳（傳記）、記載、文藝談叢、時評、小說、雜纂等十門，特強調其有宜於女界；在第 4 期與第 5 期另增設了家庭、教育界、女藝界、通俗科學、衛生顧問；文體以文言述錄論著，以白話述錄演說，其餘者不拘。	刊物內容共分社說、學理、時評、譯叢、來稿、雜記和附錄等，文體以文言為主。
稿件來源	撰文者主要為秋瑾（屬名「秋瑾」、「鑑湖女俠」等字眼），亦有秋瑾友人之稿件。	刊登稿件可分四來源：創辦人撰述（燕斌屬名「煉石」、「娲魂」等字眼）、〔註69〕社員投稿、女界名作、男界佳章。〔註70〕	刊登稿件主要為何震（多以「震述」為名）與劉師培（多以「申叔」為名）為主要撰稿人，亦收取其他人士投稿；而關於女性論述之篇章以何震為主要撰稿者。

〔註64〕 萬大鋐主編：《中華民國開國五十年文獻》第 1 編第 12 冊（臺北市：中華民國開國文獻編纂委員會，1973 年），頁 679。

〔註65〕 胡占君：〈論《中國新女界雜誌》的女權思想〉，《廣西大學學報》（哲學社會科學版）第 25 卷第 6 期（廣西壯族自治區：廣西大學，2003 年），頁 91。

〔註66〕 周翔：《《天義》雜誌研究》（北京市：中國社會科學院研究生院碩士論文，2012 年），頁 6～7。

〔註67〕 萬大鋐主編：《中華民國開國五十年文獻》第 1 編第 12 冊，頁 679。

〔註68〕 劉青梅：〈清末民初女性期刊中的日本因素——以《中國新女界雜誌》為中心〉，《內江師範學院學報》第 26 卷第 7 期（四川省：內江師範學院，2011 年），頁 78。

〔註69〕 以「煉石」為名發表篇章共計有 41 篇。

〔註70〕 楊錦郁：《《中國新女界雜誌》研究》（臺北市：銘傳大學應用中國文學系碩士論文，2005 年），頁 67。

3.三大女報各期發行時間

（1）《中國女報》

第1期：1907.01.14　第2期：1907.03.04

（2）《中國新女界雜誌》

第1期：1907.02.05　第2期：1907.03.05　第3期：1907.04.05

第4期：1907.05.05　第5期：1907.06.05　第6期：1907.07.05

（3）《天義報》

第1期：1907.06.10　第2期：1907.06.25　第3期：1907.07.10

第4期：1907.07.25　第5期：1907.08.10　第6期：1907.09.01

第7期：1907.09.15　第8～10期：1907.10.30　第11～12期：1907.11.30

第13～14期：1907.12.30　第15期：1908.01.15　第16～19期：1908.03.15

（二）三大女報內部的異質論述〔註71〕

一般來說，晚清報刊所收入刊載的文章，通常主旨都與報刊發行人或主編有著相同的意識主張，這些文章的聚集形成刊物的意識色彩，因此可以說一份刊物可以視為一個意識形態的單一整體。不過，在眾聲喧嘩的刊文中，也可以發現約略不同於刊物主體色彩的論述呈現，成為報刊內部的異質性論述。以下分別為三大女報內部論述的異質性比較：

1.《中國女報》

秋瑾創辦了《中國女報》，同時也擔負了該刊物的主要撰稿人，幾乎可以視為《中國女報》「唯一」的主筆者，〔註72〕加上刊期只有短短兩期，因此刊物文章的內容屬性是相當一致的。在《中國女報》兩期刊物的主要文章中（詩歌作品除外），除了陳志群〈女子教育〉、〈恭喜恭喜〉與呂碧城〈女子宜急結團體論〉外，秋瑾明確屬名有〈發刊詞〉、〈敬告姊妹們〉、〈創辦《中國女報》之草章及意旨〉與〈看護學教程〉譯稿，除此之外，顯得特別的便是一篇屬名「黃公」的〈大魂篇〉，依據夏曉虹的分析，「黃公」為秋瑾的化名，而秋瑾採用不同的屬名，乃是針對異質女性讀者的區隔。夏曉虹指出，秋瑾在《中

〔註71〕 本文研究主題聚焦在三大女報（邊緣）與晚清社會主流論述（核心）在女權意識主體的差異，將三大女報視為三個「單一的整體」，在這樣的研究架構下，後續分析主要分析著眼於三大女報與主流社會之間的異質性。

〔註72〕 夏曉虹：〈晚清女報中的國族論述與女性意識——1907年的多元呈現〉，頁120。

國女報》的文章，可以區分為兩種取向，針對一般女性大眾者，屬名秋瑾（包含其慣用稱號）；若是針對知識婦女的論點，則是屬名「黃公」，因此《中國女報》在讀者的預設上有不同層次的差異，針對不同讀者群的異質性來倡議婦女解放，夏曉虹指出：

> 因應晚清女界的現實狀況，《中國女報》將讀者群區分為大眾與精英
> 兩類，分別以秋瑾與「黃公」兩種論述層次進行啟蒙。〔註73〕

《中國女報》從最低層次的啟發，呼籲婦女脫離傳統社會的奴隸地位，導入國民意識的啟蒙，將女性意識提升至拯救國家脫離列強宰制的至高責任。將異質背景的女性讀者群眾的性別身份，均從賢妻良母漸次到漢俠女兒，在「秋瑾」與「黃公」的執筆之下，彰顯女權論述的核心理念。

2.《中國新女界雜誌》

　　晚清女權運動的發展，進步思想的推展與傳統保守道德思維之間，勢必存在扞格的矛盾，這種矛盾引發的敵對論述也是知識婦女無可避免的挑戰。女報的刊行讓「反纏足」、「興女學」、「國民之母」、「女子國民」等婦女解放論述被不斷轉載與傳播，女權運動論述從婦女的身體、教育與自立之後，更進一步地觸及了傳統社會的婚姻制度。金天翮在《女界鐘》中對於傳統婚姻的不平等提出撻伐，主張一夫一妻的平權立場，同時代的《女子世界》也有多篇相同主張的刊文。〔註74〕

　　然而自由戀愛的觀念，仍然無法避免傳統婚制觀念的抵制，「杜成淑拒屈彊函」事件就反映出晚清社會保守與進步的衝突擺盪。

　　針對婚姻一事，刊於《中國新女界雜誌》第 3 期的〈中國婚俗五大弊病說〉針對傳統習俗上的媒妁、早聘、早婚、迷信術數、禮儀盦贈等等弊病，一一提出嚴厲批評。媒妁之弊無法使男女雙方覓得情同意合的對象；早聘之弊則指出在男女雙方未明事理便定下婚約，成長後的不相契合，往往亦是悲劇一場；早婚之弊則是男女成長未全，容易男夭女折；迷信術數之弊則將婚姻大事訴諸命相卜算之事，全無對人自身之考量；禮儀盦贈之弊則是將入嫁之女子視為財物交易一般。〔註75〕相對於其他女權論述看重「婚制」的改革，

〔註73〕夏曉虹認為「黃公」為秋瑾另一個筆名，做為區別文章撰寫主軸之分。參見夏曉虹：〈晚清女報中的國族論述與女性意識——1907 年的多元呈現〉，頁 123。
〔註74〕如丁祖蔭〈女子家庭革命說〉、杜公〈自由結婚論〉、汪毓真〈論婚姻自由的關係〉、亞蘭〈論婚律〉等篇。
〔註75〕煉石：〈中國婚俗五大弊病說〉，《中國新女界》第 3 期，頁 347～356。

《中國新女界雜誌》卻是著眼於「婚俗」的現象描述，燕斌說：

> 吾今姑不言婚制之不良，而止言婚俗之失當；不言婚制之當改革，
> 而止言婚俗流弊之宜洗除。何也？與其懸一高尚之格，不能遽見諸
> 實行，且以供頑固者之口實，何若痛陳積弊，供有心世道者之採擇
> 而急祛之，以致同胞之疾苦為愈也。〔註76〕

可以看出燕斌是刻意迴避婚制改革的爭論，而在「杜成淑拒屈彊函」事件〔註77〕
中，更可看出燕斌對婚姻觀點的主張立場。《女子世界》在刊載杜成淑覆信時，
刪除了杜成淑刻薄的尖酸字句，表示《女子世界》編輯對杜成淑言論的不認
同；《中國新女界雜誌》則是刊載杜成淑覆信的全文，燕斌並且讚揚杜成淑所
呈現的保守態度，反而對於屈彊的信函極盡揶揄諷刺，從這些事件與論述可
以看出《中國新女界雜誌》呈現出「進步中的保守態勢」。

　　不過，不同於燕斌對婚制改革的迴避，在《中國新女界》第4、5期刊出
的小說〈哀音〉〔註78〕，便直指中國傳統社會的腐陋，在舊式婚姻制度下女
性所面臨的痛苦，〔註79〕文章末段記載女主人公在死前說：

> 我看我的母親，我的哥哥，我自己，以及我家妯娌夫弟，都是婚姻
> 不得其宜，所以生出許多慘戚。我想我們國家不曉得有幾多男女（原
> 註：四萬萬），應該有幾對夫妻（原註：二萬萬），不曉得有幾多怨
> 男怨女（原註：至少說二萬萬九千萬罷），不曉得有幾多人像我母親、
> 我哥哥、我自己，這樣天折死、牢騷死的。咳！我是臨死的人，我
> 勸天下的人，聽我臨死一句話，中國這樣婚姻風俗制度，是千萬不
> 可不改的。〔註80〕

這篇作品批判傳統不合時宜的婚制陋習是亟需被革除的，使得男女在婚姻的

〔註76〕 煉石：〈中國婚俗五大弊病說〉，《中國新女界》第3期，頁348。
〔註77〕 1907年在中國婦人會的賑災義賣現場，杜成淑收到屈彊表達愛慕之意的信
　　　　函，杜成淑覺得受到羞辱，憤而將信刊在《順天時報》，而後屈彊也覆信於該
　　　　報，表達男女兩情相悅，進而交往有何不可。此事件引起社會的軒然大波，
　　　　包含《中國新女界雜誌》在內的著名報刊多有所報導，事件焦點之一便是男
　　　　女雙方的名譽。
〔註78〕 遠庸：〈哀音〉，《中國新女界》第4期，頁697～706；《中國新女界》第5期，
　　　　頁887～898。李又寧認為遠庸即是黃遠生。參照李又寧：〈中國新女界雜誌
　　　　的創刊及內涵——《中國新女界雜誌》重刊敘〉，頁232。
〔註79〕 李又寧：〈中國新女界雜誌的創刊及內涵——《中國新女界雜誌》重刊敘〉，
　　　　頁235。
〔註80〕 遠庸：〈哀音〉，《中國新女界》第5期，頁898。

建構中能夠擁有自主權，而透過「玉兒」（〈哀音〉主角）的角色概念，可以看出作者所想表達的革新思想，從家庭到社會的層面，婦女要反抗傳統文化對婚姻的宰制，跳脫傳統婚姻的框架，改革婚姻嫁娶的觀念，進而真正實現婦女解放的最終目標。從中可以看出，〈哀音〉是一篇提倡「婚姻制度改革」的短篇作品，透過小說情節的安排，它的中心思想明確接露出傳統社會制度的腐化，表露傳統男女在傳統婚制下的痛苦呻吟。

　　燕斌在「杜成淑拒屈彊函」事件中，讚揚杜成淑的保守，而在〈中國婚俗五大弊病說〉只談婚俗，不去涉及婚制改革的爭論，在在表示她完全迴避晚清女權運動對婚制變革的討論；但在同份刊物上卻也刊出直指改革婚制呼籲的〈哀音〉，兩者主張的差異反映的是晚清婦女解放思想的發展，實質是一個動態進步的過程。新思維風潮在運動之初，勢必存在與傳統舊思維之間產生接合的過度期，一方面提倡新思維的進步面向，一方面又試圖遺留舊傳統的保守性，女權運動的開展便誕生於這新舊並存的異質磨合中。

3.《天義報》

　　《天義報》以無政府主義的視角來看待晚清女權運動，何震提出「女子復仇」的口號，以暴力強制男子恢復婦女的權利，看似極端刺激的語言，但卻非何震最引人爭議的主張。相反地，何震在婦女婚姻對象所提出的擇偶條件，才是最令他人異議，不僅國人，還有日本人士。何震在〈女子宣布書〉提到：

> 如夫婦既婚而不諧，則告分離。惟未告分離之前，男不得再娶，女不得再嫁。……初婚之男，配初婚之女。男子於妻子死後，亦可再娶，惟必娶再婚之婦。女子於夫死之後，亦可再嫁，惟必嫁再婚之夫。如有以未婚之女嫁再婚之男者，女界共起諸之。〔註81〕

由此可見，在何震關注的婚姻關係中，平等是最重要的關鍵，對此，幸德秋水首先回應。幸德秋水雖然讚賞何震在〈女子宣布書〉的雄大議論，但對於「初婚之女必嫁初婚之男」、「再婚之女必嫁再婚之男」的論點表示難以理解，幸德秋水認為愛情才是婚姻中的至關重要，言道：

> 貴孃必欲使初婚之男女，再婚之男女，互相配合，能無仍為古來「貞女不見二夫」之陋道德所染乎？僕竊疑之。夫夫婦關係之第一要件，

〔註81〕震述：〈女子宣布書〉，《天義報》第 1 期。引自萬仕國、劉禾（校注）：《天義·衡報》，頁 43。

> 在於男女相戀相愛之情。縱令初婚之夫婦，心中無相戀相愛之情，
> 則固有妨於夫婦之道。又令再婚之男，與初婚之女，眞克愛戀和諧，
> 何害其爲夫婦乎？〔註82〕

幸德秋水的說法，表示愛情的重要性遠在婚姻之上，在絕對自由的社會之中，婚姻並非必要之物，因此認爲何震的觀點尚未脫離傳統道德的窠臼，幸德秋水認爲何震婚姻配對條件留有傳統忠貞道德的約束。

　　不過，另一方面，何震卻也指出「天下惟忠貞二字，最便於專制之人。」

> 蓋道德者，定於強者之手者也，又強者護身之具也。而道德之效力，
> 則約於權力同。……夫今日之法律，何一非強者之法律？迫以實力，
> 使之不敢不徒；又誘以虛名，使之不得不從。……試觀中國理學之
> 儒，所倡諸蛻，何一而非服從？其尤甚者，則謂君雖不仁，臣不可
> 以不忠；夫雖不賢，妻不可以不貞。〔註83〕

將何震「婚姻」與「道德」的說法放置一起來看，顯示出當中的矛盾。然而，何震對婚配條件的堅持是奠基於「絕對平等」的立場。對於他人從自由戀愛的角度討論何震對於男女初婚與再婚的嚴格限制時，何震是這樣回應：

> 蓋幸德君及堺君之意，在於實行人類完全之自由，而震意則在實行
> 人類完全之平等。立說之點，稍有不同。〔註84〕

在與幸德秋水、堺利彥的書函討論中，對何震而言，平等的價值高過自由，她也以此來表述她與日本人士的觀點分歧。在多方辯證的互動交映下，何震顯示的是她對「男女絕對平等」的歸根論底，也更加淋漓盡致地揭示「女界革命」的主張。

〔註82〕〈幸德秋水來函〉，《天義報》第 3 期。引自萬仕國、劉禾（校注）：《天義・衡報》（上冊）（北京市：中國人民大學出版社，2016 年）。，頁 347。

〔註83〕震述：〈公論三則・道德與權力〉，《天義報》第 1 期。引自萬仕國、劉禾（校注）：《天義・衡報》，頁 48。

〔註84〕〈幸德秋水來函〉，《天義報》第 3 期。引自萬仕國、劉禾（校注）：《天義・衡報》，頁 347～348。

第二章　傅柯「知識考古學」的內涵

　　報刊是晚清社會新知識分子宣傳現代新思想的重要工具之一，報刊的內容傳載了新知識分子對於新文明的想像與擘劃，形塑社會的新價值，在民眾知識學養與國家文明發展的啓蒙與改造，有著不容忽視的重要性。晚清時期的報刊，其在政治、經濟、文化，乃至科學的層面，在思想的建構與傳播扮演重要的影響媒介，因此分析晚清報刊的論述，有助於了解晚清社會女權運動的發展與轉變，以及婦女解放運動主體的實踐歷程。多元的女子報刊，反映的是婦女解放運動主體的多元實踐歷程，本論文希望從傅柯的「知識考古學」出發，應用「知識考古學」在晚清婦女解放運動上分析，以「知識考古學」的視角針對晚清三大女報的女權思想進行話語論述的考古分析，找出晚清三大女報不同於主流女權思想的「斷裂面」與「不連貫」，探究其論述脈絡何以形成與運作，以及論述發聲者的所在空間，從不同的視角來看待晚清女權意識主體的轉變。以下本章針對傅柯「知識考古學」進行探討，分別爲理論的背景淵源、特性要義、應用策略，以及理論限制等四個部分。

第一節　理論的背景淵源

　　傅柯在思想上涉及的層面極廣，從歷史、哲學、政治、法律（刑罰）、醫學（含心理）等都有談論，時間從古典到現代，其中可以看到結構主義、存在主義、現象學等流派的影響。

　　傳統歷史學的論述習慣採用「統一」做爲基礎架構，爲符應統一的原則，「排他」便成爲某種特定條件，這意味不符合統一的「正常」狀態，均被視爲「異常」存在，而異常就該被排斥在歷史之外。傅柯認爲傳統歷史學在論

述上採取統一與排斥的策略，「歷史」便是這樣被建構出來，並且在其中充斥著「正常」排除「異常」的對立衝突。科學知識在這樣的衝突中被確立，建構「正常」所認定的「標準」，透過這個標準指涉出「異常」，並加以排斥，因此傅柯認為現代的歷史，便是利用「正常」的科學知識，做為分化「正常」與「異常」的手段，是一種排他而對立的歷史。

傅柯對傳統歷史學的批判，跳脫傳統歷史學的論述習慣，視歷史沒有既有的順序，是一種沒有連續性的歷史觀。傅柯認為，歷史事件的突現（emergence）並非依循傳統歷史學的觀點，存在一定的必然規則；也不是按照科學邏輯的推論，有一定的前因後果脈絡，而是由本身無法預測的偶然性與斷裂性所形成。因此，傅柯強調歷史事件的「突現」，始終關聯於當下的特殊情境，對突現的分析必須描述情境中的各種交互作用與對立鬥爭。傅柯在知識考古學的研究主題主要呈現在瘋狂、〔註1〕疾病、〔註2〕刑罰〔註3〕與知識型，〔註4〕考古學方法的研究便是要揭示這些主題知識，其之所以得以產生的可能條件為何，並對於人類社會的現代實證知識提出一種全新的整體說明敘述，識別出知識在不同時代層面的歧異樣態，以及其之所以可以的可能原因。這種新的論述，中心主題是一種人的概念，而所有關於人的知識體系都建構在這樣的特殊觀念上。人同時具備存在的客體與認識的主體兩種性質，而對於「人」概念的考古研究，傅柯看到關於知識的三次變形。〔註5〕

傳統歷史學所呈現的歷史，是將各種論述放置在既有的時空配置，是一種統一的形式，因此要改變這種論述模式，就必須打破其統一的樣貌，傅柯的考古學理論便是提出這樣的做法。傅柯認為傳統歷史學所呈現的連續性單一線性史觀，是傳統歷史學家論述操作下的結果，而實際上歷史時間在各個階段中卻是充斥著不連續的斷裂現象。傅柯在他的《知識考古學》中提到，當代歷史學的轉換歷程，他認為在各種不同的歷史領域中，諸如科學、思想、哲學、知識、文學等，歷史學家已經關注到歷史的斷裂與不連續。從形式的變化來說，傳統歷史學記錄著過去的遺跡（monument），並將這些紀錄轉變

〔註1〕 相關著作：《古典時代瘋狂史》（History of Madness，1961）

〔註2〕 相關著作：《臨床醫學的誕生》（The Birth of the Clinic，1963）

〔註3〕 相關著作：《規訓與懲罰：監獄的誕生》（Discipline And Punish: The Birth of Prison，1975）

〔註4〕 相關著作：《詞與物：人文科學考古學》（The Order of Things: An archaeology of the human sciences，1966，一翻為《事物的秩序》）

〔註5〕 楊大春：《傅柯》（臺北市：生智文化出版社，1995年），頁76～77。

為文獻（document），成為無聲的存在，「這些印跡本身常常是吐露不出任何東西，或者它們無聲地講述著與它們所講的是風馬牛不相及的事情」，而當代歷史學則是把這些無聲的文獻重新轉變為遺跡，「並且在那些人們曾辨別前人遺留印跡的地方，在人們試圖辨認這些印跡曾經是什麼樣的地方，歷史便展示出大量的素材以供人們區分、組合，尋找合理性，建立聯繫，構成整體」〔註6〕。

　　傅柯認為近代結構主義以來，習慣於將各種事物予以符號性的化約，以符號做為解釋事物的基礎原則，這樣的做法存在著明顯概括化缺點，並且消除了事物之間的歧異性。對此，傅柯試圖運用新的方法來詮釋哲學思考，將關注移往形成論述的規則議題，從結構主義的範圍轉換到考古學方法，以多元性層次的規則系統與時間分布來敘述每個論述的歧異性。他首先解構了關於知識論述產生的歷史過程，對於歷史事件中的論述形成，他認為是由當下社會情境的結構力量與基本需求所決定，而透過獨特的「知識考古學」，將傳統歷史學的材料、文獻、史料視為實物來對待，並且解構了組成它們的體系規則，消除了「理念」，展露了「基礎」，從而進行最為具體的考古學分析。〔註7〕

表一　傅柯「知識考古學」發展三階段〔註8〕

階段	研究重點	相關著作
1950年代	考古瘋狂現象的意義與精神醫學知識在文明演化下的互動變化。	《古典時代瘋狂史》《臨床醫學的誕生》
1960年代	考掘現代人的主體性是如何被西方真理論述塑造成功，監禁制度是如何操作其真理於環境中，使客體的囚犯轉為客化主體的自我承罪者。	《詞與物》《規訓與懲罰》
1970年代	發展自身倫理學，關切人自我關懷的應然性與正當性的尺度和理想，意圖自歷史中發現非現代性真理的性真理，以瞭解現代人的性自我主體性是如何被傳統歷史錯誤的建構。	《性史》（The History of Sexuality）卷一：知識意志（The Will to Knowledge，1976）卷二：歡愉享用（The Use of Pleasure，1984）卷三：自我關懷（The Care of the Self，1984）

〔註6〕Michel Foucault，馬月、謝強譯：《知識考古學》（北京市：生活・讀書・新知三聯書店，1998年），頁6。
〔註7〕于奇智：《福柯》（臺北市：東大圖書公司，1999年），頁61。
〔註8〕引自張慶仁：《從傅柯知識考古觀論諾爾斯成人教育學理論之重建》（嘉義縣：國立中正大學成人及繼續教育學系博士論文，2004年），頁128。

傅柯在一開始並沒有以系統化的方式說明他的考古學方法究竟是什麼，而是依循著這個取向進行他的研究，經歷過對考古學方法的實踐之後，傅柯才提出考古學方法明確的理論論述，而《知識考古學》一書便是傅柯對考古學方法實踐的總結與回答。〔註9〕

在「知識考古學」看來，歷史事件的發展，本身或許是連續的，但形塑事件的相關制度與規則卻是存在著系統性的斷裂，以致事件的發展便呈現出不連續的現象。歷史事件依循不同的論述型態而發展開來，彼此之間的運作規則與建構基礎都存在相當程度的差異，而這一點便彰顯出不連續性的具體實踐。因此，「知識考古學」的分析便是要掌握不同論述的差異規則，以及建構這些差異的基準，如此我們才能對於理解「過去」產生具有正面意義的具體實踐活動，因為論述潛藏著說話的人的知識與符號系統，代表著一種開展的可能性，而人的具體實踐活動便是受到這套潛行規則所制約，換句話說，歷史中發生的諸多事件，其背後的實踐者都是依循當時被普遍接受的論述而行動的。〔註10〕

在《詞與物》一書中，傅柯指出不同時代的論述符號差異，便呈現出不同時代的知識形構。從文藝復興以來，他認為歐洲社會出現三個不同的知識型發展：文藝復興時期（Renaissance Age，15～16世紀）、古典時期（Classical Age，17～18世紀，亦翻為經典時期）、現代時期（Modern Age，19世紀之後）。三個階段在時間軸上是連續的，但各自的論述符號系統存在顯著的差異性，因此論述形構上是斷裂的。文藝復興時期，歐洲的世界不若現代開放，相對是封閉的，因此人的知識只要依循相似性（resemblance）便可以開展。古典時期比較原則（discernement）取代了相似性，差異的論述取代了同一的論述。現代時期擇時著重於歷史發展的可能性面向，從勞動、生命、語言三個面向來看，從古典到現代，這三個面向在不同時期完全形塑不同論述符號，整理如下：

面向	古典時期	現代時期
勞動	財富分析	凱因斯（J. M. Keynes，1883～1946）「政治經濟學」
生命	博物學	達爾文（C. R. Darwin，1809～1882）「生物學」
語言	一般文法	索緒爾（F. de Saussure，1857～1913）「語言學」

〔註9〕楊大春：《傅柯》，頁103。
〔註10〕翟本瑞：〈閱讀傅柯與傅柯式閱讀〉，《權力、意識與教育：教育社會學理論論文集》（蘇峰山編輯）（嘉義縣：南華大學教育社會研究所，2002年），頁157～158。

上述的領域分類可以看出傅柯的研究重點，這些分類已經成為歷史中各個時期社會的構成條件，而這些文化符號都是在當下社會的論述中被具體實踐的。這些論述的符號與內容由人們有意識的活動所產生，但另一方面也部分影響著人們的實踐活動。「人們可以透過有意識地集體力量，改變整個論述的方式，以形成新的分類、新的制度，但是，在沒有改變論述的基本模式前，單純而直接地改變整個社會是不可能的。論述乃是對話者之間能夠成功地對話，背後所必須預設的基本符碼結構。」〔註11〕

第二節　理論的特性要義

傅柯的《知識考古學》一書，相當程度地可以視為他在考古學研究的總結大成，並對考古學方法的運用提出解釋。在《知識考古學》一書中，傅柯主要以語言論述的形構為思考核心，聚焦於與論述的社會實踐有所關聯的多元因子，探討形成論述的結構、運作與策略的可能性因素。

一、範圍界定

一般的思想史研究，它的主要任務便是對現存的事物進行重新的闡述，構成一種新的分析方式，一方面經由發現論述記載的直接經驗，將視角關注於論述產生的起源上；另一方面，思想史又指出這些論述是如何地被解體、廢棄，直到另一種新的論述重新出現。因此，思想史是一門探究「起源」與「終止」的學問，描述著模糊不清的連續性，是在歷史的線性軸線中不斷發展的重建工作。〔註12〕不同於一般思想史的觀點，「知識考古學」不強調重建論述發生瞬間的所思、所願、所求、所感的內容，不去針對這瞬間即逝的核心。換句話說，「知識考古學」並不刻意在已被說出的內容中尋找統一性，也不重新與重複這些內容。「知識考古學」的工作是在已經存有的外在性固有形式中，轉換這些已經被說出或寫出的東西，這並不是回歸於起源的探究，而是對論述客體所做的系統性描述。〔註13〕

〔註11〕翟本瑞：〈閱讀傅柯與傅柯式閱讀〉，頁165。
〔註12〕Michel Foucault，馬月、謝強譯：《知識考古學》，頁151。
〔註13〕Michel Foucault，馬月、謝強譯：《知識考古學》，頁153～154。

表二　傳統思想史與「知識考古學」的比較〔註14〕

差異面	傳統思想史	「知識考古學」
整體性	思想史著重描述事件的先驗結構與因果關係，闡述蘊藏意義，以概括性述語來延續論述的歷史感。	「知識考古學」專注論述實踐與陳述規則，不做論述的符號化想像及擴散應用，不揣測深藏文本符號內的蘊意。
統一性	思想史以歷史意識填補殘缺，刻意摒棄殊異細微，使事件呈現合理化。	「知識考古學」保留矛盾殘缺的意象，分析論述內部不同層次的矛盾及作用，並描述出各層觀點之間的差異。
連續性	思想史主導知識論的歷史特殊地位，分析理論的內在結構及動力攪起意識，縫合歷史事件的裂隙，建構線性般的直線發展狀態，呈現巨型敘事的合理化理性。	「知識考古學」試圖掌握論述的斷裂性與不連貫，發現歷史論述的實踐現象。
起源性	思想史再現作者與作品間的同一真實，嘗試以陳述規則還原歷史事件真實，試圖回歸向奧秘深造的起源之處。	「知識考古學」不探究事件的源頭，避免化約論述為同一起源，聚焦論述的調節及轉換系統，呈現事件離散的真實樣貌。

　　因此，傅柯的考古學方法，是一種對歷史批判的方法。傅柯自己也強調，他所採用的「知識考古學」並不是一種先驗的研究法，不同於傳統思想對形上學先驗的認知，不是尋找知識的可能普遍性結構或原則，而是解構論述的本身，把論述視為一種歷史事件。傅柯最初從知識歷史的領域進行考古學方法的分析，由知識層面拓展到社會制度中的權力運作關係（諸如政治、經濟等），明確指出知識論述與權力實踐的關聯性與策略問題，呈現傳統知識論述所謂的「客觀真理」，其在權力運作包裝下的真實面貌，揭露傳統知識論述在傳統歷史線性軸線中，其為權力階級服務的真實狀態，打破「客觀真理」的客觀性與真理價值。

　　透過「知識考古學」的方法，傅柯所要達到的目的便是揭示歷史事件的發生是如何影響與制約著人們的行動，同時在這些歷史事件發生的過程中，對於人們行動有產生哪些有效性與功利性，而這些歷史事件的內隱特性又如何產生它的實質影響。換句話說，傅柯倡議「知識考古學」的目的，在於批評傳統人文歷史研究的方法與定義，打破單一歷史時間軸線的標準，因此思

〔註14〕修改自張慶仁：《從傅柯知識考古觀論諾爾斯成人教育學理論之重建》，頁130。

想史則成為他主要探討的對象。傳統歷史的研究注重時間軸線的延續，各種散亂無章的史料文獻都要依照既定的邏輯規則推演它的排序，重新歸納排列於時間軸線中，以此建構出當下時代的統一性意義。傅柯批評這樣的研究方法過分看重體系完整的價值，局限於起源與連續的片面，這容易使歷史論述被限制在少數的「完整事件」中，無法顯示當下歷史的全體面貌。因此，傅柯希望改變傳統歷史歷時的趨向，透過「知識考古學」共時的空間向度，揭示傳統歷史在連續時間軸線觀點下所引發的問題。他認為歷史研究不僅是專注於闡釋某一時代的統一特徵，也不僅是尋找個別歷史事件之間的關連與連續性。對傅柯而言，歷史的面貌不是呈現一條連續不斷的道路。「知識考古學」的用意便在於考掘統一之中的不連續，發現道路上的隙縫，將這些不連續的漏洞一一呈現出來，揭示被隱藏與忽略的種種矛盾，打破統一的必然性。在「知識考古學」所呈現的史觀是一個喧嘩紛擾的狀態，各種事物與制度的運作相互並行、對立、排斥與衝突，而考古學方法便是分析運行這看似四散分離的樣貌，其背後可能的架構何以存在的條件。

二、特徵

　　從「知識考古學」的觀點來看，知識是被視為論述的一種型態，考古學方法是從論述的角度來進行知識研究，因此《知識考古學》提出了一種新的知識觀。〔註15〕「知識考古學」做為一種論述、歷史與知識分析的理論，引入了論述性與共時性，有別於傳統思想史與科學認識論的觀點，其主要目的便是消除主體的先驗性，對現代認識論的客觀真理做出根本的否定批判。

（一）關於科學

　　「知識考古學」將知識視為一種論述實踐，傅柯說：

> 這個由某種話語（論述）實踐按其規則構成的並為某門科學的建立所不可缺少的成分主體，儘管它們並不是必然會產生科學，我們可以稱之為知識。……有一些知識是獨立於科學的（……），但是，不具有確定的話語（論述）實踐的知識是不存在的，而每一個話語（論述）實踐都可以由它所形成的知識來確定。〔註16〕

因此，科學由知識所組成，但知識不一定會變成科學，同時知識也不一定僅

〔註15〕劉北成：《福柯思想肖像》（上海市：上海人民出版社，2001年），頁206。
〔註16〕Michel Foucault，馬月、謝強譯：《知識考古學》，頁203。

存在於科學的範疇之內。科學是知識的認識場域之一，而在科學之外仍存在其他知識。

「知識考古學」是一種論述理論，但從其他視角來看，它也可以視為歷史分析理論與知識論，而從論述與歷史的角度來分析知識，這正是「知識考古學」有別於其他知識論的獨到之處，這樣的分析視角有別於傳統思想史與科學認識論的分析角度。傅柯主張透過「知識考古學」的分析，思想史與科學都只是經過特定規則組合而成的論述群體，如此一來便不存在所謂「科學」與「不科學」的分別。「知識考古學」關注的是這些「科學」是如何在歷史中被論述所建構的，符應於怎樣的運作規則。傳統科學關注於科學的誕生起源，但「知識考古學」卻不關注此點，因此論述的發生、運作與實踐並不能視為科學的誕生，「知識考古學」關心的論述如何形成與運作的問題。「知識考古學」從論述實踐的角度來描述知識何以組織成科學，不同於傳統科學對客觀、邏輯、正確等真理價值的注重，其在意的是知識之所以形成知識的可能條件為何。

傅柯極力強調「知識考古學」與傳統思想史、科學認識論的歧異點，在在表明「知識考古學」要消除傳統意義上的真理問題（科學與非科學）、起源問題（科學與前科學），從而獲得關於知識與科學的全新認識。〔註17〕「知識考古學」藉由論述的橋樑作用，建構科學與知識的全新概念，從而消除傳統上追尋真理與起源所產生的對立問題，進而建立反對主體先驗性的分析理論。

（二）關於主體

「知識考古學」對於主體先驗性的反對表現對歷史連續性的批判，傅柯認為主體先驗性與歷史連續性是相合一體的概念，他說：

> 連續的歷史是一個關聯體，它對於主體的奠基功能是必不可少的：這個主體保證把歷史遺漏掉的一切歸還給歷史；……這個主題，儘管形式不同，卻起著一個恆定不變的作用：反對一切偏移，挽救主體的至高地位，挽救人類學與人文主義這對學生學科的形象。〔註18〕

傳統歷史將主體先驗性與歷史連續性關聯在一起，因此「知識考古學」對連

〔註17〕劉永謀：《福柯的主體解構之旅：從知識考古學到「人之死」》（江蘇省：江蘇人民出版社，2009年），頁73。

〔註18〕Michel Foucault，馬月、謝強譯：《知識考古學》，頁13。

續性的反駁便是對主體先驗性的批判，從根本上確立一種新的歷史分析方法。

傳統歷史爲了發揮鑑往知來的效果，在記憶與預言的作用之下，歷史成了連續性的目的論，即歷史事件的發生都有它背後的隱藏意義與目的，而歷史事件的相互串聯促使歷史持續地向目標前進。「19 世紀直至今天，關於整體的歷史意義或規律，仍然被多數人所信仰，不過這一目的從上帝及其榮光方面轉到了進步方面。」〔註 19〕

傳統歷史學家極力將歷史化約爲連續的線性發展，將歷史中的斷裂、外散、移位等不連續徵兆視爲歷史軸線的缺陷，予以排除、掩蓋，甚至詆毀，以建構歷史連續的平滑軸線，透過連續性貫穿所有現存知識，重新闡釋學科之間的相互影響，在連續性的統籌之下，建構出涵蓋歷史全景的整體統一樣貌。在統一原則的架構下，對於歷史起源扮演重要的功能，因爲歷史的線性便是由此展開。傅柯認爲這種統一之下的客觀原則與眞理價值都是在連續中被設定出來的，並且需要傳統歷史學家來將它描述出來，彰顯它們在歷史中的預定功能。傅柯則是持相反的觀點，「知識考古學」反對歷史論述的連續性，反而肯定論述之間的歧異性與特殊性，看重論述之間的相互轉換。「知識考古學」所開展的是歷史發展的擴散空間，〔註 20〕是一種共時性的分析。

傳統歷史的連續性是一種人爲意識的建構，並非歷史的眞實樣貌，而不連續的存在，反而更能展現歷史的眞實性，因此「知識考古學」的主旨便是將不連續帶入歷史分析當中，消除連續性的先驗性地位，揭示連續性不是自然產生的狀態，而始終是被建構出來的結果，「我們要了解的正是這種建構的規則，並對它做驗證；爲了確定在那些條件下和做什麼樣的分析，它們中的某些是合理的，指出那些無論如何是不能予以接受的。」〔註 21〕因此，「知識考古學」反對連續性的絕對先驗性，但是並未完全抹殺連續性的存在，強調歷史中連續與不連續的並存特徵，分析歷史中連續性的產生原因與不連續性的歧異面。

> 歷史意義的存在使歷史連續性成爲可能。主體可以在歷史目的之下
> 組織歷史，使之表像爲連續的趨向目的之運動。如果人在歷史之中，
> 沒有主體之原點即否定歷史主體，歷史當顯現出變動不居之斷裂

〔註 19〕劉永謀：《福柯的主體解構之旅：從知識考古學到「人之死」》，頁 74。
〔註 20〕Michel Foucault，馬月、謝強譯：《知識考古學》，頁 9～10。
〔註 21〕Michel Foucault，馬月、謝強譯：《知識考古學》，頁 27～28。

性。不是說說歷史只有斷裂，而是說歷史因為主體之超然才被傳統
史學理解為連續性的進程。所以，考古學對歷史連續性和目的論之
批判，最終指向的是對歷史主體之批判。〔註22〕

總歸來說，「知識考古學」對歷史連續性、客觀原則與真理價值的批判，最終
目的便是對主體先驗的反動。

（三）關於知識

　　「知識考古學」做為一種反動主體先驗性的歷史分析方法，對於論述的
理解提出若干的獨到解釋：〔註23〕

1. 真理價值不是唯一的，而是存在多元性質。「知識考古學」認為真理是被建
構出來的，因此主客相符的唯一真理不存在，而是呈現被不同表述與建構
的多元化真理。

2. 知識是一種論述實踐活動，它揭示歷史中產生的論述類型，並且與社會整
體結構及其運作規則保持緊密關係，意味知識在特定社會文化環境有其運
作機制與社會互動模式。

3. 知識的實踐不侷限於主客相符的範疇，科學也不是朝往客觀真理的進步趨
向。傅柯認為科學僅是符合某種歷史科學標準的論述模式，是複雜論述支
配規則下的論述實踐。

4. 知識不侷限於科學之內，而不同學科之間也沒有客觀科學的絕對劃分，學
科之間的歧異性質是不同論述實踐的具體結果，

5. 知識不是主體認知的直接產物，而是歷史實踐的歷程，而主體與客體則是
在知識實踐的歷程中被建構、變化與影響，「知識考古學」主要的目的在於
揭示西方文化如何經由論述模式的變化，從而建構歷史發展與社會行動的
主體。

6. 知識背後存在著深層的「無意識結構」，「知識考古學」的分析便是要呈現
這種「知識無意識」。因為知識背後的「某些原則」，它的存在可以決定科
學、知識的運作，並且隨著歷史演變而轉換，建構出主體的「穩定結構」。

7. 知識與意識形態並不相互排斥，因此科學具有意識形態特性。傅柯認為意
識形態正是在知識場域中與科學發生關係，意味意識形態在科學形塑的過

〔註22〕劉永謀：《福柯的主體解構之旅：從知識考古學到「人之死」》，頁76。
〔註23〕整理自劉永謀：《福柯的主體解構之旅：從知識考古學到「人之死」》，頁78
　　　～84。

程中參透到科學論述之中。

　　總結而言，「知識考古學」反動了科學在真理、客觀、進步的絕對地位，以及知識的主體基礎，將知識歸納為論述在「知識無意識」下的實踐產物，提出一種對主體先驗與科學真理否定的新的歷史分析方法。

三、重要概念

　　「知識考古學」呈現的是傅柯哲學的思想理論架構，是一套特定研究當代文化現象的分析與論證模式，形構一種全新的論述體系。論述場域中，論述得以實踐，事物之間的交互關係才得以確立，而知識的建構也才有其可能性。「知識考古學」的任務便是揭示論述如何影響與產出當下的知識，因此以下探討在論述場域運作的三個關鍵要素：論述（discourse）、陳述（statement）、檔案（archive）。

（一）論述（discourse）

　　論述是一個廣泛的概念，可以泛指所言談的可能形式，也可以視為一種模式化的敘述行動。因此，可以說在日常生活中的種種運作場域都存在著種種論述，並且成為資訊接受的提供來源。傅柯將論述視為知識產出的對象，事物的意義要經由論述的實踐才得以展現，也只有透過論述我們才能建構對事物的認知，因此論述實質影響著社會的變動與發展。在「知識考古學」所探討的論述，並不如同語言學中的「話語」，因為論述雖然由符號所組織而成，但論述的功能並不只是透過符號去認知事物，更重要的是在社會文化的論述體系與論述實踐，論述不能被簡單化約為話語形式，〔註24〕論述實踐同時具備建構對主客體的認知，因此論述不單單只是符號的存在，而是一種具體實踐，也是建構知識的一種方式，因此知識與論述不能劃分，因為知識是以論述的形式被呈現出來的。是故，要明白知識的意義，便要透過論述性質的分析，找出論述的組織成分，進而了解它的運作與分布的生成機制。

　　「知識考古學」要觀察的是，存在於論述場域中的論述，彼此之間相互作用的呈現。將事物從斷裂分散的狀態放置到關係網絡中，從其相互依存的樣態描繪出事物原有的樣貌。傅柯將論述視為一種事件（event），不是單純的語言現象。論述是在特定的場域中，經特定的人物針對特定目的所建構的主

〔註24〕Michel Foucault，馬月、謝強譯：《知識考古學》，頁 52～53。

體，這是一個生產與擴散的歷程，歷程中包含著社會網絡關係、認知價值取向、特定意識形態，也因爲包含這些面向，傅柯分析的重點在於知識在特定社會文化環境中的形塑機制，以及背後所隱藏的社會運作型態。因此論述是一個變動的相對主體，它的意義要其他論述相互作用才能顯現，部分論述被揀選出來形成了知識。論述是知識形成的關鍵要素，傅柯對此提出四個建構論述的重要成分：

1.個體的形成（the formation of object）

論述的表層存在著不同個體對象的歧異性，「知識考古學」便是要分辨這些論述系統的個體差異點會呈現在什麼樣場域中，進一步的確認與分析它客觀的程度、概念的機制與思想型結構。論述的個體並非的一陳不變的，同樣的標的在不同歷史時代中所描述的內容與習慣便不同，因此「知識考古學」注重不同個體其論述系統的對話機制。

2.闡述的形成（the formation of enunciative modalities）

「知識考古學」強調論述的實踐性質，論述實踐的過程存在著與其他論述的互動，在互動中論述個體扮演論述闡述的關鍵角色。論述的闡述是在個體互動中被建構的，它不是一個預先假定的系統機制，闡述的出現不是歷史事件先驗的排列組合，論述系統與闡述內容沒有絕對必然性關係，原因在於「論述」是被「個體」所「闡述」出來的。個體的社會文化條件，所處時空場域的不同，這些差別都會大大地影響闡述的建構，傅柯說：

> 陳述（闡述）過程的各種不同形態不歸結於某個主體的綜合或統一的功能，而表現了主體的擴散。當主體使用某一種話語時，這些各不相同的形態則歸結爲不同的身份、位置，主體能佔據或接受的立場，歸結爲主體言及領域的不連續性。〔註25〕

因此，個體之間的歧異性增添論述間交互作用的複雜程度，使得闡述的機制不存在統一的規則與標準。

3.概念的形成（the formation of concepts）

個體的互動關係形成了論述闡述的內容，因此論述闡述得以向外擴散，形成不一致性的特徵。傳統歷史學習慣假定某些永久持續的統一性概念，並且依循這些概念生產出了諸多的闡述，進而形塑一個「完整」的論述系統。「知識考古學」反對這種強調一致性的概念迷失，指出必須分析這些概念的發生

〔註25〕Michel Foucault，馬月、謝強譯：《知識考古學》，頁59。

與擴散，闡述所形塑的關係網絡才有形成的意義。因此，概念的形成，一方面是一個充滿錯覺、偏見、謬誤、想像、隱喻化的過程；另一方面恆久一致性的概念系統是不存在的。〔註26〕

4.策略的形成（the formation of strategies）

在傳統歷史學中，論述系統透過既定的統一、連續、起源等性質來確保論述系統的完整性。然而，論述的產出以論述間的互動關係為依據，會受到當下社會文化環境的影響，因此論述的主題是當下策略運作下的選擇結果，不同的策略選擇衍生不同的闡述內容與個體互動網絡。因此，在不同的策略機制下，不同的闡述內容與概念體系可能被包含在同一個論述系統；反之，相同的闡述內容與概念體系也可能被分散到不同論述體系，這些策略機制的變化打破個體、闡述、概念的一致性假定。是故，策略的運行不僅影響論述主題自身的論述系統，也可能受到其他論述策略的作用而呈現論述更加顯著的不連續樣態。

以上論述的四項關鍵要素，其都無法化約為一種恆定一致的存在性質，彼此之間都充斥歧異性質，因此論述的統一基礎便蕩然無存，形成一種彌散（dispersions）狀態，而「知識考古學」便是要揭示形成這種彌散的可能原因。

（二）陳述（statement）

陳述是論述最基本的組成單位，傅柯將陳述視為論述的原子，缺少陳述的存在，論述便無法成立。〔註27〕就「知識考古學」來說，陳述並不是句子組合，也不是一種命題（proposition），也不是一種語言行為（speech act），相同的句子組合、命題、語言行為可能是由不同的陳述所組成。陳述無法直接敘述出符號的內容組合、運作機制與形式意義，但要經由陳述的存在，符號的這些面向才能得以展現。陳述與論述一樣，都需要其他的元素與其交互作用才能發揮它的功能，傅柯說：

> 聲明（陳述）的功能不能孤立的運作於一句子或命題之上。……它
> 必須與整個的鄰近領域相連接。〔註28〕

〔註26〕陳媛：《論傅柯《知識考古學》》（新北市：淡江大學法國語文學系碩士論文，2011年），頁51。

〔註27〕Michel Foucault，馬月、謝強譯：《知識考古學》，頁102～103。

〔註28〕Michel Foucault，王德威譯：《知識的考掘》（臺北市：麥田出版社，1993年），頁202～203。

陳述功能的呈現可以分為四個面向：

1.對象（target）

　　陳述具有指涉性（referential），是一種參照的系統機制，因此它的對象不是一個具體的對應物，在這機制中，陳述賦予對應的句子、命題與語言行為得以顯現真實價值的可能性。

2.主體（practitioners）

　　陳述的主體位置存在著一片空白，而這片空白可以由其他的個體來填充，進而產生句子、命題與語言行為，「知識考古學」關注的是主體處在怎樣地位與空間來實踐它的發言。

3.範圍（domain）

　　陳述不是單獨存在的，它總是與其他陳述交互作用，傅柯說：

> 陳述遠不是能指總體（如：最小的意義單位「原子」也有意義）的個體化原則，而是把這些意義的單位置於某個它們在其中不斷增加和積累的空間的東西。〔註29〕

因此，陳述不從論述體系內部尋找自身的內容，而是向外擴展交互關係，建構對外的外延聯結。

4.物質性（materiality）

　　傅柯認為陳述是單一的個體，對應特定時空背景的法則，但陳述的表達需要透過實體的媒介（如影像、文字、聲音）才能傳達具體意義，缺乏實體的媒介，陳述便無法呈現。

　　陳述的這四個功能面向，實質與建構論述的四個成分是呼應一致的：

論述建構	個體	闡述	概念	策略
陳述功能	對象	主體	範圍	物質性

陳述功能的發揮必須要有一個陳述共存的空間，因為陳述須以和其他陳述的交互作用才能獲得功能的顯現，經由物質性媒介的作用，形成某個句子、命題、或語言行為的印記，建立與主體的連結關係。

（三）檔案（archive）

　　檔案的功能是陳述出現的操控者，檔案的機制決定哪個陳述可以存續，哪個陳述又將消亡，傅柯如此定義「檔案」：

〔註29〕 Michel Foucault，馬月、謝強譯：《知識考古學》，頁109。

> 我們在話語（論述）實踐的深度中看到一些把陳述當作事件（因爲
> 它們具有出現的條件和範圍）和看做事物（因爲它們包含使用的可
> 能性和範圍）的系統。這些都是陳述系統（一部分是事件，一部分
> 是事物），我主張把它們稱爲檔案。〔註30〕

傅柯將檔案看做是論述所建構的關係系統，它的作用在於控制各個單獨事件
得以出現的支配機制，在其特定的文化背景下，主宰陳述存續與消亡的運作
規則。「知識考古學」的目光在於形構、排斥和轉化論述的規則，考掘構成一
種文化的檔案的一系列學科中的不連續性，並且交叉分析其他學科的論述，
從中探究出一個時代論述實踐的規則體系，因此檔案不能僅被視爲過去歷史
所保留下來的陳述記憶，更重要的是，檔案對於特定事件陳述的存續與消亡，
所運行的規則體系－論述形構的機制系統。

四、三大分析法則

「知識考古學」反對傳統歷史學所強調的整體、統一、連續與起源等特
性的分析原則，提出稀有性（rarity）、外緣性（exteriority）、積累性（accumulation）
三種論述的分析法則。

（一）稀有性

在「知識考古學」看來，論述的表述無法交代完整所有的事物，因而論
述存在間段、有限、片面、部分的樣貌。「論述存在著脫漏現象，遺留了無
數的歷史事件，還有許多空格。」〔註31〕歷史事件的論述往往是由其他外部
的特定權力所運作與操控，隨之歸納與演繹出一套知識系統，並將這套系統
視爲眞理的價值展現。這套眞理價值的存在是權力競爭下的產物，因此使得
論述顯得稀有而關鍵。傅柯認爲論述的分析便是衡量評估陳述的價值，〔註32〕
而稀有性原則便在考掘歷史事件的斷裂面，呈現論述的片段性，這意味著論
述眞正表述出來的事物是很稀少的。「知識考古學」的目的便是找出決定那
些少數事物被說出來的規則、它們占據論述中的什麼位置，以及什麼樣的系
統機制使得論述在四散狀態下得以存在。「知識考古學」的工作是要藉由論
述的分析，定義出一套論述產出的運作機制，在稀有性的原則之下，呈現論

〔註30〕 Michel Foucault，馬月、謝強譯：《知識考古學》，頁 143。
〔註31〕 于奇智：《福柯》，頁 58。
〔註32〕 Michel Foucault，馬月、謝強譯：《知識考古學》，頁 117～118。

述背後被隱藏的權力競爭問題。

（二）外緣性

傳統歷史學分析「已被表述出來的事物」，為這些事物安排一個既定的位置，以符合既有的線性秩序。外緣性的分析則關注論述的外部關聯，跳脫現性軸線，試圖還原陳述原本的分部狀態，傅柯說：

> 外緣性分析所要做的是新發現一個外在的世界。在其中，在其相對
> 的稀有性中，在它們不完整的親密關係中，在它們被分佈的空間中，
> 「聲明」（陳述）事件得以被部署分置。〔註33〕

外緣性的分析消除了陳述內性封閉的完整性，透過外緣性的擴散，陳述不再只對應一個單一的主體，而是呈現主體的多元性，考掘出不同表述主體對論述產生的各種影響。因此，論述不是一種集體的單一表述，不是一種共同意見的表達。論述是被建構在外緣的空間中，受到外在因素的影響，在不同主體的特定場域間轉換、游移，意味在不同場合中，因應關係、規則的變化，即便同樣的陳述，也會產出有不同的論述。〔註34〕

（三）積累性

陳述必須透過物質性的媒介，諸如文字、語言、聲音、符號、影像等，陳述才得以保留與傳遞。面對歷史時間的流轉，這些媒介經過無數的操控、轉變、散播，形成一幅多岔的網路，無法歸納出一個單一起源。論述在歷史時間中是不斷地變換，現在所重現（recurrence）的論述是過去的殘餘（remanence），是由特定的物質媒介，在特定形式與制度（諸如法律、宗教、政治、經濟、意識形態，甚至科學）的選擇下保留下來的。〔註35〕陳述一旦被表述出來就有改變的可能性，因為事物沒有統一的存在形式。因此在積累性的原則下，陳述不是單一的封閉整體，在於不完整與四散紛亂的意象中，考掘論述得以再次重現的特殊機制。

傅柯提出這三大分析法則，作用在於打破傳統歷史學的分析慣性，為「知識考古學」建構一種實證性（positivity）的研究方法。三大分析法則取代傳統歷史學的分析習慣：

〔註33〕 Michel Foucault，王德威譯：《知識的考掘》，頁239。
〔註34〕 Michel Foucault，馬月、謝強譯：《知識考古學》，頁118～119。
〔註35〕 Michel Foucault，馬月、謝強譯：《知識考古學》，頁120～121。

傳統歷史學	整體	先驗	起源
「知識考古學」	稀有性	外緣性	積累性

這樣的實證性，確立了論述分析的某種範圍，在這範圍中，某些論述形式的同一性、主題的連續性、概念的移轉，以及論述的辯論都因此得到開展的可能性，使得陳述的分析具備了歷史性的特質，傅柯將這樣的效果作用稱之爲「歷史先驗性」（a historical apriori）。〔註36〕

第三節　應用策略

「知識考古學」關注焦點在於論述，聚焦於論述在具體的社會文化環境的運作狀況，將論述視爲歷史事件的眞實實踐，表述其最眞實的面貌，揭示論述何以影響整體社會運作（制度、機制、體系）的關鍵秘密。

一、知識體系與論述權力

傳統的知識體系從形上學的基礎建構出一個二元對立的場域圖像，強調知識的建構需要符合世界的普遍性、永久性、必然性的單一軸線，而後現代的哲學觀點則反對這樣的先驗觀點，主張消除主體與客體之間的二元對立架構，化消超越現實的疆界，透過語言和文本的論述解構，搭建一條溝通的管道，「擺脫主體的『一種疏異狀態，一種與萬事萬物分離的狀態』。」〔註37〕

（一）知識客觀先驗性的解構

形上學強調客觀先驗的存在，任何事物都化約爲一致性的存在，後現代觀點則持相反主張。在後現代的語境中，精神性的事物都化爲一般的事物，跳脫主體純粹意識的絕對性，將焦點關注在人眞正生活的「處境」，探討人對處境的主觀知覺（perception），而非客觀認知。傅柯反對傳統歷史學主張的先驗主體，認爲人的存在是受到社會文化諸多因素所規範，在勞動、生命、語言等三個面向的規律影響下，對人的理解必須經由人的製造物、身體、話語用詞才得以實踐，因此人是在實踐活動中被論述出來的。傅柯將論述視爲一種類物質的存在，人們會產出論述，並予以操控、轉換、分解、交流、重組，在這些人爲的排列組合作用中，論述失去純粹客觀的價值，意識的先驗主體

〔註36〕 Michel Foucault，馬月、謝強譯：《知識考古學》，頁 141～142。
〔註37〕 倪志娟：《女性主義知識考古學》，頁 166。

被處境外不斷表述的主體所取代，在過程中強化了人的個體意識，在一致性的軸線上注入了許多異質性（heterogeneity）的主觀個體。

近代實證主義追求價值中立的客觀真理，以此標準做為審度判斷的統一法則；然而個體的異質性經驗打破傳統知識體系的一致性，從多元的價值立場與意識形態重新分析傳統知識的建構，女性主義便在這樣的基礎上去衝撞男權中心的知識體系，批判傳統知識體系中存在的性別歧視與性別盲點，反映在以下三點：〔註38〕

1. 婦女的認知經驗從未被認真考慮；
2. 傳統知識結構體系與語言體系表現出明顯的性別不平等；
3. 婦女等同於自然成為被知識征服的對象。

在傳統的知識體系中，由於男子擁有合法的知識權力，婦女對此沒有發言的權力，因此權力中心可以巧妙地將宰制潛藏於各種的知識論述當中，因而長久以來婦女的聲音是被男子所掩蓋，不屬於男子的女性論述則被除於知識體系之外。因此，女性主義強調所謂客觀的知識體系人為製造的產物，是認知主體依其社會情境所建構出來的，「客觀」的價值判斷帶有個別社會情境的主觀意識，因此知識體系並非全然一致的。換言之，女性主義強調知識是在社會實踐中被建構出來的，而人進行的各種活動或建立的文明層次，一方面體現了人對事物的認知，但另一方面也局限了人的理解擴散，意味人的所作所為既形成也限制人對事物的理解。〔註39〕

在西方傳統觀念裡，婦女是社會秩序設計的陌生人（stranger），也是知識建構過程的陌生人。做為知識中心的陌生人，婦女比起男子較能夠減少二元觀念的對立，婦女能在親近－隔離、關懷－忽視的對立的層面提供一種結合體，而這種結合體的存在能擴大客觀核心的所在。此外，相較男子是身處秩序中心的本地人（native），婦女比起男子夠能發現本地人的信念或行為模式，因此女性視角的功用正是扮演在社會主流制度中，一種外來者向度的觀察，而這種觀察可以增加客觀核心的價值，減少片面的壓迫與扭曲，〔註40〕從中

〔註38〕 倪志娟：《女性主義知識考古學》，頁 171。
〔註39〕 Sandra Harding, *"Rethinking standpoint epistemology: What is strong objectivity?"*, *Feminist Epistemologies*, Linda Alcoff and Elizabeth Potter edit, (New York: Routledge, 1993), p.54.
〔註40〕 Sandra Harding, *Whose Science? Whose Knowledge?: Thinking from Women's Lives*, p.124.

我們可以歸納出四個特點：〔註41〕

1. 女性主義主張的認知主體是具體的。知識的積累並非是存在著普遍性值，而是依據認知主體的所處的情境而有所變化的，因此知識是在具體且富含變化性的社會情境中產生的。

2. 女性主義主張的認知客體與主體，兩者都不存在本質上的差異。因為客體與主體同樣都是處於受到社會情境的運作體制的影響，因而被建構出來的個體。

3. 個體所呈現出來的知識，存在著群體之間所同擁有的價值觀念。因為個體也是受到群體共同的社會、歷史、政治、文化等因素的影響，因此具備普遍性質卻能完全獨立的個人知識是不存在的。

4. 女性主義基於知識是受到個體身處社會情境與生活經驗所影響，因此認知主體是具備多樣性（multiple）與異質性（hetetrogeneous）的呈現面貌。

換句話說，綜合上述四點的特性，女性主義的認知主體（特別是婦女）具有具體性、集體性、多樣性，主體的視角是獨特的。因此婦女具有視角的優勢，而這樣的視角優勢是在社會的生活經驗中努力得來的，也是由其具多元性的社會背景所建構而成的。從婦女的生活經驗做為思考分析的出發角度，對於婦女的生活、男子的生活，以及男女間的運作關係與社會秩序，可以察覺出不一樣的新關鍵，對於知識的探索提供新的資源，揭示了傳統知識體系中的偏見與歧視的真實面貌，進一步為建立知識核心客觀性最大化的策略提供了創造的可能性。〔註42〕

（二）論述權力操控的解構

在「知識考古學」中，論述被視為一個基礎性的概念，並以此展開多數對於人的討論。此處的論述不同於語言學中的語言（language）與言語（parole），前者為既定的文法系統，後者為特定的表述內容。傅柯認為語言與言語的二分法忽略了一個重要的實存關鍵——論述主體。論述須經由論述主體實踐才得以彰顯，它無法被化約為單純的字詞的組合，同時又受到主體所在場域的個別化因素，因此論述不能用單一的語言學法則來予以涵蓋。論

〔註41〕 Sandra Harding, *"Rethinking standpoint epistemology: What is strong objectivity?"*, pp.63～66.

〔註42〕 呂俊賢：《解構單士釐的啓蒙——《癸卯旅行記》文本論文》（高雄市：國立高雄師範大學國文學系碩士論文，2013 年），頁 51～52。

述必須經由實踐才得以呈現，而人們的權力架構便在這實踐中獲得確立，因此傅柯認為人類的一切權力都是由論述實踐所建立。任何權力的運作機制都脫離不了論述，這意味著在社會群體互動的背後，隱藏著某些機制體系，並以此確保某些事物的地位不受侵擾，同時成為其他群體認識的歷程。〔註43〕

在傳統的權力體系中，權力是被某些個體（個人、群體、階級等）所佔據的，以佔據的一方為起點，將權力的效應透過各種策略機制（政治、經濟、法律、宗教等），最大化它的效應，並且排斥不受宰制的一方。傅柯指出，傳統到現代的社會進程，反映著權力運作機制的轉變，因此他認為權力的運作機制不是單一宰制與被宰制，他提出三個不同於傳統權力運作機制：〔註44〕

1. 權力是被運作而不是被佔據。傅柯將權力視為一種內在交錯的關係網絡，而不是外在單純的宰制關係，權力是一種互動關係，不是可佔有的實體。

2. 權力的運作是不斷產出新關係，而不是排斥壓抑另一方。在關係的產出過程中，個體或群體便可能因此得到知識，這樣的效果體現了權力運作的生產性與創造性。

3. 權力是分散在關係網絡中，而非集中於單一個體上。在社會的群體互動中，無不存在著各種權力運作機制，無論性別、階級、族群、經濟、科學、政治、宗教等等，都存在著權力互動的關係網絡。

因此，傅柯將權力與論述關聯在一起，指出操控論述的最根本因素便是權力的運作。論述與權力不可分，而權力的運使便是透過論述的實踐，在二者的互動關係中，一方面不斷產出論述對話的新個體與新形式，建立新的權力取代舊的權力；另一方面，在關係產出過程中也可能鞏固某種原有權力，擴大了它的影響範圍，我們可以說權力與論述一樣，都是社會文化運作機制的必要元素，同時也是不斷積極活動的元素。

> 權力和話語（論述）是福柯研究工作的兩個重要的內容。正是在建立了「話語」（論述）理論的基礎上，福柯發展了不同於傳統的「權力」理論，並且重新理解了「話語」（論述）與「權力」的關系。他對於話語（論述）與權力關系的揭示是極富創見的，這也是後現代女性主義話語（論述）／權力觀的直接來源。〔註45〕

〔註43〕 王治河：《福柯》（湖南省：湖南教育出版社，1999 年），頁 158～159。
〔註44〕 王淼：《後現代女性主義理論研究》（北京市：經濟科學出版社，2013 年），頁 41。
〔註45〕 王淼：《後現代女性主義理論研究》，頁 42。

總結來說，論述與權力的關係既複雜也多變，傅柯將論述與權力視為共生關係，二者之間既是助力也是阻力。論述的傳播使得權力可以散播它的影響，擴展它的板圖；權力的運使，使得論述可以實踐的可能。傅柯強調論述與權力相互依存，權力是支配論述運作無所不在的力量，而論述實踐則是權力運作的社會體現。

二、女性的他者身體

在傳統二元論的觀點中，對於身體有一個基本的論點便是「揚心抑身」，身體的存在往往僅僅被看做是機械生理般的純粹物質。在心靈優於身體的觀念主宰之下，身體在論述話語中幾乎是被遺忘的存在。直到現代哲學的出現，對於普遍意識、理性主體的批判，逐漸終結了純粹心靈的主導體制，在二元對立中被遺忘的身體才逐漸被重視。

（一）「知識考古學」語境中的身體

人類的思想文化中一直以來存在著心靈與身體之間的相互對抗，一直到近現代社會出現各種對身體破壞的話語，使得身體逐漸呈現一種駁雜不堪的狀態。於是日常生活變成與原來的自然記憶相互分離，而原本存在於日常生活中問題與困境的相關經驗也與之漸行漸遠，因此罪犯、瘋子、病人都要與正常人劃分出身體上的隔離界線，而身體的「性致」取代了原本的情欲，只能退處在後台，不能再大而皇之地登堂入室。〔註46〕對於大多數的人而言，經驗的封存反應出個體對於事件與情境的直接接觸將顯得稀少且膚淺，但這些稀少又膚淺的事件與情境卻是個體連結生活歷程、道德性與生命等論題的關鍵。這種變化帶來的影響是，人們對於身體受到的制約束縛、強加控制與價值貶抑，開始覺得習以為常，並且將它化約為身體內在的一種習慣，逐漸地變成是一種真理的存在，是世世代代相傳的儀式，這樣的變化又強化了這些形式對身體的控制權力。

從古到今，人類所制定的自我塑造與社會規範，或多或少，明顯或隱藏，當中都參雜了與身體有關的禁忌或規制，並且制約著人類行為與思想的模式。所有將身體結構與抽象觀念對應起來的社會習慣顯示出，人們總是習慣按造某種社會倫理規範與法則來想像自己，建構自己身體的生理秩序，而這

〔註46〕Anthony Giddens, *Modernity and Self-Identity: Self and Society in the Late Modern Age*,(Stanford: Stanford University Press, 1991), p.9。

種身體構建的模式與社會語境的關聯互動是越來越重要。〔註47〕從古老時代延續到現今社會，對身體的壓制一直是人們日常生活中難以擺除的社會語境，文化建構的原本目的是表示追求人的幸福，但對壓抑身體的儀式卻讓人們實質上更加遠離了幸福。

　　後結構主義便是對這樣的身體壓抑提出反對的觀點，其目的之一便是身體的解放，希望去除傳統文化中加諸於身體的種種枷鎖，傅柯便是其中代表之一。傅柯曾言：

> 當時產生了一種人體藝術，其目標不是增加人體的技能，也不是強化對人體的征服，而是要建立一種關係，要通過這種機制本身來使人體在變得更有用時也變得更順從，或者因更順從而變得更有用。當時正在形成一種強制人身的政策，一種對人身的各種因素、姿勢和行為的精心操縱。〔註48〕

傅柯試圖拋開身體存有純粹理性意識的說法，主張恢復身體在生理上、欲望上等物質性質的地位，壓制意識的主宰性。傅柯宣揚身體無意識的傾向，奠定身體存在建構的基礎。在傅柯的觀點認為，主宰身體控制的種種約束，體現出一種深切的權力關係，因為諸多施加在身體的知識論述及其系統，都在一定程度的權力運作下交結在一起，身體的政治化圖像反應出整體社會規範控制的策略模型。傅柯的最終目標是拔除掩蓋在身體上的種種道德上或精神上的枷鎖，回復身體過往的自由經驗，達到從抽象精神主體恢復到具體身體主體的生存理想，重新找回人們在現實生活中身體舒展。

（二）他者化的女性身體

　　無論是在個人成長或是文化發展的過程中，身體自身的存在意義絕大多數取決於當下社會結構與社會實踐的規範。這種現象顯示出，在文化或社會語言的語境中，人們的身體變成是一種符號化的身體，個別的身體與個別的認知、感受，都會變成某種意義的標記而存在。社會文化對於身體的控制，除了顯示在身體與心靈之間的對抗之外，另一種顯著性的體現，便是因身體的生理差異而造就的性別差異與政治宰制。在男性霸權主導的文化語境中，

〔註47〕汪民安（主編）：《身體的文化政治學》（河南省：河南人民大學出版社，2004年），頁5～6。

〔註48〕Michel Foucault，劉北成譯：《規訓與懲罰——監獄的誕生》（臺北市：桂冠圖書出版社，1992年），頁137。

婦女的身體處於接受宰制的客體化邊緣地位。

　　在傳統社會中，婦女的身體是更加需要被約束起來的，不受約束的婦女身體象徵著道德上的「無比瑕疵」，而這是不被接受的。中國傳統上，精神上從「三從」觀點約束婦女的心靈要服從男子，身體上「婦容」要求婦女「笑不露齒」、「行不動裙」，而約束婦女身體的最甚極端便是纏足。纏足的婦女走路不良於行，一搖一顛，若柳扶風的病態模樣卻被藝術化，成了一種美的象徵，最終成為對男子的性的誘惑。裹纏小腳的婦女，行動不能自由，自己無法應付周遭環境的變化，更不可能自由的行動，於是閨門外的世界變成是十足危險的境域，她只能獨處在閨房內，依賴著她的「男人」，舉著「大門不出、二門不邁」的標誌，過著限制於家庭內的「日常生活」。是故，婦女的真正身體便在「三從四德」的層層關卡下漸漸地消失不見了，而包覆在婦女身體外的服飾與配件，成了她身體呈現的真實外貌。男子透過在外在衣物的影響，塑造了婦女可憐、病態、瘦弱的性格，是一種無精打采且幾同消失的存在。中國「三從四德」的觀念，從不同的面向對婦女提出不同的規範，但每一項要求都是替婦女設置一堵障礙，而且是專屬於婦女的障礙，這些障礙串聯起來，成了一道限縮婦女活動空間，並且越趨封閉的藩籬高牆。在高牆之內，男子利用婦女無法跳脫藩籬的生活，逐步限制與控制婦女的身體與自由，使得婦女呼聲的力量因為壓制而逐漸萎縮而窒息，婦女也漸漸遺忘自己是一個生命的存在經驗。最終，婦女身體徹底轉變成一種沉重的負荷與累贅，婦女與自己真實的身體距離是越來越遠，同時也和自己的真實欲望越來越遠，最後婦女的身體與欲望都在這層層的規範束縛下鬱結、萎縮而消失。

（三）女性身體的論述話語

　　在人類文化中，婦女的身體一直以來是一個沉默無聲的領域，是被男性話語建構、改造、妝點與制約的被動主體。父權制度下的文化觀念包含著輕蔑婦女身體與性欲望的特色，而在性別歧視背後隱含著對身體的歧視。二元對立下的「男性理性」思維方式，將身體與心靈放置在對立的兩端，認為男子可以透過他的理性思維超越他的身體，成為一位「純粹精神之人」；相反地，婦女沒有男子的「理性」，是被禁錮於身體之內，沒有思想、自我、精神的客體，婦女只能順從身體最自然的狀態，替男子生育下一代，完成男性權力中心所賦予的責任義務。所以在男權社會中，婦女從未擁有自己的身

體，因此婦女自我意識的解放必定包含著身體自由的覺醒；同時，婦女要重新發現自己的身體，必須重新認識自己身體的生存位置，重新建構自己的身體話語。〔註49〕長久以來，婦女被教育成要以自己的身體為羞恥，抹煞身體與欲望的存在，只能以男性視角來看待自己；另外，在身體的書寫歷史中，婦女的身體，若不是由男子來書寫，便是婦女以男子的觀點來書寫，全然沒有純粹婦女的筆觸；在經驗的世界，婦女的身體是被男子建構的外衣所包覆起來，婦女要按照男子所制定的標準來感受自己的身體，而最常使用的標準便是懲罰，因為身體的缺失最能符合男子所設置的美學論述，而這是一種帶有欺騙性質的美化。

在男性權力中心的文化框架之下，婦女的身體是一種異質性的存在對象，如克里斯蒂娃所指出：

> 我們（婦女）的身體想要邀請我們認同「她」，但同時卻又不斷拒絕
> 來自我們（婦女）對「她」的認同。〔註50〕

因為婦女身體是婦女在現實社會中所擁有超現實的具體存在，婦女所能感到最為真實的存在便是自己的身體，對身體感官的知覺反應使得她可以得知自己的存在。然而，身體的真實性卻是讓婦女的生存存在巨大的虛無遭遇，因為她的身體並不屬於她自身。男性中心的文化觀念與權力立場，對婦女身體加諸許多的控制，婦女身體便因此包覆著許多男子的隱喻，而晚清男性知識分子也在同樣的思維模式下，對晚清婦女提出身體塑造的新規範。

（四）男性話語的女體論

19 世紀晚清社會的反纏足論，基本上是甲午戰後與瓜分風潮下，引起維新知識分子為救亡圖存所疾呼的一部分，而這股呼籲的變革主體聚焦在婦女身體之上。時下的反纏足論點都與興女學相提並論，因為維新志士最關心的目標乃在於「強國」，強國必先強種，而身心健康的婦女便是培育優良下一代的關鍵。因此，「興女學」在求婦女心理知識之強健，而「反纏足」乃求婦女

〔註49〕 Hélène Cixous, *"The Laugh of Medusa"*, *New French Feminism*, New York(USA):Schocken Books, 1981. 參照黃曉紅譯：〈美杜莎的笑聲〉，《當代女性主義文學批評》（張京媛主編）（北京市：北京大學出版社，1992 年），頁193～194。

〔註50〕 Julia Kristeva, *Desire in Language: A Semiotic Approach to Literature And Art*, Leon S. Roudiez ed., Alice Jardine, Leon S. Roudiez and Thomas Gora trans.,(New York: Columbia University Press, 1980), p.163.

生理身體之強健。這種將反纏足與興女學化約在一起的婦女改造觀點，除了外部環境的憂患影響之外，當時引進晚清的社會達爾文主義，「物競天擇、適者生存」的觀點，更是對充滿國家危機感的維新志士一大衝擊，因此他們主張國家富強要有強健的國民當基礎，而婦女負有生養強健國民的責任義務，婦女要有健強的身體，因此非得去除纏足不可。基於這種論點與感受，從強國強種角度出發的反纏足論，幾乎定調了維新派人士對於反纏足的話語。

然而，以國家富強為主要目的的反纏足論，雖然足以代表一大批維新志士的思維想法，但這並不意味當時所有的反纏足論都屬於同樣的論調，因為以「國家」為論調的話語，對當時晚清的中國民眾而言，是一種緣木求魚。因此，部分主張反纏足論者則從婦女的切身利害出發，呼籲放足。總的來說，受到甲午戰敗與瓜分風潮刺激的知識分子（男子為主），在外強環伺的侵略壓力之下，救亡圖存成為他們最重要的目標。在物競天擇觀點的刺激下，便從強國強種的視角出發，強力主張從身體與心靈的改造來解放婦女，希望婦女經由放足與興學，從男子／國家的累贅變成強國強種的助力。換句話說，維新志士主張婦女部纏足與受教育，最主要的目的不在於婦女本身的變化，而是使國民一半的婦女成為國家富強的手段工具，這意味著他們並不一定對婦女在社會中的地位、權力，以至於做為一個「人」的基本價值有了新的關懷與重視。處在國家面臨危亡的歷史環境中，婦女身體解放的私人性，相較國家利益的公共性，往往是被忽略的，甚至是刻意排除了，婦女身體的經驗被掩蓋了，因為國家興亡才是首要關注的目的。

第四節　理論限制

傳統歷史學的分析，習慣按照歷史時間的次序，建立一條一致的演進軸線，將各種歷史事件化約進單一的線性秩序，排斥異質性的事物，忽略斷裂性的存在，在這種假定之下，傳統考古學的角色便是扮演傳統歷史學的服侍婢女，將自身挖掘出來的史料文物，進行「歷史性」的解釋，建構出傳統歷史學需要的價值與意義，〔註 51〕如此一來傳統歷史學所強調歷史思想的連續線性得以永續存在，客觀真理的精神將可因此無限延續。傅柯的「知識考古學」一反這樣的線性史觀，強調歷史軸線之外存在著諸多斷裂面，歷史事件

〔註 51〕于奇智：《傅科》，頁 60。

的本身往往是一種偶然的突發事件，因此跨越長時間的單一線性軸線，看似完整無瑕，實質是一條由斷裂面串聯的虛線。歷史不是一個單一整體，我們必須重新審視分散四處的異質事物，因此傅柯的「知識考古學」呈現的是一種斷裂性的史觀。傅柯從空間橫斷面爲基準，來探尋某一時代的風格模式，建立歷史分析的新方法，藉由「知識考古學」的概念，闡述歷史事件中的歧異與對立，呈現歷史原本的分離散逸的眞實狀態，讓我們可以透過新的分析視角來觀察人類的歷史演進，挖掘出不同歷史場域中，論述得以存在與運作的可能條件。

傅柯將論述放置在一套客體的系統內來討論，並藉由「知識考古學」的方法來找出形塑論述的可能性規則，進而建立論述的獨特性。但是，從另一方面來說，檔案的存在是一種選擇的結果，它出現的場域也是局部的，無法涵蓋全體歷史的整體範圍，意味檔案本身僅是片面的呈現；換言之，越加清晰的檔案面貌，便可斷定我們離歷史整體的距離也就越加遙遠，越加無法獲得歷史眞實面貌的整體認知。

傅柯在「知識考古學」中，以論述做爲主要的分析素材，考掘出傳統歷史學忽略與排斥的歧異與對立，建構一種新的歷史研究方法，如同「知識考古學」透過論述，打造一把開啓社會文化制度運作機制的鑰匙，但這把鑰匙本身並不特別。這種新歷史研究方法，其敍述手法主要是對論述的描述：論述的產生都有其特殊的歷史條件，社會中的論述反映著當下的文化結構，但這樣的論述理解卻存在未觸及論述解釋的缺失：〔註52〕

1. 未闡明論述形構與非論述之社會機制等彼此間的關連；
2. 未指出權力對論述優劣位置的形構影響；
3. 未揭露論述間的權力關係，無法對現代性徹底批判；
4. 後結構傾向易使其微結構分殊化理性的重建宏旨遭受忽略；
5. 未能明白揭示邊際科學彼此間理論互涉的發展基礎。

因此，「知識考古學」從純理論方法層面來衡量的話，傅柯沒有明確提出論述形構與社會文化的關係體系，非但未說，反而是被隱略了。傅柯主張傳統歷史學排斥的斷裂史觀，但斷裂史觀某種程度也把連續、起源、整體的價值意識排拒在「知識考古學」之外；而與傳統歷史學「整體價值」的對立，「知

〔註52〕以下五點，引自張慶仁：《從傅柯知識考古觀論諾爾斯成人教育學理論之重建》，頁144。

識考古學」反而呈現一種斷章布局的系統，顯得不完善與不科學，無法建立真正的有效性分析。傅柯所提出的「知識考古學」，雖然有助於我們從新的視角來理解歷史，發現傳統歷史學的缺失，確實是一種新穎而獨特的分析方法，但過於對傳統與理性的反動，將傳統歷史學導向虛無主義，反而是呈現一種先進科學的誤導，實質而言，「知識考古學」是與傳統歷史學一樣，二者之間未必能夠決然分出孰優孰劣，換句話說，「知識考古學」不一定比傳統歷史學來得進步。〔註53〕

〔註53〕于奇智：《傅科》，頁 80～81。

第三章　晚清女權意識興起與轉變的 考古分析

　　甲午戰爭的失敗，一紙馬關條約引發致使中國幾乎亡國的「瓜分風潮」，列強空前的侵凌，使得知識分子主張中國必須要有大變革，才能在外強肆虐的局勢下搏得生機，在這種集體憂慮的氛圍之下，傳統婦女也同樣感受到新時代的挑戰，必須面對時代的變化而有所改變。

第一節　知識分子憂慮國家民族存亡的社會氛圍

　　李鴻章（1823～1901）將在〈復議製造輪船未可裁撤折〉（1872）中將晚清的局勢變化稱之為「三千餘年一大變局」，反映的是知識分子在思想文化上的改變，「外察國勢，內求諸己」，因此當時的知識分子無不為拯救國家民族的存亡，尋覓一條突破的路徑。

一、國家危局的應變

　　晚清甲午戰爭的結果，日本加速了現代化發展，中國卻是更加一蹶不振。這場敗戰，證明此前數十年的自強運動只是一場幻夢，沒有改變中國「被侵略」的地位；戰後，「三國干涉還遼」一事，最後演變成「瓜分風潮」，重要領土多被列強所佔領，這是晚清最接近亡國的情勢，引起知識分子最深切的危機憂慮。〔註1〕

〔註1〕陳平原認為晚清的外患事件中，以甲午戰爭對中國的打擊最為沉重。參照陳平原（主講），梅家玲（編訂）：《晚清文學教室：從北大到臺大》（臺北市：麥田出版社，2005 年），頁 21。

（一）維新人士的救國運動

中國從自強運動開始向西方學習如何「船堅砲利」，但甲午戰爭的結果顯示中國在器物方面的學習遠不如日本。自強運動起因於鴉片戰爭、兩次英法聯軍戰敗，統治階層的「傳統」知識分子認為中國戰敗的原因在於軍事武器不如列強，因而開始一連串相關的器物仿效與移植，但甲午戰敗證明日本明治維新比中國自強運動來得成功，部分知識分子開始檢討中日雙方在這方面的差距：

> 一八九五年間，幾個因素突然會合到一起。第一個是列強的威嚇引起了四場戰爭，〔註2〕並且用海岸上的海軍火力讓中國四戰皆敗。外國惡勢力這次用的武器更屬害了。除了武器之外，第二件無可否認的事實是外國人有技術，不只有作戰技術，而且在生活上一切實用工藝都有技術。輪船和火車用的蒸汽引擎把運輸變得快速無比，上海以及其他港口都市也都被外國人建設得有鋪過的路面、煤氣燈照明、供水系統、員警等等。第三，認為技術工藝乃是勤奮與智慧的表現的人，覺得傳統中國在某些方面顯然有不及西方之處。〔註3〕

以上的種種加諸在一起，讓知識分子產生甚大的憂慮意識，這分危機感促使他們要對國家進行重大改革以拯救國家頹勢，因此一群不同傳統知識分子的讀書人，捨棄傳統舊有機制，取法西方的思想制度，這群「被西化」的「新知識分子」開始推行他們理想中的變法革制，〔註4〕康有為（1858～1927）與梁啟超便是代表。

受到西方現代思潮的影響，這批新的讀書人從「社會達爾文主義」（Social Darwinism）的視角來探究俄羅斯（彼得大帝時期）、日本何以興盛，土耳其、印度何以沒落，對此康有為曾言：

〔註2〕 四場戰爭：鴉片戰爭、英法聯軍、中法戰爭、甲午戰爭。
〔註3〕 John King Fairbank、Merle Goldman，薛絢譯：《費正清論中國》（臺北市：正中書局，2002年），頁252。
〔註4〕 「都市成長——大多數為通商口岸——到了一八九〇年代，給實質環境與社會結構都帶來很大改變。……製造了一種近代中國經濟形態。同時一併出現的還有近代大眾傳播媒體——中國記者、報紙、雜誌，以及不以投身仕宦為目標的知識界。在外國人治理的近代化都市中，中國商人或是替外國公司籌資做買辦，或自己經營事業，興旺發達之後，也開始發表中國人的輿論。」參照 John King Fairbank、Merle Goldman，薛絢譯：《費正清論中國》，頁251。

> 昔彼得爲歐洲所擯，易裝遊法，變政而遂霸大地。日本爲俄、美所
> 迫，步武泰西，改弦而雄視東方。此二國者，其始遭削弱與我同，
> 其後底盛強與我異。聞日本地勢近我，政俗同我，成效最速，條理
> 尤詳，取而用之，尤易措手。〔註5〕

他們試圖找出中國在國際競爭中，如何成爲一個「適者」而得以「生存」的方法，於是乎，戊戌變法便由此而展開。戊戌變法是一場救國運動，也是一場改變傳統思想的啓蒙運動。雖然最終是以「百日維新」的結果收場，未能達到政治上實質的變革成效，但知識份子對制度變革的盼望形成了一批「維新人士」，他們活躍於全國各地，透過創設學堂、編輯報刊、開設學會等「興學」的措施，〔註6〕傳播他們對國家現代化的進程想像，他們的主張對日後思想文化的走向有很大的影響，帶動了晚清社會的文化傳播與啓蒙思潮。

（二）「新國民」的想像

戊戌變法的失敗，讓維新人士重新思考，他們主張的思想定勢，應當如何有效地推廣於在中國，在變法失敗的檢討基礎上，提出新的論述，其等提出改造國民傳統文化的劣根習性，才能徹底改變國家社會，意味唯有健全的新國民，才能使國家走向現代化的康莊大道。維新人士理想中的新國民，要有強烈的積極性，擁抱自由，提倡公德，有能力自立自強，恪守法律，並且鍛鍊強健體魄與心靈，是一個獨立人格的人，而這個「人」在中國抵禦列強侵略的層面至關重要：

> 故今日者，願吾同胞萬眾一心，支體協力，以求爲中國之國民，並
> 以播國民之種子。非然者，天演如是其劇，物競如此其酷，計而世
> 界有國民之國，將群起染指於亞洲大陸極東之地。以國民而伐奴隸
> 之兵，奴隸安有所不敗；以國民而握奴隸之利，奴隸安有所不窮。
> 此固優勝劣敗之理，無可逃於天地者也。乃猶有伈伈俔俔，無一人
> 求爲國民如我中國者！〔註7〕

〔註5〕康有爲：〈上清帝第五書〉。引自湯志鈞：《戊戌變法史》（上海市：上海社會科學院出版社，2015年），頁386～387。

〔註6〕1895～1897年間，維新人士已有相關的學會百餘個、報刊70種。參照郭廷以：《近代中國史綱》（臺北市：曉園出版社，1994年），頁357。

〔註7〕佚名：〈說國民〉，《國民報》第2期（1901.06.10）。引自丁守和（主編）：《中國近代啓蒙思潮》（上卷）（北京市：社會科學文獻出版社，1999年），頁315。

從這段文字可以看到，維新人士對新國民的想像明顯受到「適者生存」觀點的影響，面臨列強的侵略，其認爲必須改變傳統民眾的習性，將傳統的「臣民」轉變爲「國民」，唯有透過「新國民」的培育，如此才能建構中國所需要的生存之道。事實上，整個晚清社會，維新人士對於「國民」的觀點都是圍繞在救亡圖存的議題上，「國民」的概念指的是「國家的子民」，而國難當頭，四萬萬國民當然要擔負起拯救國家的責任，因此需要培育出有能力擔負責任的新國民；換言之，塑造獨立自強的新國民是建設文明國家的必要環節，而梁啓超的「新民說」便是對新國民的具體寫照，他說：

> 吾知其由。國也者，積民而成。國之有民，猶身之有四肢五臟筋脈血輪也。未有四肢已斷，五臟已瘵，筋脈已傷，血輪已涸，而身猶能存者。則亦未有其民愚陋怯弱渙散混濁，而國猶能立者。故欲其身之長生久視，則攝生之術不可不明；欲其國之安富尊榮，則新民之道不可不講。〔註8〕

梁啓超認爲人民必須要有身爲「國民」的自我認知，國家存亡與自己息息相關，國家是因爲國民而存在。當人民建立了自我的國家意識之後，人民轉換爲「國民」的角色，愛國情操將驅使他們去盡其對國家的責任義務，這便是梁啓超稱「新民」之意爲「吾民之各自新而已」。

另一方面，梁啓超亦從民族主義（nationalism）的角度來探討新民，他認爲近代歐洲之所以發達強盛，皆是由於民族主義的緣故。他指出民族主義的作用在於促使建立一個在語言、種族、宗教、習俗皆相同的國家，成立完善而獨立的國家政府，爲了謀求自己民族的共同利益而向外侵略，這種現象到了 19 世紀演化成民族帝國主義（national imperialism）。奉行民族帝國主義的國家，國民實力強盛，充於內而溢於外，因而透過軍事、商貿、宗教等層面，開始向外擴張，晚清面對西方列強侵略的局面變是肇因於此，面對列強龐大的國民實力，中國被侵略瓜分是必然的事實，梁啓超說：

> 而今也於東方大陸，有最大之國，最腴之壤，最腐敗之政府，最散弱之國民。彼族一旦窺破內情，於是移其所謂民族帝國主義者，如群蟻之附羶，如萬矢之向的，離然而集注於此一隅。彼俄人之於滿洲，德人之於山東，英人之於揚子江流域，法人之於兩廣，日人之

〔註8〕 梁啓超：〈新民說‧敘論〉。引自梁啓超，張品興編輯：《梁啓超全集》（北京市：北京出版社，1999 年），頁 655。

於福建，亦皆此新主義之潮流，迫之不得不然也。〔註9〕

因此，爲抵禦外來侵略，救亡圖存，梁啓超倡議中國的民族主義。受到社會達爾文主義的影響，梁啓超認爲民族帝國主義的侵略，產生的影響是長時間的作用，非「一時驟進之氣焰」，而是「長久漸進之政策」。他以水瓶盛水爲比喻，半瓶之水的狀態無疑是把一半的空間讓渡於「他水」，意味中國若是再不倡議民族主義，那便是把「半個水瓶的容量」都拱手讓給他人，成爲列強宰制的棋子；若是自己將整瓶水裝滿，則外來之水便無可乘隙的機會，因此梁啓超主張在中國推行民族主義來塑造新國民的意識：

故今日欲抵當列強之民族帝國主義，以挽浩劫而拯生靈，惟有我行

我民族主義之一策；而欲實行民族主義於中國，捨新民末由。〔註10〕

梁啓超認爲「俄何以不施諸英？英何以不施諸德？德何以不施諸美？歐美諸國何以不施諸日本？」在於這些國家都是民族主義的推行者，都是「裝滿水的瓶子」，沒有給其他國家可乘隙的機會，國家若是「血氣強盛膚革充盈者」，自然是完善之身，不怕「風寒暑濕燥火」侵身，在在言明倡議民族主義的重要性，因爲民族主義是塑造獨立自主新國民的最好途徑。面對晚清「三千年未有之大變局」，無法僅僅依靠一位賢君良相來濟世救民，無法期待像是劉邦、朱元璋等英雄崛起，唯有透過四萬萬國民的齊心一志，「使吾四萬萬人之民德、民智、民力，皆可與彼相埒，則外自不能爲患！」因此，鑄造「新國民」成爲維新人士最爲關切的要務，期望喚起社會民眾的國家意識，從「皇帝的子民」轉換爲「國家的新民」，抵禦外來的侵略，建構國家進步的新文明。這裡可以明顯看到，梁啓超的「新民說」是與國家相互連結在一起，最終目的是要救國，因此他的論點始終聚焦在「國家的需求」，「新民」依造國家的未來需要被塑造出來，呈現一種強烈未來導向的論述。

二、西方「文明論」的吸收與實踐

早在維新運動之前，已有部分人士從制度層面倡議變革，這些較早的維新人士主要的身份都是知識分子，因此他們的視野較推行自強運動的官僚體

〔註9〕梁啓超：〈新民說・論新民爲今日中國第一急務〉。引自梁啓超，張品興編輯：《梁啓超全集》，頁656。

〔註10〕梁啓超：〈新民說・論新民爲今日中國第一急務〉。引自梁啓超，張品興編輯：《梁啓超全集》，頁657。

系來得寬廣與細緻。早維新派認知到單純的船堅砲利無法解決晚清所面臨的國家危境，西方列強不是歷史上的「蠻夷戎狄」，中國的弱後不僅是「船不堅、砲不利」，更多的是社會整體的貧弱，尤其是在對比西方婦女之後；隨著維新人士真正「睜眼看世界」之後，接觸到西方文明的「進步」，回看中國的問題，傳統社會的婦女問題成為他們探究比較的重大課題，也因此從早維新派到維新人士，都將婦女視為進步文明的解藥之一。

「文明」（civilization）一詞隨著西方思想在晚清社會的傳播，逐漸被新知識分子所接受，尤以維新人士將文明等級做為判斷國家發展程度為最。維新人士所認知的文明等級論是以西方列強做為人類文明的最高指標，因此在他們見解中，不敵西方列強的中國是屬於落後的。在維新人士的文明標準中，婦女社會地位的高低是一項重要的衡量指標，（男子）社會如何對待婦女反映出國家文明的程度。晚清知識分子接觸的第一手西方女權理論之一，彌爾在「女權說」便提到：

> ……經驗的確說明，改進的每一步都是那麼確定地與提高婦女的社會地位同步的，歷史學家和哲學家已率先採納以婦女地位的提高或貶低做為從整體上說一個民族或一個時代的文明的最可靠的檢驗和最正確的尺度。〔註11〕

彌爾批判（英國）傳統壓制婦女的（男子）法律制度，主張男女雙方在法律上一應的平等，「女權說」便是從文明論的觀點述說婦女與男子同權的正當性，男子將婦女置於從屬的地位是一種妨礙文明進步的野蠻習性。這種西方社會擁護女權的進步形象，成為晚清維新人士判定文明進步的絕對指標；伴隨著更多西方理論文本的引介，西方已經成為維新人士認定的文明榜樣，也是效仿的對象，在這種視角下被衡量的中國傳統婦女，成為國家貧弱的主要象徵因素，因此維新人士也開始跟隨西方的思維，倡議婦女解放，將其視為救國的不二法門。

晚清時期，西方文明論的引介除了中國的知識分子之外，還有一部分來自西方傳教士的帶入，其中直接以「文明性別標準」為題大力向中國社會傳播的是美國傳教士林樂知（Allen John Young，1836～1907）的著作《全地五大洲女俗通考》（廣學會，1903～1904 年出版）。《全地五大洲女俗通考》是林

〔註11〕 John Stuart Mill，汪溪譯：《婦女的屈從地位》（北京市：商務印書館，1996年），頁 273。

樂知專門寫給中國人閱讀的著作，透過此書，他試圖以西方文明論的觀點來回應晚清知識分子最關注的迫切問題：如何救亡圖存。《全地五大洲女俗通考》的價值在於它不同於翻譯西書的模式，西書的論述是給西方人看的，而《全地五大洲女俗通考》是以中國社會的需求來撰寫。林樂知以西方文明論做為晚清社會的對照鏡，在這面「西洋鏡」的反映下，「中國」顯露出自己的醜陋，知識分子無法再以夷夏之分的睥睨視角來看待西方的強盛，反而在西方文明的鏡象中，摸索「知不足」、「樹榜樣」、「求進化」，以使國家躍升文明行列。林樂知在《全地五大洲女俗通考》指出，傳統中國的封閉性導致社會整體的孤陋寡聞，加上鄰國的勢力不足以產生影響，因此歷史發展走向不開放的自大狀態，而「封閉」與「不開放」正是西方文明觀點中野蠻落後的象徵指標，因此他撰寫這本書的目的正是想要打開中國社會的眼界，走出鎖國自封的狀態。林樂知在書中從「中國將來」、「變法本務」、「維新正路」的視角，清楚指出中國社會的教化問題。他以西方文明論的觀點，剖析出中國社會的婦女問題與落後原因，指明救國運動的正確方向，建樹明確的指南作用。

　　西方社會的文明性標準以婦女的教養做為文明等級的判別依據，因此婦女地位的提升與文明發展的等級產生關聯，即婦女地位的提升是文明發展的結果。然而，林樂知在《全地五大洲女俗通考》卻是將提升婦女教養視為提升國家文明等級的手段辦法，將婦女與國家同構在一起，他說：

　　　凡國不先將女人釋放提拔，而教養之以成其材，決不能有振興之盼

　　　望。〔註12〕

林樂知明確將婦女與國家同構在一起，把婦女的現代教養發展做為中國走向強盛的具體手段，形塑出「國家─婦女─進步─文明」的救國脈絡，而晚清維新認識主張以「興女學」做為救國的策略方針便是對此的積極回應。林樂知認為中國傳統的思想與實踐造成社會整體的無知與奴性，婦女更是當中之最，因此傳統價值對婦女的歧視不僅是野蠻的標誌，也是國家衰落的根源。維新人士接受這樣的觀點，在西方文明論的視角下，分利無學的傳統婦女成為誤國的指涉對象，婦女問題的重點不在於性別關係的對立，而在於「有問題的婦女」，因此如何改造「有問題的婦女」成為救國運動中變革論述的首要

〔註12〕 林樂知：《全地五大洲女俗通考》，第 10 集上卷，第 4 章〈中國停滯不長之故〉。
　　　　引自宋少鵬：《「西洋鏡」裡的中國與婦女：文明的性別標準和晚清女權論述》
　　　　（北京市：社會科學文獻出版社，2016 年），頁 32。

革新話語。婦女問題成爲救國的核心，被傳統壓迫的婦女既是落後的象徵，也是問題的核心所在，因此「新女學」的提倡，改造傳統婦女以符應新社會的文明標準便成爲進步文明的必要手段。〔註13〕

　　林樂知《全地五大洲女俗通考》在晚清社會的傳播，被知識分子所接受並援用，表示西方文明論的觀點在晚清社會的吸收與轉化。西方社會原本將婦女地位做爲文明等級的判斷依據，在中國轉化爲文明進步與否的原因，婦女從他者的身份變成文明實踐的主體角色，因爲在中國，婦女既是文明發展的障礙，但一方面也是文明進步的動力。以纏足爲例，纏足不僅是野蠻的象徵，也是國家不文明的罪由，因纏足導致婦女的孱弱，因此當「傳統陋習」成爲「病國肇因」，纏足的探討以從文明形式變成實質問題，因爲婦女與未來國民的強健息息相關。因此從強國保種方向來主張廢除纏足的論調，成爲維新人士一致認同的基本觀念，嚴復在〈原強〉（修訂稿版）一文中也說：

> 蓋母健而後兒肥，培其先天而種乃進也……此真非份以裹腳爲美之智之所與也。故中國禮俗其貽害民力而坐今其種日偷者，由法制學問之犬，以至於飲食居處之微，幾於指不勝指，而沿習至深害效最著者，莫若吸食鴉片，好纏足二事……孰知種以之弱，國以之貧，兵以之窳，胥於此焉。階之屬耶，是鴉片纏足二事，不早爲之，則所言變法者，皆空言而已矣。〔註14〕

另一方面，維新人士在去除纏足陋習的同時，也注視到婦女教養的問題，因此「反纏足」與「興女學」同爲救國論述中的重要手段，如同下文所述：

> 今天放足的事，不過是小小的一點兒起根，將來還有別事，要與諸位商量，今日先把兩件緊要的告訴諸君罷！一放足的事，不過是養身體，強種族的一端，並非不纏足，便能強國，若說不纏足，便能強國，那江北地方，和各省的鄉村婦女，大腳的不知幾多，爲什麼也和我們一樣，受外人欺侮，這可不是沒有學問的緣故麼？那雖如此，那大足的婦女，比起纏足的身體到底強些，舉動到底便些，同是中國的婦女，比起來便兩樣，不過是他們沒有學問，所以仍舊同我們一樣的受辱，若說有人教育他，豈不是更更強呢？這樣看來，

〔註13〕 宋少鵬：《「西洋鏡」裡的中國與婦女：文明的性別標準和晚清女權論述》，頁36～37。

〔註14〕 嚴復，王栻主編：《嚴復集》（北京市：中華書局，1986年），頁28～29。

振興女學的事情，是萬不能再緩了。〔註15〕

這種「誤國」與「救國」正反兩面並存的主體特性在晚清的婦女解放運動中發揮很大的展現，婦女承擔了男子對其誤國的指責，進而積極參與救國興革的運動，以實踐主體的角色爲自己發聲，表達男女平權的訴求與主張。

西方文明論的社會運作呈現一股「國富民強」的景象，對維新人士產生一種若大的吸引力，維新人士爲了使國家也能夠走向相同的道路，幾乎全盤接受西方文明的「實踐指南」，轉化爲晚清情境的重構性想像，並且內化爲集體意識，在這股重構性想像的潛意識中，傳統婦女被重新建構她的「安身立命」的位置與意義。國民素質與文明等級成爲國家強弱的直接反應，「民」與「國」的嵌套關係反映出「亡國滅種」的憂慮與「強國善種」的期盼。因此，國民的素質優劣已不是個人的問題，而是國力強弱的文明展現。梁啓超曾言：

在民族主義立國之今日，民弱者國弱，民強者國強，殆如影之隨行，響之應聲，有絲毫不容假借者。〔註16〕

在維新人士的國家視角中，婦女對國家而言具有雙重身體的意義：國民的身體與母親的身體。因此，爲了國家與文明的必要，婦女的身體與意識具有高度政治性，加上婦女的母親角色與功能，是救國論述實踐必要的規訓對象。總歸來說，西方文明論在晚清的傳播，成爲維新人士救國運動的「強勢指南」，婦女解放議題成爲啓動文明進化的開關，在國家民族的框架下，開啓女權話語的可能實踐，女權一方面成爲「國家文明」的象徵，一方面也成爲「文明國家」的工具。

第二節　「興女權」主張的誕生

「女權」一詞於中國的初次登場，是刊登在《清議報》的〈男女交際論〉，序文中提及「（福澤）先生喜言女權」，〔註17〕同年，《清議報》另篇刊文〈論

〔註15〕 高白叔夫人：〈張公祠第一次放足會演說〉，《浙江潮》，第 2 期，調查會稿。引自李又寧、張玉法：《近代中國女權運動史料 1842～1911》，頁 865。

〔註16〕 梁啓超：〈新民說‧就優勝劣敗之理以證新民之結果而論及取法之所宜〉。引自梁啓超，張品興編輯：《梁啓超全集》，頁 658。

〔註17〕 〈男女交際論〉，《清議報》第 38 號（1900），此文爲意譯福澤諭吉《男女交際論》的前半部。參照藤瑞代，姚毅、須藤瑞代譯：《中國「女權」概念的變遷：清末民初的人權與社會性別》，頁 18～19。本文全文中文版有二，參照李又寧、張玉法（主編）：《近代中國女權運動史料 1842～1911》，頁 355～368。

女權之漸盛〉，討論到當時西方國家的女權發展，將女權與國家文明相互連結，該文提到：

> 如西洋列國，夙崇女權，其俗崇視女子與否，以判國民文野。故舉
> 世靡然從風，敬重女子，禮數有加，故其權日盛。〔註18〕

《清議報》的這兩篇文章都轉譯自日本，因此「女權」一詞概念引進至中國，源自日本因素的影響佔有相當的比重。維新人士將女權視為國家文明的進步法門，因此如何引介與傳播西方的女權理論成為救國運動的一大要務，梁啟超說：

> 苟其處今日之天下，則必以譯書成強國第一義，昭昭然也。〔註19〕

又說：

> 國家欲自強，必多譯西書為本，學子欲自立，以多讀西書為功。

〔註20〕

梁啟超認為「理論」的探究是履行「實事」的必要前提。因此，翻譯西書成為維新人士在列強侵略與救國保種的一種拉鋸，想要實現由貧弱轉變為富強的慾望理想。在翻譯風潮之中，馬君武將斯賓塞的「女權篇」與彌爾的「女權說」帶入晚清社會，成為維新人士在女權論述上的重要理論依據，劉人鵬則將馬君武翻譯的「女權篇」與「女權說」比擬為梁啟超「新民說」中婦女論的聲援作品。〔註21〕這兩篇翻譯的女權論述，深深地影響著晚清社會對於西方女權理論溯源探究，也塑造了晚清知識分子對西方女權的認知圖像，夏曉虹認為馬君武的這兩份譯介作品大致上統一了晚清社會對西方女權理論的認知趨向。〔註22〕隨後不久，中國本地的女權著作《女界鐘》也問世出版，須藤瑞代指出金天翮的《女界鐘》明確受到馬君武兩篇女權譯作的影響，在《女界鐘》中有多引述甚至照搬自「女權篇」與「女權說」的觀點，而隨著「女權篇」、「女權說」、《女界鐘》在晚清會的傳播，「女權」一詞開始盛行於

〔註18〕 石川半山著作，《清議報》第 47 號（1900）。引自李又寧、張玉法（主編）：
　　　　《近代中國女權運動史料 1842〜1911》，頁 209。
〔註19〕 梁啟超：〈論譯書〉。引自梁啟超，張品興編輯：《梁啟超全集》，頁 45。
〔註20〕 梁啟超：〈西學書目表序例〉。引自梁啟超，張品興編輯：《梁啟超全集》，頁
　　　　82。
〔註21〕 劉人鵬：《近代中國女權論述：國族、翻譯與性別政治》（臺北市：台灣學生
　　　　書局，2000 年），頁 13〜104。
〔註22〕 夏曉虹：《晚清文人婦女觀（增訂本）》，頁 71。

維新人士的知識界。〔註 23〕

一、梁啓超的「婦女論」

梁啓超的婦女論，須藤瑞代將其相關論述分爲兩個時期：1897～1902 與 1922 之後。此處所談論的部分爲 1897～1902，即梁啓超參與戊戌變法，變法失敗後，逃亡到日本的期間。這一時期梁啓超發表多篇關於婦女的論述文章：〈戒纏足會敍〉、〈記江西康女士〉、〈變法通議・論女學〉、〈試辦不纏足會簡明章程〉、〈倡設女學堂啓〉、〈禁早婚議〉等篇，這些文章的共同特性是梁啓超是以國家富強的未來目標來談論婦女，而具體的做法則是聚焦在「戒纏足」與「興女學」。

纏足的婦女，除卻生理的痛楚之外，踩著一雙被限制的雙腳，也等於被喪失了人身的自由，因此過著「大門不出、二門不邁」的日子；除了心理上的傳統規範不讓婦女擁有活動自由之外，在生理上深陷纏足之刑的雙腳，亦使得婦女難以自由地活動，最後只能依附男子，過著沒有身體自由的日子。對於中國婦女而言，戒除纏足的意義，不僅僅是生理層面的身體解放，它更代表著心理層面婦女人格獨立的建構，是中國婦女從身體到心理的全面革新。晚清社會的戒纏足論，實質上也可以視爲維新人士爲救亡圖存所疾呼的一部分，這股呼籲的變革主體聚焦在婦女腳上的那塊裹腳布：

> 蓋十九世紀以降，維新之士普遍認爲接受新知，調整或革除舊習是中國救亡圖存的主要手段。在追求近代化的浪潮下，構成中國一半人口的婦女，應如何擺脫傳統的束縛，成爲中國近代化的動力，自然引起嚴重的關切。而當時中外人士不論維新派、革命黨、外國傳教士或受到西方思想影響的人，無論他們的基本關懷爲何，幾乎一致認爲要改變傳統婦女的生活或角色，應自不纏足始。他們發布言論，創立組織，以各種方式呼籲婦女放棄那塊將近千年的裹腳布。〔註 24〕

梁啓超對於纏足的批評在於纏足完全妨礙婦女能力的發展，婦女自幼便開始纏足，阻斷她們能力的學習，從此一輩子的「衰弱」，而「衰弱」正是梁啓超

〔註 23〕 須藤瑞代，姚毅、須藤瑞代譯：《中國「女權」概念的變遷：清末民初的人權與社會性別》，頁 51。

〔註 24〕 林維紅：〈清季的婦女不纏足運動（1894～1911）〉，《婦女與社會》（李貞德、梁其姿主編），頁 375。

等維新人士所想要去除的。梁啟超認為造成中國婦女衰弱的原因，除了纏足的影響之外，婦女不受教育的傳統習俗也是一大因素。事實上，晚清當時所倡議的戒纏足論，同時也都與興女學相提並論，因為維新人士最關心的目標乃在於「強國」，強國並先強種，而身心健康的婦女便是培育優良下一代的關鍵。這種將戒纏足與興女學化約在一起的婦女改造觀點，除了外部環境的憂患影響之外，當時引進晚清的社會達爾文主義，「物競天擇、適者生存」的觀點，更是對充滿國家危機感的維新志士一大衝擊，因此他們主張國家富強要有強健的國民當基礎，而婦女負有生養強健國民的責任義務，婦女要有健強的身體，因此非得去除纏足不可。基於這種論點與感受，從強國強種角度出發的戒纏足論，幾乎定調了維新派人士對於戒纏足的話語。

　　對於女學，梁啟超在〈變法通議‧論女學〉提出他的看法。梁啟超認為婦女有積極貢獻國家的國民義務，為了要有能力盡其義務，因此她應該接受教育，他的觀點主要有兩個主軸：其一，婦女要從依附的分利者，變成獨立的生利者；其二，婦女負有為國家生養與教育優良下一代的責任。從分利變生利，婦女要學習自謀營生的知識，自主生計，一者減少原生利者的負擔，二來可以增加國家的生產價值，因此要培育婦女的學識能力，她就必須接受教育。另外對於下一代的責任，梁啟超說：

> 故治天下之大本二，曰正人心，廣人才，而二者之本，必自蒙養始，蒙養之本，必自母教始，母教之本，必自婦學始，故婦學實天下存亡強弱之大原也。〔註25〕

也就是說，婦女對養育下一代至關重要，唯有接受良好教育的「母親」，才能養育成材的後代，進而貢獻報效於國家。

　　綜觀梁啟超的婦女論，有一個觀點是他反覆強調的，即婦女的「無能」是可以被改變的。梁啟超認為透過教育的手段便可以改變婦女的能力素質，在這一點上他訴求的重點目的是國家富強，也是婦女在這條軸線上所擔負的責任義務。受到社會達爾文主義的影響，梁啟超關注的是未來的民族存續，因此下一代的出生必須具備優秀的品質，因此「戒纏足」乃求婦女生理身體之強健，「興女學」在求婦女心理學識之強健，在「強身－強種－強國」與「保教－保種－保國」的國家未來發展進程上，身體與學識皆健強的婦女才能為

〔註25〕梁啟超：〈變法通議‧論女學〉。引自李又寧、張玉法（主編）：《近代中國女權運動史料 1842～1911》，頁 552。

國家培育出優秀的下一代，成為帶領國家走向新文明的新國民。在這樣的觀點上，梁啟超將婦女解放放置到國家存亡的關係脈絡中，認為婦女能力高低與國家強弱的息息相關的，他說：

> 西方全盛之國，莫美若；東方新興之國，莫日本若。男女平權之論，
> 大倡於美，而漸行於日本。……是故女學最盛者，其國最強，不戰
> 而屈人之兵，羨是也。女學次盛者，其國次強，英、法、德、日本
> 是也。女學衰，母教失，無業眾，智民少，國之所存者幸矣！印度、
> 波斯、土耳其是也。〔註26〕

可以看到梁啟超將女學發展程度視為國力強弱的指標，因此，為了國家的富強與文明發展，中國必須如同歐、美、日一般，推行完善的女子教育，培育訓練婦女在未來養育後代的學識能力。然而，這種觀點意味著梁啟超的婦女論是與現實婦女是脫離的，他眼中的理想婦女是聚焦於未來。婦女要從分利者變成生利者，梁啟超引證西方婦女的現況，他在《新民說》提到：

> 大抵總一國婦女（指西方國家），其當從事於室內生利事業者十而六
> （原注：育兒女，治家計，即室內生利事業也。）其當從事於室外
> 生利事業者十而四。（原注：泰西成年未婚之女子率皆有所執業以自
> 養，即從事於室外生利事業者也。）而中國婦女，但有前者而無後
> 者焉，是分利者已居其四矣。而所謂室內生利事業者，又復不能盡
> 其用。不讀書，不識字，不知會計之方，不識教子之法。蓮步天嬌，
> 不能操作。〔註27〕

倡議中國婦女在婚前要投入經濟生產，婚後則是生兒育女持家計，將婦女在職業與母親的兩種角色都視為生利者。與社會達爾文主義的影響有關，梁啟超所推崇的婦女是一種未來性的婦女，先從事經濟生產，後擔任模範母親。纏足與失學的婦女無法建構未來的理想性，因此婦女要戒除纏足與接受教育，提升自己的學識能力，成為國家富強與文明進步的重要推動資源，發揮婦女「上可相夫，下可教子，近可宜家，遠可善種」的未來理想，如同「新

〔註26〕梁啟超：〈變法通議・論女學〉。引自李又寧、張玉法（主編）：《近代中國女權運動史料 1842～1911》，頁 555。同樣的觀點在梁啟超的〈倡設女學堂啟〉亦有提及。參照李又寧、張玉法（主編）：《近代中國女權運動史料 1842～1911》，頁 562。

〔註27〕梁啟超：〈新民說・論生利分利〉。引自梁啟超，張品興編輯：《梁啟超全集》，頁 698。

民說」一般，梁啓超的婦女論並不關注當下的婦女問題，而是呈現一種未來理想想像的論述，因爲「未來的」婦女也是「新民」的一員，同樣交雜在國家富強的關係網絡裡。

二、馬君武譯述的「女權篇」與「女權說」

馬君武的婦女論，相當程度亦是呼應了梁啓超的觀點，他的焦點依舊是放在「未來」婦女的理想想像，同樣認爲「現在」婦女是衰弱的；然而，與梁啓超不同的地方在於，馬君武直接使用「女權」一詞來論述，〔註 28〕最直接的例子便是他的兩篇西文譯作，即斯賓塞的「女權篇」與彌爾的「女權說」。

馬君武譯介的「女權篇」與「女權說」，前者是全文翻譯，後者則是交雜馬君武的評論與介紹。斯賓塞的「女權篇」與彌爾的「女權說」，本質上是在評判英國自身婦女地位仍然是屈從於男子這一「野蠻時代的遺跡」，但馬君武的譯介之下，卻是成了晚清知識分子追求女權運動的文明榜樣；同時，斯賓塞與彌爾談論的女權是在性別互動的框架下探討男女關係的社會原則，但馬君武的譯介卻將女權與國家民族綁架在一起，因而帶起一股女權應該服務貢獻國家的論述思潮。

（一）斯賓塞「女權篇」

「女權篇」是晚清社會第一部出版專論女權議題的譯作，並且受到大量的傳播與引用。〔註 29〕馬君武對「女權篇」是採取全文翻譯，因此可以判斷馬君武至少接觸過斯賓塞的原文。〔註 30〕「女權篇」所討論的婦女議題大致分爲四個部分：性別平等權、女權與國家文明、夫妻對等關係、婦女參政權。對比於梁啓超的婦女論，「女權篇」中有兩點是與梁啓超持相同論點。其一，婦女能力的低落不是天生的，「女權篇」說：

> （女權）反對者之說曰，女人之心才不及男人，故不能與男人有同
> 等之權。其說不免先後倒置。正惟女人之心才不及男人也則當有同

〔註 28〕 「女權」一詞在 1900 年初期開始流行於晚清社會，最具代表性的相關著作便是馬君武的兩篇翻譯作品與金天翮的《女界鐘》。參照藤瑞代，姚毅、須藤瑞代譯：《中國「女權」概念的變遷：清末民初的人權與社會性別》，頁 51。

〔註 29〕 參照劉巨才：《中國近代婦女運動史》（北京市，中國婦女出版社，1989），頁 150；夏曉虹：《晚清文人婦女觀（增訂本）》，頁 74。

〔註 30〕 小野和子：〈馬君武的翻譯與日本〉。參照王政、陳雁（編輯）：《百年中國女權思潮研究》（上海市：復旦大學出版社，2005 年），頁 69。

> 等之權利，以練習其固有之能力而發達其心才。女人有生命即莫不
> 有能力。惟無與男人同等之權，故不能自由練習之，遂較男人爲劣
> 耳。〔註31〕

此點「女權篇」與梁啓超相同，明確否定婦女的「天生衰弱」，指出權利不是依照個人能力來賦予的，否者男子也應該依其能力差別而有不同的權利。其二，婦女的社會地位與國家文明程度有正比關聯，「女權篇」說：

> 欲知一國人民之文明程度如何，必以其國待遇女人之情形如何爲
> 斷，此不易之定例也。〔註32〕

但在這兩處相同點之外，「女權篇」有三個地方與梁啓超明顯不一樣。首先，「女權篇」開宗明義以「女權」爲名來論述，明確指出論述的權利主體是婦女，「女權篇」說：

> 不寧唯是，一切反對（女權）之論，可以一言破之，即明辨何謂權
> 利是也。所謂權利者，即人人能自由練習其固有之能力是也。〔註33〕

按照上述觀點，婦女是可以「自由練習」她原有的權利，與男子一般。其次，「女權篇」討論到男女夫妻雙方的性別關係，在文中第6～8小節即特別指出夫妻之間的平等觀，反對傳統「夫唱婦隨」的主從關係，而梁啓超沒有在這方提出觀點，「女權篇」說：

> （在夫妻關係中若是）一爲主一爲屬是誠極野蠻風俗，不可不濾改
> 良也。此風不變則夫妻之間必無眞愛情。必奴主之勢盡革則夫妻之
> 眞愛情乃充滿而無極，是非虛言。隨處有實事可驗也。人間有所謂
> 結婚之幸福焉 Connubial happiness。夫與妻之相結不可有一毫勢力。
> 施於其間歡愛無極乃爲幸福。若現今世界夫妻間之情狀苦辱而已，
> 幸福乎何有。〔註34〕

主張由愛情結合而相互尊重的夫妻才是文明表現，如此才能建立平等的性別

〔註31〕 馬君武譯介斯賓塞「女權篇」。引自莫世祥編：《馬君武集 1900～1919》（湖北省：華中師範大學出版社，1991 年），頁 19。

〔註32〕 馬君武譯介斯賓塞「女權篇」。引自莫世祥編：《馬君武集 1900～1919》，頁 20。

〔註33〕 馬君武譯介斯賓塞「女權篇」。引自莫世祥編：《馬君武集 1900～1919》，頁 19。

〔註34〕 馬君武譯介斯賓塞「女權篇」。引自莫世祥編：《馬君武集 1900～1919》，頁 24。

關係。第三，「女權篇」明確點出「婦女參政」的主張，梁啓超對此則是沒有提及。梁啓超認爲婦女要走出家庭，但是投入「經濟生產」，成爲一位生利者，但對婦女是否應該介入政治，他並沒有觸及這樣的議題。

（二）彌爾「女權說」

馬君武另一篇關於女權的重要譯作，則是彌爾的「女權說」。但這篇譯作並非單純的翻譯，內容交雜馬君武個人觀點的詮釋與引介。「女權說」介紹的女權論分兩部分，前半部是彌爾的著作《女人壓制論》，後半部則是德國社會民主黨的「女權宣言書」。馬君武所詮釋的「女權說」，把彌爾《女人壓制論》視爲「性別革命」的先驅，而德國社會民主黨則是彌爾精神的承繼者，將性別平等的概念與社會主義的觀點關聯在一起。「女權說」在文章一開始便載明「現代文明在男女性別之間即將出現的變動」，文中說：

> 歐洲所以有今日之文明者，皆自二大革命來也。二大革命者何，曰君民間之革命，曰男女間之革命。歐洲君民間革命之原動力，則盧騷之《民約論 Contrat Social》是也。歐洲男女間革命之原動力，則彌勒約翰之《女人壓制論 The Subjection of Women》是也。〔註35〕

明顯可以看出，馬君武的「女權說」是一種革命觀點，雖然彌爾的《女人壓制論》並未有明確的革命色彩。「女權說」強調的性別革命有以下幾點主張：
1. 成年婦女是一個完全的人，擁有監督政府的權利；
2. 婦女有納稅義務，因此與男子同樣享有相同公民權利；
3. 歷史上已出現許多「女王」，因此婦女可以參政，並且擔任「高職」；
4. 家庭中夫妻享有平等權利，因此國家社會中的男女雙方也因相同；
5. 婦女參與國家政治並擔負國民責任是文明進步必然之趨向。
可以看出馬君武「女權說」明顯聚焦在婦女與國家的關係。彌爾的《女人壓制論》從政治、經濟、法律、婚姻等方面來闡述，但馬君武則是從婦女參政的議題來概括論述。之後便連結社會主義的觀點，主張男女平權，「女權說」說：

> 女人之必當與男人同權，何也？既爲一人，則必有其人之權焉，爲世人所公認，爲法律所保護。不如是者，不能名之人。夫人有一切權利及一切義務也，原於有生，根於人類本然之道德。蓋人之所以

〔註35〕馬君武譯介彌爾「女權說」。引自莫世祥編：《馬君武集 1900～1919》，頁 142。

自別於其他之下等畜類，惟在於是。蓋以獨立不羈、有完全個人權
之女人，屈為奴隸，必致缺損其天職，塞其能力，廢墮其工事，此
人所易知也。〔註36〕

馬君武具體整理社會主義的女權觀點，指出婦女在教育、經濟、政治、婚姻、
公民等五方面的權利，而婦女在這些方面的權利狀況，反映的是一個國家社
會的文明程度。

　　比較「女權篇」與「女權說」，「婦女不是天生衰弱」和「婦女地位關聯
國家文明程度」是馬君武在這兩篇譯作中都有提到的觀點，此點也與梁啓超
的婦女論相同；不同於梁啓超的地方則是，馬君武直接提出「女權」，並將焦
點放在夫妻性別關係與婦女參政的課題上，這是梁啓超所缺乏的，因此馬君
武的婦女論述來得更加深化「女權」的概念。梁、馬二人的差別之處在於，
梁啓超著直接眼於「婦女改良」，以生育優良下一代來富強國家；馬君武側重
男女性別的權利問題，將權利界定為人的本質，援以「天賦人權」做為呼籲
女權的立論基礎，進而達到文明進步的目的。然而，馬君武的觀點也是明顯
帶有社會達爾文主義的色彩，因為「衰弱不是天生」，所以是可以被教育改善
的，透過人為手段是可以進步的，因此梁、馬二人同樣都把焦點放在「未來
的進步婦女」。因此，馬君武的這兩部譯作帶有以下的特色：說話主體是被建
置在被殖民的體系中，帶著西方的凝視來打量自身，在「西方－東方」、「男
子－婦女」、「進步－衰弱」的權力關係中，以西方的女權論點替中國婦女建
構一套新的規訓法則，以此成為男性維新人士富強中國文明的性別化工具，
在其建構過程中偷渡維新人士對國家民族進步慾望的想像。〔註37〕

三、金天翮的《女界鐘》

　　馬君武譯介「女權篇」與「女權說」問世的同一年（1903 年），另一部由
中國自己產出的婦女解放專論著作，便足金天翮的《女界鐘》，這本著是晚清
知識分子關於女權運動重要的直接著作。《女界鐘》的問世是「女權篇」與「女
權說」在晚清社會的應用結果，是晚清女性議題的大集合，在「文明」期盼
下，《女界鐘》是由「中國的知識分子」所育化與培植出來的一棵文明樹，不

〔註36〕馬君武譯介彌爾「女權說」。引自莫世祥編：《馬君武集 1900～1919》，頁 144
　　　　～145。
〔註37〕劉人鵬：《近代中國女權論述：國族、翻譯與性別政治》，頁 123～125。

同於林樂知所移植的文明種子。金天翮在《女界鐘‧小引》中提到：

> 當十八、十九兩世紀之間，擊屠毒之鼓，撞自由之鐘，張獨立之旗，建紀念之塔，以組成絕爽心、絕快意之十數革命大活劇，於是人人有自由權，人人歸於平等，此今日歐洲莊嚴璀爛荼火錦繡之新世界出也。推其原因，則盧梭（Rousseau）、福祿特爾（Voltaire）、黑智爾（Hegel）、約翰彌勒（John Mill）、赫胥黎（Huxley）、斯賓塞（Spencer）之徒之所賜也。〔註38〕

由此可見金天翮對斯賓塞、彌爾的女權論述有所接觸，同時也一定吸收了社會達爾文主義的觀點。金天翮將這些來自西方的思想觀點視為進步文明的象徵，他說：

> 起步庭心，摩挲自由之樹，灌漑文明之花，曰「天賦人權」，曰「不自由無寧死」，曰「最大多數之最大幸福」，蓋日養養於心，而昌昌於口也。獨我二百兆同胞姊妹，猶然前疏紅續，桎梏疏屬，冬缸訴夢，春篋言愁，絕不知文明國自由民有所謂男女平權、女子參與政治之說也。苟知之，必且以為怪也。〔註39〕

因此，為了讓中國婦女了解文明自由的真諦，金天翮為此撰寫了《女界鐘》。金天翮在《女界鐘》提到的女權論點主要有三個指標：天賦人權、女權革命、國民之母。首先，他從「天賦人權」的觀點來闡述男女平權，他說：

> 我同胞其自愛，願以天然二字與天賦人權同其珍貴也。〔註40〕

強調「天然」，金天翮主張去除一切人為矯飾之害，這當中包含纏足，還有裝飾、迷信、拘束。金天翮是這四個項目為外界加諸婦女之障害，除去這些障礙，中國婦女便可以恢復自由權利的天然品性。金天翮高舉「天賦人權」的神聖價值，以此做為驅動民權與女權革命的動力，這意味在金天翮的眼中，女權革命是與民權革命同時進行的。他說：

> 十八、十九世紀之世界為君權革命之時代。二十世紀之世界為女權革命之時代。〔註41〕

這種論點與馬君武在「女權」譯介所主張的兩大革命觀點（君民、男女）相

〔註38〕金天翮，陳雁校編：《女界鐘》（上海市：上海古籍出版社，2003年），頁1。文中英文人名為本論文另加。

〔註39〕金天翮，陳雁校編：《女界鐘》，頁2。

〔註40〕金天翮，陳雁校編：《女界鐘》，頁17。

〔註41〕金天翮，陳雁校編：《女界鐘》，頁46。

同。權利革命的論點是維新人士在改良國家新文明的歷程,主要採取的建構路線,並將其視爲文明進步的象徵,也是中國擺脫「衰弱」的方法。所以,金天翮又說:

> 欲求平權而不得,則先以強權爲實行。故曰:二十世紀女權革命之世代也。〔註42〕

可以看出金天翮主張以「強權」的方式來達到女權革命。「強權」的概念是受到社會達爾文主義的影響,將國家體系與權利個體連結在一起,主張個體無法脫離國家而存在,因此金天翮主張女權(男女)革命是與民權(君民)革命關聯在一起被推動的,梁啓超的「新民說」也有相同的觀點,都是主張以「強權」爲手段來達到「平權」的訴求,因爲最終的目標是改變衰弱的現況,這個衰弱一方面指的是婦女的衰弱,另一方面更重要的是國家的衰弱。換言之,金天翮對女權的倡議主要著力於衰弱的改善,是改善衰弱的婦女,更是改善衰弱的國家,因此在這樣的詮釋視角之下,從婦女衰弱到國家衰弱,他進一步提出「國民之母」的概念,他說:

> 女子者,國民之母也。欲新中國,必新女子;欲強中國,必強女子、欲文明中國,必先文明我女子;欲普救中國,必先普救我女子,無可疑也。〔註43〕

改變婦女的衰弱,進而提供貢獻國家的能力,進步國家文明發展。金天翮所提倡女權,但無論是在婦女的教育、社交、經濟、財產、自由、婚姻等等面向,這些女權的獲得都是需要一個健全國家的存在前提,所以金天翮說:

> 愛自由,尊平權,男女共和,以製造新國民爲起點,以組織新政府爲終局。〔註44〕

很明確看到,金天翮的最終目標是國家,而女權則是邁向中目標的其中一環。金天翮主張的「女權」,主要立足於婦女對國家的貢獻功能,因爲女權追求的自由、參政、婚姻、經濟等各方面的平等權利,在在都需要仰賴國家存在做爲保障的前提。爲了達到「國家」的目的,金天翮具體提出對新女子的理想目標:

〔註42〕 金天翮,陳雁校編:《女界鐘》,頁49。
〔註43〕 金一(金天翮):〈《女子世界》發刊詞〉,《女子世界》第1期(1904.01)。參照夏曉虹(編選):《《女子世界》文選》,頁55。
〔註44〕 金天翮,陳雁校編:《女界鐘》,頁82。

一、教成高尚純潔，完全天賦之人。

二、教成擺脫壓制，自由自在之人。

三、教成思想發達，具有男性之人。

四、教成改造風氣，女界先覺之人。

五、教成體質強壯，誕育健兒之人。

六、教成德性純粹，模範國民之人。

七、教成熱心公德，悲憫眾生之人。

八、教成堅貞激烈，提倡革命之人。〔註45〕

從以上八點可以看出，金天翮認為的女權的展現在於婦女對國家的貢獻。面對晚清的變局與危境，透過革命手段來建設新國家是知識分子的首要目標。在這樣的時空氛圍之下，婦女參與革命運動貢獻國家便是女權復興的首要途徑，因此，金天翮在《女界鐘》中對婦女理想角色的擘畫，變出了「國民之母」的主張。「國民之母」的概念，主要在於他認為家庭的結構就是國家的雛形，而婦女除了照顧家庭之外，也要擔負愛國與救世的本分。金天翮說：

> 汝（此指婦女）之身天賦人權、完全高尚、神聖不可侵犯之身，汝
> 之價值千金之價值也，汝之地位國民之母地位也，吾國民望之久
> 矣！〔註46〕

金天翮從天賦人權的觀點，提到婦女自身所擁有之不可侵犯權利的神聖性，冀望中國婦女能夠扮演起「國民之母」的重責大任，由此，婦女的角色從家庭中相夫教子的家政婦轉化成救亡國家的國民母，金天翮的「國民之母」，其作用在於：

> 而女子者，國民之母也。……而根性之傳，必離母以附子，陽施陰
> 受，頓漸各殊。故國民無師，其所師者女子也。〔註47〕

「國民之母」的概念凸顯婦女擔負母親角色應該擔負的責任與貢獻，這和梁啟超「相夫、教子、宜家、善種」對未來理想婦女的想像是一致的。因此，為了培育未來婦女的理想性，金天翮注重女子教育的推廣，教育的目的不只在於女權價值的培植，更是國家強盛的重要關鍵，所以他說：

> 教育者，造國民之器械也。女子與男子，各居國民之半部分，是教

〔註45〕 金天翮，陳雁校編：《女界鐘》，頁44～45。

〔註46〕 金天翮，陳雁校編：《女界鐘》，頁83。

〔註47〕 金天翮，陳雁校編：《女界鐘》，頁4。

育當普及。吾未聞有偏枯之教育，而國不受其病者也。〔註48〕

從梁啓超到金天翮等維新人士，都將婦女的衰弱導歸於婦女未受教育，因而導致國家的衰弱，金天翮在這樣的觀點上，將其擴大為要求婦女展現愛國與救世的公德作為，並將這樣的公德做為視為婦女獲得女權正當性的工具價值；換句話說婦女的公德奉獻是論證女權必要價值的途徑。事實上，晚清社會自從甲午戰爭以來，國家民族存亡的危機感一直如影隨形地挑動著男性知識分子的憂慮神經。婦女傳統上是處於男子國家體制的邊緣他者，但在男子試圖建構國家富強道路時，這個「她者」卻是扮演關鍵作用；傳統婦女被視為富國強兵的阻礙負擔，如同象徵（男性中心）所指涉的表徵（女性邊緣），因此急切需要被喚醒，以盡她們的責任與義務。於是亟欲推動社會改革的男性知識分子將「拯救」與「改造」傳統婦女的女權解放運動視為富強國家民族的途徑，婦女要承擔男性對其無用與誤國的指責，接受教化以承擔起同為國民的責任義務。因此，貢獻國家成為「女權」的不二法門。

四、從女「新民」到《女界鐘》

在梁啓超、馬君武、金天翮的觀點裡，和外國婦女比較起來，中國傳統婦女被視為衰落的象徵，所以「她」是需要被改造，從這裡可以看出梁啓超等人不認為婦女的衰落是天生的，而是可以改變的，於是他們的女權呼籲是伴隨著女學提倡。梁啓超未直接使用「女權」一詞，馬君武與金天翮則是不斷出現，因此在馬、金二人的女性論述中，婦女做為權利主體的地位較梁啓超的說法來得更加明顯，馬、金二人的觀點同時也觸及了婦女在婚姻、參政等問題層面，因此他們的主張是較梁啓超更加向前推進了。〔註49〕

梁啓超婦女論的核心在於身心強健的婦女能夠為國家做出貢獻，從「相夫」、「教子」到「宜家」、「善種」，這條未來路線是與金天翮「國民之母」的主張相符的。婦女的衰落需要被改造，如同國家的衰落需要被拯救，因此改造傳統婦女成為富強國家的方法之一，因此在這一觀點，梁啓超與金天翮都將焦點放在「未來婦女」的形象建構。此外，梁、馬、金三人都認同婦女強弱與國家強弱有關，因此讓婦女擺脫衰落的形象，正是國家邁向文明的必要

〔註48〕金天翮，陳雁校編：《女界鐘》，頁37。
〔註49〕須藤瑞代，姚毅、須藤瑞代譯：《中國「女權」概念的變遷：清末民初的人權與社會性別》，頁78。

手段。換句話說，在他們的觀點中，將衰落的傳統婦女改造爲文明的進步婦
女與富強國家的期望是一體兩面的表裡。然而，晚清的維新人士爲了回應國
家的需要，將「女權」與貢獻國家綁在一起，女權既然是與國家服務有關，
那重點便在於婦女要能夠擔負做爲一位「新國民」所應具備的責任與義務，
他們心中的理想婦女是一種未來想像，女權是在未來的理想文明中展現，對
於當前的婦女如何眞正獲得女權，「她們」眞正面臨的需求與困境都是忽略而
置之不理。因此，梁啓超關心的是未來婦女對國家的貢獻，並未觸及當下婦
女所面對的實質問題，婦女的角色最終在「遠可善種」；金天翮的「國民之母」
理想，婦女走出家庭，目的仍是在於貢獻國家。馬君武的「女權」，其對峙的是
專制的舊傳統，而不是實質壓迫的男子。在馬君武的觀點裡，女權是有助於男
子拯救國家的目的，因此馬君武的女權革命不存於男女之間的範疇。因此，馬
君武的「女權篇」與「女權說」，對於原著所闡述的性別壓迫則是著墨不多，甚
至淡化原作者在這方面所提出的嚴重批判，維護著「西方的文明形象」，也刻意
迴避國家體制對「天賦人權」所做出的侵犯，因爲馬君武關注的是國家，婦女
對國家爲盡其義務才是正義的。綜合來看，我們可以說，維新人士的女權觀點，
女權是以一種夥伴關係納入男性論述，焦點在於文明等級的作用與展現，是將
婦女解放做爲文明革命的一種操作工具，對自由的追求是擺脫傳統專制的抗
爭，天賦的權利轉化爲（婦女）國民對國家的貢獻能力，從分利者變成生利者，
婦女的解放則是透過履行婦女身爲新國民的責任義務來達成。爲了建設國家文
明的最終目的，「天賦人權」的自由與權利，在這裡被置換爲愛國的責任與義務。

　　至此，「天賦人權」的原本面貌，在這裡便換上了一套國家民族的外衣。
這種變化的產生，與晚清社會面對歷史危境提出的因應變革有絕大的關連
性。當時知識分子（主要是男子）的主要任務便是改變中國的困境，建立符
合新時代的新型國家，（婦女）國民個人自由的追求不是他們首要目的；但是，
擁有獨立自強的「新國民」卻是文明國家創建不可缺失的必要環節，於是爲
了達到這樣的任務目的，梁啓超發表一連串的「新民說」系列，藉此培養新
國民；馬君武的兩部女權譯作，把婦女帶進「新民說」的範疇裡；金天翮再
將馬君武的譯作賦予中國化情節，敲響「女界鐘」，藉以震醒「國民之母」。
這種對新國民、新國家、新文明型態的急切追求，除了是將這種形式標準視
爲進步的象徵之外，更重要的是知識分子（主要是男子）認爲這樣的國家型

態（或國民型態）可以幫助國家強大，脫離被列強宰制的境況。〔註50〕出於相同的認知基礎，梁啓超說：

> 自由者：權利之表徵也。凡人所以為人者有二大要件：一曰生命，一曰權利，二者缺一，實乃非人。固自由者亦精神界之生命也。文明國民每不惜擲多少形質界之生命，以易此精神界之生命，為其重也。〔註51〕

金天翮也說：

> 權利者，伴自由而生者。凡饗慕自由者，必以群為愛好之目的。〔註52〕

而梁啓超、馬君武、金天翮等這些維新派人士在處置「自由」、「平等」、「權利」時，與斯賓塞、彌爾有一個很大程度的不同，那便是國家情境的差異。斯賓塞與彌爾所討論的女權，是文明社會裡男女雙方所擁有的自由權利，因此自由是內容，權利是表徵；但馬君武等人而言，建設新型國家是首要任務，因而權利是內容、自由是手段，而文明才最終目的。因為在甲午戰爭之後，中國面臨列強的瓜分風潮，完全喪失做為一個主權國家的自主權，在這樣的歷史情境下，馬君武對權利的認知便強調自主性的建構，因為面對列強環伺的局面，如何建立文明國家的自主性，是當下的必要且急需的現實，因而希望透過獨立自主的新國民壯大自己的國家，是時下從梁啓超、馬君武到金天翮等維新人士的急切心聲。

　　維新人士的最終目的是改造國家文明，而非變動既有的性別關係。因此，維新人士的「女權」，某種程度還是維護著傳統男子在性別關係中優越地位，這種優越不單只是性別關係，更大層面是知識的掌握。傳統婦女的無學習性形成「男智女愚」的性別關係，男子成為知識權威的實質掌握者，維新人士的救國運動便是這股權威的社會實踐。男性知識分子具有改革社會的權威性，這股權威的正當性來自對文明真理的信奉，因此當男性知識分子為了救國提出婦女解放的主張，男子掌握知識的先決優勢再次建構男子對於婦女的性別宰制，宋少鵬指出：

〔註50〕 宋少鵬：〈馬君武「女權」譯介中的遮蔽與轉換〉，《中國現代文學研究叢刊》第5期（北京市：中國現代文學館，2015年），頁42。

〔註51〕 梁啓超：〈十種德性相反相成義・自由與制裁〉。引自梁啓超，張品興編輯：《梁啓超全集》，頁429。

〔註52〕 金天翮：《女界鐘》，頁53。

> 男性通過對文明和女權思想的譯介和傳播，擁有了掌握新知識和開
> 啟新世界之門的特權，也擁有了擔當女性拯救者和邁向世界導師的
> 資格。〔註53〕

金天翮想要以《女界鐘》震醒沉睡的貧弱婦女，便是男性知識分子掌握知識
權力的一種明確表達，因為「他」有拯救「她」的責任與權力。綜合來說，
維新人士對女權的詮釋是晚清情境特有的歷史產物，源自西方的理論觀點，
在中西社會的移植之間，有意與無意的轉化與遮蔽，表達他們對國家時局的
關切心態，盼望國家富強與文明進步。在列強肆掠的國際格局中，維新人士
將自由民權的核心轉換為國家自主的追求，個人自由的實踐責任義務的展
現，以國家民族的框架導引了女權論述的詮釋與實踐，放大了婦女的愛國表
現，卻忽略了傳統性別不平等的檢視，男子再次運用對知識掌握的論述特權，
以新的話語再造新的性別宰制。

第三節　女權主張的轉向與斷裂

　　從梁啟超、馬君武到金天翮等維新人士，他們所主張的婦女解放思潮，
基本上是聚焦在對未來理想婦女的建構，並沒有關注到當下婦女的切身問
題。在富強國家的軸線裡，女權的議題得到開展，在這些女權論述中出現了
一個重要的概念：「天賦人權」，在金天翮《女界鐘》便是以此做為其婦女論
的基礎。承繼了「天賦人權」的概念，部分的知識婦女開始提出不一樣的觀
點，她們從婦女的自身經驗出發，具體論述當前的婦女應該如何著手脫離「當
前的衰弱」，女權是婦女要自己去爭取，而非等待男子的給予，把女性形象的
建構從未來理想的想像拉回到當下的真實生活。這些知識婦女試著說出在「文
明」論述之外的非主流聲音，對「西方文明」文明抱持還疑與警惕的態度，
不盲從於「文明價值」的追尋，而是以批判和反思的視角，建構一條適合中
國婦女的道路，尋求另類的現代性發展。

一、婦女自主視角

　　無論是梁啟超的婦女論，還是金天翮的「國民之母」，其女性形象是對傳

〔註53〕宋少鵬：《「西洋鏡」裡的中國與婦女：文明的性別標準和晚清女權論述》，頁
　　　　105。

統瘦弱無能的婦女做出徹底的改造，建構出符應新時代要求的新女子，這是一種奠基於未來理想國家建構的論述，刻意忽略當前（男女性別地位）的矛盾或衝突。對於維新人士而言，國家是第一順位，因此在這樣的前提之下，男女地位的平等性沒有優先的必要性，對此須藤瑞代指出：

> 對男女差別的疏忽，並不是因爲他（此指梁啓超）議論的疏漏，而是因爲在他的理論結構上不需要這種對現狀（男女地位差異）的認識。他最優先的課題是救國，他主張爲了救國，女性也應該改良自己的智力和體力。〔註54〕

明顯可以看到，維新人士論述的出發點是因應男子對國家民族憂患的需要，不脫男子主宰婦女的性別意識；換言之,「國民之母」是國家需要之下的他者國民，並未眞正賦予婦女「國民」的身份。因此，對於這樣的觀點，婦女的女權論者提出不認同的看法，以林宗素和陳擷芬爲例，她們著重於從婦女本質來闡述女權。林、陳二人對女權的論點，則是從婦女本身的視角出發，主張婦女應該主動爲自己爭取權利，而非等待男子的給予或讓與，以達到「復其固有之特權」。

哈定（Sandra Harding，1935～）曾指出女性主義的論述之一，主要以婦女的生活經驗做爲其探究的背景來源，並從中提出傳統男性中心所不重視或忽略的關鍵問題，進一步擴大知識的發展面向。〔註55〕因此林宗素和陳擷芬的觀點看到了中國傳統男女關係的不平等，而這是梁啓超等沒有觸及的。維新人士提出的婦女論是爲了救國而倡議，婦女解放是被放置在男子建構的社會秩序與規則，在這種運作體制之下，婦女處在受宰制的地位，這種狀況使得婦女很少獲得來自於現實社會的益處。透過知識婦女的視角，我們可以發現一些潛藏於社會中的性別關係，傳統的一些假定，如國家與個人、衝突與妥協、中心與邊緣所造成的地位不平等，在維新人士所倡議的女權論述並沒有被眞正解放。

林宗素的觀點，主要彰顯了婦女在女權運動中的自主性，勇於站在男子的對立面，強調「天賦人權」所賦予婦女的原生權利，追求天賦的男女平等。林宗素在〈共愛會章程〉提到：

> 以拯救二萬萬之女子，復其固有之特權，使之各具國家之思想，以

〔註54〕 須藤瑞代，姚毅、須藤瑞代譯：《中國「女權」概念的變遷：清末民初的人權與社會性別》，頁 49。

〔註55〕 Sandra Harding, *The Science Question in Feminism,*(Ithaca: Cornell University Press, 1986), p.200.

得自盡女國民天職爲宗旨。〔註56〕

林宗素雖然同意婦女貢獻國家的國民天職論點，但女權的產生是來自於婦女自己的爭取，而不是男子的讓與或給予，她在《女界鐘》的敘便提到：

> ……權也者乃奪得也，非讓與也，……而吾之爲此言者，特欲以自鞭策我二萬萬之女子，使之由學問競爭，進而爲權利競爭，先具其資格，而後奮起奪得之，乃能保護享受於永久。〔註57〕

林宗素看重婦女的獨立性，強調婦女的自主性，經由自身努力來獲得「女權」，這個「女權」角色是蘊含婦女個人主體意識的選擇，而不只是依附男子的附庸工具。她從女性主體的視角出發，試圖打破傳統的性別權力架構關係，婦女自己謀求眞正的獨立，實踐婦女的平等地位，在救國的貢獻之外，也包含婦女自身的權利獲取。龔圓常也對於這種男子代辦的婦女解放提出懷疑：

> 此於女子果有利歟？吾不敢信。蓋期望人者，決不欲其有所依賴，而必求其獨立。善自助者，決不樂他人代爲籌長策。男子之倡女權，因女子不知權利而欲權利相贈也。夫概有待於贈，則女子以全失自由民之資格，而長戴此提倡女權者爲恩人，其身家則仍屬於男子。……我女同胞猶不振袖疾起，盡義務以求自立，恐載胥及溺之禍之即在眉睫間也。〔註58〕

另一方面，陳擷芬則將金天翮的婦女解放論視爲「便於男子之女權」，她在〈獨立篇〉提到：

> （婦女）徒以生命肢體委之男子。即有以興女學、復女權爲志者，亦必以提倡望之於男子。無論彼男子之無暇專此也，就其暇焉，恐仍爲便於男子之女學而已，仍爲便於男子之女權而已，未必其爲女子設身也；就其能設身焉，不能自謀其學與權之女子，能受彼明達男子之教乎？……嗚呼，吾再思之，吾三思之，殆非獨立不可！〔註59〕

〔註56〕〈日本留學女學生共愛會章程〉，《浙江潮》第 3 期，雜錄。引自李又寧、張玉法編輯：《近代中國女權運動史料 1842～1911》，頁 910。

〔註57〕林宗素：〈《女界鐘》敘〉，《江蘇》第 5 期。引自李又寧、張玉法編輯：《近代中國女權運動史料 1842～1911》，頁 822。

〔註58〕龔圓常：〈男女平權説〉，《江蘇》第 4 期（1903.06.25）。引自徐玉珍、徐輝琪、劉巨才編輯：《中國婦女運動歷史資料（1840～1918）》，頁 191。

〔註59〕陳擷芬：〈獨立篇〉，《女學報》第 2 年第 1 期（1903.02.27）；《經世文潮》第 5 期（1903.08.07）。引自徐玉珍、徐輝琪、劉巨才編輯：《中國婦女運動歷史資料（1840～1918）》，頁 245。

由上文可以看出，陳擷芬希望婦女在女權運動上能夠有更多的獨立與自主性。因此，相較於金天翮將恢復「天賦人權」與國家需求連結在一起，進而提出「國民之母」，陳擷芬對婦女解放的主張，她雖不否認婦女貢獻國家的作用與必要，但她的「天賦人權」是站在男子的對立面，更著重於男女平等的最終目標，造就順應新時代的「女國民」。陳擷芬說：

> 我輩（指婦女）數千年為彼奴隸，豈至今日時尚昏然不知，再欲隨
> 男子之後，而作異族奴隸之奴隸耶？抑至此日而欲與男子爭前恣
> 耶？……吾日夕危之，恐之，憂之，悲之。吾女子界中，較吾學者
> 有人，較吾明者有人，較吾能為者有人。吾望學者教無學者，明者
> 醒不明者，能為者倡不能為者。〔註60〕

陳擷芬從興女學的角度來論證女權的恢復，她強調權利的獲取是依據在學識能力的培養，婦女若無自立的學識能力，那便無法恢復真正的女權。

此外，陳擷芬所追求的女權不僅僅只是男子一同抵抗列強的侵略，她清楚點出傳統男女性別之間的權力關係，因此在男子倡議的國家民族論述框架之外，陳擷芬有意識地區分出婦女的主體立場，婦女要自立自強打造自身的獨立性，奮起努力扮演好女國民的角色。「女國民」的概念，相較「國民之母」，它賦予婦女更多的獨立身份，強調「她」同屬國民的一部份，而不只是「他」的母親角色。婦女同為國民之一體，婦女可以以主體的直接身份與國家連接關係，意味婦女可以盡責、享權於國家，這是因為「她」是「國民」，而不僅是國民之母的性別角色。因此，在陳擷芬眼中的女權，除了國家富強的貢獻之外，更多的是婦女從男子身上奪回「天賦人權」的色彩。

比較金天翮和陳擷芬的女權論述，他們二人都有「天賦人權」的觀點，但金天翮單純從「國民之母」的工具性角度來看待。在「國民之母」身上，我們很難看到婦女做為女人的單獨角色，缺少婦女主體性的建構，因為金天翮「國民之母」的作用在於讓婦女成為對國家有用的人才，如同梁啟超所謂從分利者變成生利者，聚焦在婦女對國家的貢獻義務，這是他主張恢復女權的目的。相反的，陳擷芬所主張的女權，則是擺脫男子的依賴，在貢獻國家義務之外，更是要與男子對抗，取回婦女應有的權利，站在與男子相等的地位，而不是局限「母職」角色的工具性存在。

〔註60〕陳擷芬：〈女界之可危〉，《中國日報》甲辰年（1904），3/11、3/12。引自李又寧、張玉法編輯：《近代中國女權運動史料1842～1911》，頁417～418。

　　總結來說，林、陳二人雖然接受男性知識分子所論述的國家貢獻說，但在男性話語之上更多的是明確表達出她們的最終目的，即「盡義務為求自立，爭義務為享權利」，匹婦可以有責，同時也要有權。知識婦女在維新人士針對國家民族的論述與變革中，試圖從一個輔助男子的同謀角色跳脫出來，努力彰顯婦女的主體性，「她」的女權話語形塑出婦女的身份認同與性「別」意識，宋少鵬指出：

> 當女性（的）論者在男性主導的國族主義話語框架下展開女權論述時，在運用相似的概念和話語策略時，女性身份和性「別」意識不斷地顛覆男性論者努力建構的主客關係，超越女權服務於國家的男性目標，女性變身為歷史主體，憑藉國族主義框架追求男女平等的女權目標，發展出中國最早的自由主義女權的理論和實踐。〔註61〕

從中可以看到，女性知識分子透過男子的義務觀點論述來建構婦女的自立主體，也就是說女性知識分子選擇藉由盡國家民族的責任義務來實踐平等權的解放，而這樣的作為正是晚清女性女權論者對自我獨立建構的體現，因為任何一種主體性的展現，都是經由主體在所處的文化環境中做出的自主選擇。〔註62〕

二、與國家分離

　　在中國傳統社會的父權體制中，男子習慣透過其權力結構的建置來宰制與看待婦女的角色。父權體制為求建立屬於男性社會的完滿（國家的需求），將男子自身的缺陷轉嫁於婦女（因為傳統婦女「無利」於國家），維新人士便從這樣的角度，以救亡圖存出發點倡議了婦女解放運動，婦女開始被納入國家問題的討論，使得傳統婦女在性別、家庭與國家三方面都有了新的變化。然而，隨著越多知識婦女加入女權倡議的行列，原本主導女權發展的救國路線也開始出現變化，知識婦女將視角轉移到婦女當前自身的問題，不同於對未來理想的擘畫，她們更關注於建構真正的女性主體，解決當下的女性問題。

　　克里斯蒂娃曾認為女性主體的建構是一個動態的過程，因此婦女是一個動態變化的角色；從另一方面來看，也因為具有這樣的特性，使得婦女以他者的身份處在邊緣的位置時，有更多的機會可以來改變與擺脫男性中心所加

〔註61〕 宋少鵬：《「西洋鏡」裡的中國與婦女：文明的性別標準和晚清女權論述》，頁111。

〔註62〕 宋少鵬：〈民族國家觀念的建構與女性個體國民身份確立之間的關係〉，《婦女研究論叢》第6期（北京市：中國婦女研究會，2005年），頁53。

諸在婦女身上的約束、規範、價值等等（國家民族的需要），婦女的個體得以超越性別的限制，被賦予挑戰社會觀念的機會，可以批判與去除典律（canon）的固著性，彰顯出在男性體制下被忽略女性聲音，使社會上的性別可以更加多元性的呈現。因為論述是會依照社會情境的變化而變化，因此論述的產生有其社會環境的偶然性，是受社會的運作體系與權力結構的影響而產生的，對晚清社會的維新人士而言，最大的影響來源便是「國家的未來」。部分知識婦女的視角，不同於維新人士的國家視角，她們以婦女生活做為探究的出發點，從男性中心之外的女性經驗著手，而這種女性經驗與傳統中對於性別之間的理解有著極大的不同。〔註63〕

　　當梁啓超、馬君武、金天翮將婦女解放納入國族框架的救國論述中，他們將婦女被壓迫的本質歸因於文明的落後，是傳統習俗的野蠻所致，迴避了男女性別之間的對立壓迫；然而，當知識婦女在建構女性主體時，雖未直指男子為敵人，但卻是明確指出傳統男子的壓迫本質，而她們試圖打破這樣的權力結構，建構自主意識的獨立人格，從男性權力之外的工具客體，轉變為自我身份認同的意識主體。當男子以文明的權威（知識的掌握）試圖改造婦女的教養，知識婦女接受了男子對婦女「無學」的指責，但她們拒絕了男子的導師角色，而是希望由開明的婦女來帶領傳統的婦女，試圖去除男子再以知識權威再構男女之間的性別宰制。知識婦女在國民義務論的軸線，針對當下婦女所面臨的切身問題，開闢出屬於婦女自身價值判斷的論述路線，以一個社會中真實存在的「人」發出自己的聲音，如同克里斯蒂娃一再地主張婦女要和過去的自己有所區別。晚清的知識婦女不再只是一味扮演男子所想像的理想婦女角色，因為婦女要善用自身的獨特性來創造自己的空間，黃菱舫在《女界鐘》的序便一改婦女的依附、陪伴的角色：

> 嗟呼！吾女子且莫自輕視也。凡世界人群知識學業之進步，其事萬
> 端，而其元素有二：曰社會，曰教育。言社會，則婦女為丈夫之顧
> 問；言教育，則婦女尤為幼稚之導師；是以全國之民智：民氣，婦
> 女可以轉移之。〔註64〕

雖然這些知識婦女的論述都有部分程度的男性身影，但她們都是晚清婦女解

〔註63〕 Sandra Harding, *Whose Science? Whose Knowledge? : Thinking from Women's Lives*, p.128.

〔註64〕 黃菱舫：〈《女界鐘》敘〉，《江蘇》第 5 期。引自李又寧、張玉法編輯：《近代中國女權運動史料 1842～1911》，頁 821。

放運動的積極發聲者，因此在知識婦女的話語中，明確存在婦女引領婦女的身份認同與性別意識的自我實現企盼。

另一方面，婦女之間也不應該全然都是一個樣子，不應該被同一化的，婦女有充分的理由去擁有更加優越的條件，將自身變化爲能夠隨時變動與創新的自由個體。〔註 65〕因此，在個體化的原則之下，晚清的知識婦女開始提出各種不同的女權論述中，跳脫傳統單一主體的觀點（國家需求），將婦女視爲是一個獨立的差異個體，從不同的利益需求，做出不同的因應策略，如此一來婦女必然產生不同的特性與差異，而這一觀點的實踐也可以破除了傳統性別二元對立的論點，在「國」和「家」之外，提供婦女能有更多元的發展空間與變化來發揮自身的特質與差異，本論文所採用的「三大女報」便是依據不同女性視角所發展出來的報刊文本：與過往的決絕（中國女報）、創建迎合新舊的新角色（中國新女界雜誌）、無政府的思想定勢（天義報），這三份報刊的論述主軸跳脫男子主導的女權路線，對於維新人士（男子）所建立的女權運動路線提出批判與反思，消除過往的偏見與扭曲，重新定義性別角色，改變女性客體的工具性角色，打破了過往二元對立的互動關係，以社會情境的多元性爲基礎來呈現婦女的獨特視角，賦予婦女的生活經驗新的價值判斷，用以建立婦女的自主觀點來取代（男性）權力中心的壓迫。婦女教育婦女，培養實業能力，達到獨立自主的生活態勢，是晚清知識婦女訴求的身份意識，以期在新時代擁有不再受男子宰制的社會空間與人格尊嚴，成爲社會群體中的主體之一。在貢獻於國家的義務之外，知識婦女努力在國族與文明的大框架中確認與明示「她」的女權標準，建構「她」自主的婦女地位與主體身份。

〔註65〕 高宣揚：〈論克里斯蒂娃的新女性主義〉，《同濟大學學報》（社會科學版）第20 卷第 3 期（上海市：同濟大學，2009 年），頁 13。

第四章　三大女報女權主體的論述主張

戊戌變法以來，從「興女學」、「反纏足」到三大女報的不同主張，晚清社會對於婦女解放的論述存在許多轉變與類型。由男性知識分子所開始的婦女解放思潮，一直將國家需要做為主要取向，在「興女學」、「反纏足」的浪潮中，婦女不是主動參與者，而是需要被改變的對象；維新視角下的強國強種，「中國之衰弱女子不得辭其罪」，〔註1〕二萬萬重要之數若是殘疾無學，勢必影響國家筋脈，因此婦女必須扮演好「國民之母」的功能與責任，「國家－國民（男子）－國民之母（婦女）」的關係結構便成型，婦女成為確保國家整體完善的基礎來源，因此「她」需要健康（放足）與知識（興學）。然而，知識的傳播無法被限於單一的「女學章程」，一但婦女求學的管道被打開了，女性主體的實踐位置（situation）也就會跟著變化。

隨著風潮影響的開展，晚清社會出現一批知識婦女投入這場運動。男性知識分子帶入的「天賦人權」等自由、平等思想，讓知識婦女取得論述的來源依據，試圖援以改變女界原有的黑暗、悲慘、無知的奴隸生活，「女界革命」意味婦女的自立建構，並且獲得自由權利，以此態勢與男子同列四萬萬人群之中，而非只是國民之母的理性工具，顯示女性實踐主體的位置轉變。

本文所採用的「三大女報」，發行人均為旅日知識婦女，同樣訴求「天賦人權」的婦女解放運動，但論述軸線不僅異於男性知識分子的救國路線，彼此之間也大相逕庭：「盡與男子一樣義務」、「國民新角色的探索」、「脫離國家的無政府視角」。因為這群知識婦女的加入，在 20 世紀初期，對於女權運動的論述，在男子救國思維路線之外，出現了有別於維新人士的主張。隨著時

〔註1〕　胡彬：〈論中國之衰弱女子不得辭其罪〉，《江蘇》第 4 期。參照李又寧、張玉法編輯：《近代中國女權運動史料 1842～1911》，頁 403。

代社會的變化，促使這些知識婦女開始自我反思與覺醒，她們多少都有域外遊歷的經驗，對於「現代文明」有親身的接觸經驗，因此促發她們對傳統婦女的反動。她們透過辦理女子報刊、女子教育、女子團體來推行她們的女權主張，將婦女解放與政治運動、文化教育、醫療慈善等不同面向相結合。由於自我意識與國家民族觀點的差異，這些知識婦女對於女權運動的詮釋不僅呈現出歧異的路線，同時也不同於男性知識分子的主流論述，成爲晚清婦女解放運動多元論述中的一種不連續反映。

第一節 《中國女報》：「盡與男子一樣義務」

秋瑾在《中國女報》撰文的屬名，因其取向群眾的差異樣，有「黃公」與「秋瑾」之分。她對於一般婦女倡議的婦女解放，最低層次的論點便聚焦在婦女所處的黑暗狀態，因此首要目的便是讓晚清婦女脫離長期禁錮的黑暗，她在〈中國女報發刊詞〉一開始便直言：

> 世間有最淒慘、最危險之二字，曰黑暗。黑暗則無是非，無聞見，無一切人間世應有之思想、行爲等等。黑暗界淒慘之狀態，蓋有萬千不可思議之危險。危險而不知其危險，是乃眞危險；危險而不知其危險，是乃大黑暗。〔註2〕

秋瑾所謂婦女所處的黑暗與危險，在於傳統婦女無發自立而生活，是依賴於男子而得以生存，如同囚徒的生活，喪失了獨立與自由的能力與權利，在現代文明開展的當下，婦女仍然生活在黑暗地域一般。對於婦女的生活，秋瑾這麼形容：

> 依然黑暗沉淪在十八層地獄，一層也不想爬上來。足兒纏得小小的，頭兒梳得光光的，花兒朵兒紮的鑲的戴著，綢兒緞兒滾的盤的穿著，粉兒白白脂兒紅紅的搭抹著，一生只曉得依傍男子，穿的吃的全靠著男子，身兒是柔柔順順的媚著，氣兒是悶悶的受著，淚球兒是常常的滴著，生活兒是巴巴結結的做著，一世的囚徒，半生的牛馬。〔註3〕

〔註2〕秋瑾：〈中國女報發刊詞〉，《中國女報》第1期。引自李又寧、張玉法編輯：《近代中國女權運動史料 1842～1911》，頁 771。

〔註3〕秋瑾：〈敬告姊妹們〉，《中國女報》第1期。引自李又寧、張玉法編輯：《近代中國女權運動史料 1842～1911》，頁 433～434。

在〈中國女報發刊詞〉中，秋瑾提出對於中國女界的黑暗狀態，而在〈敬告姊妹們〉則是真實反映了晚清婦女的實際生活情形，因此這兩篇文章存在某種前後的關聯性。在秋瑾眼中，婦女纏著小腳，梳妝打扮只是扮演男子身邊的依附之人，即便是生活富裕的婦女，仍舊是男子的依附者，缺乏獨立性。對於這種囚徒的生活，傳統婦女並不感到有任何的不對，沒有任何嘗試改變的自覺，這是秋瑾最為反對的，因為在秋瑾看來，這種婦女身體的形式拘束，是婦女喪失自由最直接的表徵反映。因此，秋瑾希望婦女能夠打破這種依附男子的生活習性，培養婦女自身獨立的能力，進而掌握自由的權利，因而恢復婦女的自由權利便是秋瑾所關注的重點，而要達到這個目標，首先便要脫離男子的依附，婦女要走出家庭的牢籠，為自己而立。

在現代文明的自由觀照下，中國傳統的男女性別權力關係，婦女受到男子在身體與心理上的制約，在這種生活下的婦女，秋瑾將其視為一種奴隸，而「她」的主人便是男子。秋瑾認為，婦女之所以甘於奴隸的囚徒生活，在於婦女沒有能力擺脫男子而獨立生活，婦女缺乏自營生計的能力，因此她勢必只能依附她的主人（男子）而生存。為了改變婦女這樣的侷限，秋瑾倡議婦女要培養「自活的藝業」，便是婦女要學習新的學識新知，以技術工藝養活自己，非但有益於家庭，更重要的是「不必再當男性主人的奴隸」，去除無用的罵名，重新拾回自由的權利，更進一步者，婦女隨著自身能力的增長，她更有能力來展現自我價值，建立不輸男子的「名譽」與「功業」。〔註4〕在〈勉女權歌〉中完整呈現秋瑾的這種思維期待：

> 吾輩愛自由，勉勵自由一杯酒。男女平權天賦就，豈甘居牛後？願奮然自拔，一洗從前羞恥垢。願安作同儔，恢復江山勞素手。舊習最堪羞，女子竟同牛馬偶。曙光新放文明侯，獨去占頭籌。願奴隸根除，智識學問歷練就。責任上肩頭，國民女傑期無負。〔註5〕

〈勉女權歌〉可以看做是對〈中國女報發刊詞〉與〈敬告姊妹們〉的觀點總結。在這篇文章中，秋瑾前後串連了自由與奴隸的對照，唯有根除奴隸的狀態才能獲得真正的自由。另一方面，〈勉女權歌〉更進一步提升自由的位階，

〔註4〕秋瑾：〈敬告姊妹們〉，引自李又寧、張玉法編輯：《近代中國女權運動史料1842～1911》，頁434。

〔註5〕秋瑾：〈勉女權歌〉，《中國女報》第2期。引自李又寧、張玉法編輯：《近代中國女權運動史料1842～1911》，頁441。

自由不僅是身體自主的權力，自由的眞義在於男女平等的權利，更是與生俱有的權力，可以看到秋瑾在這裡提到「天賦人權」的觀念。秋瑾以「天賦人權」的觀點倡議，婦女要能擺脫傳統社會的舊習陋規，奮然自立而起，重新做一個完整的人，進而在現代文明中，從男子的依附者變成獨立自主的「國民」。從此，婦女的身份不再侷限家庭中的女兒、妻子、母親，最重要的是「她」也是一位「國民」，與國家產生了關聯，「恢復江山」的責任便也因此上了她的「肩頭」。秋瑾寄望女性無負「國民女傑」的期待，當婦女走出「她的黑暗」之後，也要幫助國家走出「它的黑暗」，在這裡可以看到秋瑾將婦女的自立與自由與國家富強連繫在一起。

一、對「國民之母」的反動

秋瑾認爲中國婦女的低落地位，源自婦女是依附於男子生活的奴隸，因此首要之舉便是改變婦女的奴隸生活。秋瑾強調婦女要脫離服從男子的境況，首在便要能夠培養自身獨立自主的能力，因此婦女要接受教育、經濟各方面的生活訓練。另外，伴隨婦女在知識能力的提升，婦女也要能夠扮演如同男子一般的角色功能，進而展與男子相同的理想與志氣，對國家有所貢獻，《中國女報》第一期的〈大魂篇〉便是呼應秋瑾的上述主張。〈勉女權歌〉所提到的「恢復江山」若是一種精神呼籲，在〈大魂篇〉便是明確提供了清晰的論述，便是身爲國民的一員，要戮力於國家民族的需求，抵禦列強的入侵，清楚描繪出救亡圖存的國家框架，並且具體關聯上女權的提倡。〈大魂篇〉說：

> 國民者，國家之要素也。國魂者，國民之生源也。國喪其魂，則民氣不生。民之不生，國將焉存？故今日志士，競言招國魂，然曷一研究國魂之由來乎？以今日已死之民心，有可以撥死灰於複燃者，是曰國魂。有可以生國魂、爲國魂之由來者，是曰大魂。大魂爲何？厥惟女權！〔註6〕

「黃公」將女權的價值視爲「大魂」，女權的恢復便是復育一國之國魂，重新孕育國家的生氣，使得國家可以再次興盛，女權的價值作用便是在此，〈大魂篇〉又說：

> 女界者，國民之先導也。國民資格之養成者，家庭教育之結果也。

〔註6〕 黃公（秋瑾）：〈大魂篇〉，《中國女報》第 1 期。引自李又寧、張玉法編輯：
《近代中國女權運動史料 1842～1911》，頁 437。

> 我中國之所以養成今日麻木不仁之民族者，實四千年來沉沉黑獄之
> 女界之結果也。〔註7〕

從上文可以看出，「黃公」認為婦女天生的性別生理差異，她具有生育下一代
的能力，也是家庭教育的實施者之一，因此婦女擁有孕育國民身心強健的母
體本質。然而，因為中國婦女長期處在黑暗的奴隸生活，間接導致國家民族
的衰弱，甚至淪亡。因此，要拯救國家民族脫離淪亡的命運，婦女解放勢必
要的途徑，因為「欲收他日之良果，必種今日之好因。喚起國魂，請自女界
始。」〔註8〕將國家民族與婦女解放連結在一起，〈大魂篇〉並不是第一份有
這樣主張的文章，秋瑾也不是第一人，林宗素在《女界鐘》的敘裡便有同樣
的論點，她說：

> 女子者，誕育國民之母。……故今亡國不必怨異種，而惟責我四
> 萬萬黃帝之子孫；黃帝子孫不足恃，吾責夫不能誕育國民之女子。
> 〔註9〕

同樣的論點，在梁啟超與金天翮的論述也可以看到，他們也都將國家強弱與
婦女解放放置在一起，在這樣的觀點之下，為了解放婦女，振興女界，首要
之需便是恢復女權，女權的價值在於「她」是能鑄造國魂之「大魂」。

　　然而，對於女權究竟如何恢復，不同的中心視角則是呈現出不同的女性
主體意義。維新人士所倡議的「女權」，在社會達爾文主義的論點之下，女權
的強弱等同於國家的強弱，女權是建構在國家民族的需求框架之下被提倡
的，國家需要被拯救，「女權」則是他們所採納的藥方之一。「女權」被當成
是一種拯救國家的工具，「她」的作用在於使國家邁向進步文明，但婦女是否
走出衰弱的黑暗不是維新人士首要關心的。因而有些知識婦女不認同這種工
具性的女權倡議，她們聚焦於晚清婦女的實質問題，並且認為女權的恢復是
婦女要自己的爭得，而不是「依附」在男子的給予，即林宗素所謂「權也者
乃奪得也，非讓與也。」恢復女權是要改變當下婦女的真實生活，而非建構
未來理想角色的形象。〈大魂篇〉延續這樣的論點疾言：

〔註7〕黃公（秋瑾）：〈大魂篇〉。引自李又寧、張玉法編輯：《近代中國女權運動史
　　　料 1842～1911》，頁 437。

〔註8〕黃公（秋瑾）：〈大魂篇〉。引自李又寧、張玉法編輯：《近代中國女權運動史
　　　料 1842～1911》，頁 437。

〔註9〕林宗素：《女界鐘》敘。引自李又寧、張玉法編輯：《近代中國女權運動史
　　　料 1842～1911》，頁 822。

（女權）爭之若何，亦自爲之而已矣。幸福固非他人所能賜予
者……〔註10〕

〈大魂篇〉所期待的婦女角色是跳脫傳統家庭的侷限，在國家社會的高度上，以「名譽」和「功業」立身的婦女，婦女不僅僅只是恢復女權，涵養學識，還要與男子一般，肩負國家民族強盛的重責大任，達成國民女傑的使命，「盡與男子一樣義務」，而「黃公」最後在〈大魂篇〉也是以這樣的論點做總結，「她」說：

盡我天職以效祖國，凡我女子志願所及，即我女子權力所及，當仁不讓，夫何吝於先著鞭？噫嘻！興矣。近以挽狂瀾於既倒，遠以造國魂於將來。偉哉女權！偉哉大魂！魂兮歸來，吾將見之，吾願買絲以繡之，酬金以鑄之。〔註11〕

因此，秋瑾訴求的婦女解放強調婦女的自主自立，要擺脫男子的壓迫，脫離奴隸的生活，同時帶有「天賦人權」的意涵。但相較於梁啓超、馬君武、金天翮等維新男子，甚至是林宗素、陳擷芬，秋瑾對於「天賦人權」的重視更甚於「女權」的觀照。維新男子與林、陳二人的婦女解放視角，在本質上是存在差異的，林、陳二人更關注當下婦女的現實問題，但他們的共同點在於，基本上都同意婦女存在先天的角色，無論是「國民之母」或是「女國民」，都是強調婦女的性別意義。然而在〈大魂篇〉的婦女解放論述中，除卻生育的生理特質之外，婦女要與男子一般，擔負同樣的國民責任義務，婦女同樣只是「國民」。在這樣的觀點之下，婦女的角色既無「母」也無「女」，「她」所主張的是沒有性別差異的「人權」。這點秋瑾在〈敬告中國二萬萬女同胞〉便有提到，她說：

上天生人，男女原沒有分別。〔註12〕

秋瑾這樣的主張，很明顯可以看到這是對「天賦人權」本質觀點的呼籲。她無「母」無「女」的婦女解放主張，便是擺脫婦女在傳統與未來的性別角色框架，既否定傳統婦女，也否定新的「國民之母」與「女國民」等的「女性角色」。秋瑾認爲，傳統婦女習慣於依賴男子的生活，是婦女放棄了自立的責任所造

〔註10〕黃公（秋瑾）：〈大魂篇〉。引自李又寧、張玉法編輯：《近代中國女權運動史料1842～1911》，頁438。

〔註11〕黃公（秋瑾）：〈大魂篇〉。引自李又寧、張玉法編輯：《近代中國女權運動史料1842～1911》，頁439。

〔註12〕秋瑾：〈敬告中國二萬萬女同胞〉，《白話》第2期。引自李又寧、張玉法編輯：《近代中國女權運動史料1842～1911》，頁423。

成，為了打破這種依附性之下所形成的壓迫，婦女必須自立自強，重新拾回自立的能力，如此才能消除男女之間的不平等現象，而婦女自立最直接的做法便是同男子一般，「盡與男子一樣義務」。秋瑾認同國家民族的救亡需求，也將女權的恢復連結到國家民族的框架中，但不同於維新男士未來理想的工具性角色，秋瑾認為婦女便要在當下與男子一同拯救國家，自主性地重新擔負國民的責任義務，她在〈敬告中國二萬萬女同胞〉最後的結尾這麼說：

> 諸位曉得國是要亡的了，男人自己也不保，我們還想靠他麼？我們自己要不振作，到國亡的時候，那就遲了。諸位！諸位！須不可以打斷我的念頭才好呢！〔註13〕

從上文可以看出，秋瑾強調婦女自立與國家拯救是關聯在一起，但更看重女性主體的自主性，此點與林宗素、陳擷芬二人的觀點相同，都是強調婦女若是能夠擔負她本身的國民責任，對國家有所貢獻，權利自然能夠與男子相平等。在〈致湖南第一女學堂書〉這篇文章中，我們可以看到秋瑾看重婦女對國家貢獻的思想觀點，她說：

> 欲脫男子之範圍，非自立不可；欲自立，非求學藝不可，非合群不可。東洋女學之興，日漸其盛，人人人皆執一藝以謀身，上可以扶助父母，下可以助夫教子，使男女無坐食之人，其國焉能不強也？我諸姊妹如有此志，非遊學日本不可；如願來妹處，俱可照拂一切。妹欲結二萬萬女子之團體學問，故繼興共愛會，名之曰實行共愛會。〔註14〕

在這段文字中，秋瑾以日本婦女為榜樣，強調婦女對國家強盛的貢獻。對此，須藤瑞代認為秋瑾過度關注婦女對國家貢獻的視角，沒有真正去探究日本婦女是否真正自立的事實，因此須藤瑞代認為秋瑾對國家富強的看重甚於婦女是否自立的問題，因此秋瑾呼籲晚清婦女要到日本留學，培養自身的學識能力，最終目的是希望這些婦女與她一同貢獻國家。〔註15〕但本文認為對秋瑾而言，國家富強與婦女自立並不存在孰重孰輕的分別，因為婦女自立得以貢

〔註13〕秋瑾：〈敬告中國二萬萬女同胞〉。引自李又寧、張玉法編輯：《近代中國女權運動史料1842～1911》，頁424。

〔註14〕秋瑾：〈致湖南第一女學堂書〉夏曉虹（編輯）：《中國近代思想家文庫：金天翮、呂碧城、秋瑾、何震卷》，頁83。

〔註15〕須藤瑞代，姚毅、須藤瑞代譯：《中國「女權」概念的變遷：清末民初的人權與社會性別》，頁86～87。

獻國家，國家也因而可以富強，這對秋瑾而言是一體兩面的事情，而婦女自立便是這一切事端的開頭。〔註16〕

　　「一世的囚徒，半生的牛馬」這是秋瑾對傳統依附於男子的婦女所用的形容詞，她認爲傳統婦女的生活，無論富裕與否，與陳擷芬的觀點一樣，婦女過的都是「奴隸」的生活，無法享有眞正的自由，〔註17〕秋瑾在〈敬告姊妹們〉感嘆地說：

> 諸位姊妹，天下這奴隸的名兒，是全球萬國沒有一個人肯受的，爲什麼我姊妹卻受得恬不爲辱呢？諸姊妹必說：「我們女子不能自己掙錢，又沒有本事，一生榮辱，皆要靠之夫子，任受諸般苦惱，也就無可奈何！」〔註18〕

傳統婦女受限於生活經濟的需要，「她們」必須依附於男子而生活，因此「奴隸的生活」對「她們」而言變成是無奈但必要的選擇。秋瑾反對這種「沒志氣的想法」，她在〈敬告姊妹們〉接著回應這樣的想法：婦女要能夠有志氣，替自己培養一個能夠自立謀生的技能藝業，因此婦女要接受教育，培養技藝，實踐經濟生活自主，從而跳脫男子奴隸的牢籠生活；婦女有能自立能力，彼此相互扶持與激勵，進一步同男子一般，婦女也能建立偉大「名譽」與「功業」，獲得男子的尊重。這是秋瑾對婦女的理想圖景，也是《中國女報》想要達到境界。在這裡我們可以看到一個不同於維新「男」士的女學主張。維新「男」士之所以「興女學」，其著重的地方在於改造婦女的「無用」與「分利」，變成「有用」與「生利」，而這「用」與「利」指的是對男子而言，尤其滿心救國理想的維新「男」士；然而，秋瑾所倡議的女學，在於培養婦女自營生計的能力，不再需要依附男子，婦女成爲眞正自由獨立的「人」，或者稱之爲「國民」。婦女有了能力扮演一位「國民」，自然就有能力擔負她的國民義務，也就是救國的重責大任，意味著婦女也能和男子一樣，對國家有所貢獻，這貢獻是來自「她」的自由意識，而不是「他」所置設的工具性角色。

〔註16〕須藤瑞代認爲秋瑾自日本返國之後，她的主張重點從國家富強轉移到了女性自立，也因而創辦了《中國女報》，以此刊物來倡議她的女性自立思想。參照須藤瑞代，姚毅、須藤瑞代譯：《中國「女權」概念的變遷：清末民初的人權與社會性別》，頁88。

〔註17〕秋瑾是婦女爲「男子的奴隸」，而陳擷芬則是「奴隸的奴隸」。

〔註18〕秋瑾：〈敬告姊妹們〉。引自李又寧、張玉法編輯：《近代中國女權運動史料1842～1911》，頁434。

二、二元結構中的女性主體

　　秋瑾期望婦女能夠扮演起和男子一樣的角色，藉由婦女男性化的手段，行使她的「天賦人權」，抑或可以說是婦女享有與男子一樣的「天賦男權」；反觀另一方面，金天翮也談「天賦人權」，主張婦女要扮演「國民之母」的角色，婦女透過「國民之母」的形象來恢復她的「天賦人權」，是不同於男子的「天賦女權」。可以看出，無論是秋瑾還是金天翮的「天賦人權」，雖然詮釋角度不同，但同樣都侷限於男女性別的二元架構之中。

　　金天翮倡議的女權是「依附」國家的需求之下，並且必須能夠達到貢獻國家的功能，如此的婦女解放才是有意義的。在金天翮的思維中，強調婦女是「國民之母」的角色與功能，但在「國民之母」的形象中，婦女並不是以「國民」的個人身份而受到重視，而是因為「母職」的角色功能而受到關注。金天翮的「國民之母」概念可以看做是傳統中國社會中「賢妻良母」的延伸，金天翮則是賦予「她」現代文明的改造，將家庭中繁衍子嗣的妻母角色，擴大到國家的層次為國家孕育國民，從家政婦變成救亡母，提升「她」的功能，發揮「她」更大的貢獻，在這過程中「她」可以恢復「她」的「天賦人權」。然而，在「國民之母」討論中的「國民」，更多時候指的是男性國民，因此「國民之母」在晚清社會中雖然賦予婦女新的價值定論，但當中最本質的架構仍然是建構在傳統「男主外，女主內」的範疇中，依然是由男子所主導的權力運作，當中我們看不到婦女個人的主體身份與認同意識，換言之，「國民之母」是否屬於他思想概念中「國民」的一員，金天翮並未有確實的說法。

　　因此，林宗素與陳擷芬從女性主體的觀點，對金天翮的女權論述提出的批判，林、陳二人倡議「女國民」的角色甚於「國民之母」，她們認為婦女的角色並不侷限於「母親」身上，婦女同樣是「國民」的一員，可以盡國民之義務，擔國家之責任，進而享公共之權利，意味除了「生育」的母親角色之外，婦女也可以在國家的公共領域發揮「她」的「女國民」功能。「女國民」的概念便賦予婦女獨立的個體身份，強調婦女的國民角色，因而「她」可以承擔義務，享受權利，這是晚清女權運動中女性意識的自我開展。「女國民」與「國民之母」的不同之處在於「她」是主體身份「直接」為國家提供貢獻，超越婦女在生育場域的母職角色，擺脫男子賦予的婦女工具性的設定，在傳統價值之外重新定位出女性主體的新價值。不過，無論是「國民之母」，還是「女國民」，他們主張婦女貢獻國家的思想態勢，都是將「她」放置在「女性」

的位置上來討論「她」的貢獻。

秋瑾也主張婦女貢獻國家，但「她」的貢獻是要與「他」一樣，對國家擔負同樣的責任義務，因此秋瑾的婦女角色是「盡與男子一樣義務」的「國民」，去除了「女性」的色彩。秋瑾試圖打破金天翮「國民之母」的角色侷限，提倡「盡與男子一樣義務」的觀點，讓婦女的地位不局限於「母」或「妻」的身份，而是和男子一樣。在〈敬告姊妹們〉、〈中國女報發刊詞〉、〈大魂篇〉，甚至是〈勉女權歌〉，〔註19〕這些文章的內容本身並未看到秋瑾直接使用「女權」一詞，但在這些文章卻有明確的「天賦人權」色彩，諸如「上天生人，原沒有男女分別」、「男女平權天賦就」，對於「自由」的追求，這些都是顯示出秋瑾婦女解放思想中「天賦人權」觀點。我們不太看到秋瑾積極在她的文章中提到「女權」一詞，因為她所主張「女權」是跳脫男女的性別框架，以一個「國民」的身份，在盡其義務後而享有真正的「天賦人權」。在秋瑾的婦女解放路線中，可以明確看到在她的理想中，婦女的解放唯有走向「盡與男子一樣義務」的路途，這意味著婦女要有能力扮演和男子一樣的角色功能，男子在這種思維中，從批判的對象變成婦女效法的理想對象，我們可以把秋瑾常做男裝的打扮看做是她內心主張的外在反映，藉由男性化的裝扮，打破生理性別的傳統窠臼，表明「她」的心志能力並不會亞於「他」，宣告「她」與「他」在國民的身份上並不分軒輊，並且有能力可以在國家社會上與之分庭抗禮。然而，婦女解放的做法以婦女男性化做為途徑，這其中某種程度反映出傳統社會裡男尊女卑的心理情結，這樣的做法反而可能會加強了男性中心的權力結構。因為在婦女男性化解放的過程，婦女的成就仍然是以男子的價值來衡量，這反映的是婦女對男性價值體系的認同，因此這種對男性權力規範的認同，在缺乏婦女真正主體的形象與定位的情形之下，某種程度上會間接造成女性主體性的弱化，甚至可能因而消失。〔註20〕

金天翮、林宗素、陳擷芬與秋瑾，他們都強調婦女對國家貢獻的重要性，婦女要脫離男子的依附性，培養獨立自主的能力。然而，比較四人在婦女解放路線的主張，可以看到金、林、陳三人與秋瑾的主張，在性別結構上有明顯的觀點差異。金天翮肯定女性角色的主體存在性，因而提出婦女才能擔負

〔註19〕〈勉女權歌〉題名雖有「女權」，但歌詞未見「女權」一詞。
〔註20〕李曉蓉：〈中國近代女權特色之分析（晚清至五四）〉，《高雄師大學報》第33期（高雄市：國立高雄師範大學，2012年），頁51。

的「國民之母」的主張，婦女擔負起「國民之母」的「母職角色」，進而貢獻國家，恢復其「天賦人權」；而林宗素與陳擷芬在金天翮的基礎上，批判男子主張的「母職」侷限，賦予婦女更多的自主意識，提倡「女國民」的主張，他們的性別觀點都是存在女性的性別角色，從不同面向肯定女性主體的存在；但秋瑾「盡與男子一樣義務」的觀點，卻是否定了女性主體的存在，去除「母」與「女」的性別形象。秋瑾認為婦女必須藉由男性化的過程，變得和男子一樣，才能擺脫「女性奴隸」的生活地位，恢復「天賦人權」，成為一位完整自由的「國民」。

在這裡可以看到金天翮、林宗素與陳擷芬肯定女性的性別角色，秋瑾則是完全否定女性的性別角色，但正反立論的根據卻是相同的二元性別結構。克里斯蒂娃將男女二元性別結構的互動以「象徵」與「表徵」的對應來闡釋，克里斯蒂娃認為，婦女因為處於邊緣的地帶，因此是象徵中心以外的表徵——「他者」（the other）的身份。他者的身份讓婦女可以從中心以外的視角來審視父權體制下主流文化，跳脫象徵秩序的架構來評判父權體制加諸於婦女的價值判斷、約束、行為規準等。他者的身份雖然是邊緣性質的表徵，但卻是一個具備開放與多元特性的位置，可以接納來自其他外在的變化與差異〔註21〕。因此，婦女雖然是位處在一個邊緣性質的位置，但婦女並非只能扮演被主宰與壓抑的角色，婦女可以質疑父權制度所操控的文化規則，不與父權制度採取妥協的態度，而將自身置於一個動態變化的處境，建立起屬於自己的聲音。

在金天翮的觀點中，婦女如同是處在男性象徵中心邊緣的表徵，而婦女的解放變化是依據男性中心的需求（國家民族存亡的憂慮）而運作的，而「國民之母」的理想便是婦女配合男子需求的角色扮演。林宗素與陳擷芬倡議的「女國民」，婦女從邊緣的「他者」身份，試圖打破象徵中心（男子）所建立的界線，從中心之外的視角來審視男性權力體制所建構的價值判斷。秋瑾婦女男性化的話語裡，秋瑾認同男子的價值體系，所以婦女要「盡與男子一樣義務」，換句話說，婦女要脫離男子宰制的方法便是變成男子的一員，這意味著原本是中心之外的表徵（婦女），要脫離邊緣的地位，進入象徵（男子）中

〔註21〕許詩屏：〈克里斯多娃的女性主義思想及其對性別平等教育的啟示〉，《教育研究》第 12 期（高雄市：國立高雄師範大學教育學系教育研究學會，2004年），頁 240。

心，並且接受象徵秩序（男子）所建構的價值體系。同樣的二元性別結構，但對於女性角色的肯定與否，開展出金、林、陳、秋四人的路線論述。秋瑾強烈的男性化訴求，反映的是她對傳統社會加諸在婦女身上的家庭職責的反動，她積極地認同男子的角色形象，希望婦女與男子一樣，因為男子沒有家庭內的包袱，「他」只有國家的責任，「她」若與「他」一樣，便可以擺脫家庭的框架，某種程度也是合理化她對婦女家庭職責的迴避。

第二節　《中國新女界雜誌》：「國民新角色的探索」

　　晚清的女權運動中，除了來自男性知識分子的話語論述之外，部分的知識婦女，因其自身對新事物的接觸與吸收，也開始踐履探索屬於婦女的新形象角色，為女界提供一種效法的路線榜樣。燕斌認為傳統婦女的悲慘地位來自於對男子的依賴，所以強調的婦女的自立自強，因而其更看重婦女的自我角色。呼應燕斌的觀點，張竹君認為男女都是自由的個體，但先天本質卻有不同，因此可以擔負不同的責任義務，其論點因而強調探索婦女個人角色的特點。燕、張二人都具有醫生的職業背景，不同於「無業」的傳統婦女，因而都認為藉由職業的參與是展現婦女獨立自主的最佳途徑。婦女經由職業角色彰顯自己的社會功能，進而實現「天賦人權」的概念，獲得女權的復興，她們的觀點在某種程度上已顯露跳脫國家民族框架的色彩。

一、「五大主義」的新道德倡議

　　《中國新女界雜誌》所追求的婦女解放，開宗明義便是以「五大主義」為宗旨，分別為：
1. 發明關於女界最新學說；
2. 輸入各國女界新文明；
3. 提倡道德、鼓吹教育；
4. 破舊沉迷，開新社會；
5. 結合感情，表彰幽遺。
而綜合五大主義的核心精神便是「女子國民」，燕斌道：

> 本社最崇拜的就是女子國民四個大字，本社創辦雜誌的宗旨雖有五條，其實也只是這四個大字。本社《新女界雜誌》從第一期以後，

無論出多少期，辦多少年，做多少文字，也只是翻覆解說這四個大
字。〔註22〕

燕斌指出《中國新女界雜誌》所刊登的篇章，其大義便是反覆論述說明「女
子國民」的意涵，透過雜誌的刊行而讓中國婦女都能深刻認知與體認「女子
國民」的重要性，而燕斌對於「女子國民」的理想意象，我們可以從雜誌中
〈補天石〉這篇小說作品看出端倪。〈補天石〉分別刊載於《中國新女界雜
誌》第 2、3 期，其內容是契合《中國新女界雜誌》所要彰顯的女性論述議
題，夏曉虹便認為〈補天石〉的作者「媧魂」，極為可能便是《中國新女界
雜誌》刊行者燕斌自身。〔註23〕梳理〈補天石〉角色情節的設計，可以發現
〈補天石〉對晚清女性議題的呼應，此點尤其反應於〈補天石〉文中歷史女
性人物的選材上，從傳統女性規範、纏足、婚姻、婦女參政到婦女建立事業
等等各面向，在〈補天石〉文中都有相對應角色可以映照。從規範到事業，
這些面向的觸及亦和《中國新女界雜誌》的刊物精神息息相關，此即燕斌所
標榜的「五大主義精神」，其所反映的是中國婦女在晚清的時代變化，在革
新女界的過程中來自傳統文化的窠臼限制，這些傳統因素的存在形成婦女解
放的最大困境，諸如女誡的限制、纏足的殘害、媒妁下的不自由婚姻、婦女
不得參政與無法建立自主事業等等，在三從四德的社會架構下，婦女只是男
性社會的附屬品，缺乏自主的能力與地位，而這便是晚清婦女解放運動亟欲
打破的局面。

可以看出燕斌以「煉石」、「媧魂」為名，便是取法「女媧補天」精神，
顯示婦女在面對女界問題的解決能力。在〈補天石〉中，女媧再次彰顯她的
救世能力，透過教化會芳洞的女仙，建構新的「條教」，拯救危殆中的人世女
界。對比於《中國新女界雜誌》，這份刊物的發行便是欲扮演中國婦女的教科
書，藉由這樣的教化作用，讓傳統的婦女對於現代新知有充分的認識，改變
生活的態度，以行教育啟蒙之功效，從而改變晚清一億婦女之新命運。〔註24〕
〈補天石〉中出現的人物角色，在歷史上都由其功過評述，作者選擇這些真

〔註22〕煉石：〈本報對於女子國民捐之演說〉，《中國新女界雜誌》第 1 期，頁 62。
〔註23〕夏曉虹：〈晚清女報中的國族論述與女性意識——1907 年的多元呈現〉，頁
　　　123。
〔註24〕劉青梅：〈清末民初女性期刊中的日本因素——以《中國新女界雜誌》為中
　　　心〉，《內江師範學院學報》第 26 卷第 7 期（四川省：內江師範學院，2011
　　　年），頁 79。

實人物來進行故事的發展，顯然有其特定的訴求與安排；針對婦女解放的議題，藉由現代語言重塑這些歷史人物的既定印象，傳達婦女解放精神，這是透過古人嘴巴說出今人要的道理，是一種利用社會熟悉的歷史文化來傳播新思想的轉化方式。〈補天石〉中，女媧拯救女界的方法是透過重新修訂會芳洞條教以教化女仙，此法對應到真實的世界，作者要表達的是，若要徹底革新中國女界的種種問題，最根本的方法還是要回歸到女性教育的本質。〈補天石〉會芳洞新舊條教如下：

	會芳洞原定條教		會芳洞新修訂條教		類比燕斌五大主義
第一章「才」	第一節	通經史	第一節	窮經史奧旨	發明關於女界最新學說
	第二節	工詩賦	第二節	通科學妙義	
	第三節	善書畫	第三節	富著作精神	
第二章「能」	第一節	解歌舞	第一節	博通技術	
	第二節	精媚悅	第二節	熟諳方言	
	第三節	專寵愛	第三節	文武兼精	
第三章「智」	第一節	揣摩舅姑	第一節	默化頑固之舊習	輸入各國新女界文明
	第二節	籠絡妯娌	第二節	潛輸文明之進步	
	第三節	逢迎男子	第三節	隱消反抗之阻力	
	第四節	離間姬妾			
第四章「雄」	第一節	修飾精美	第一節	施展救時之方略	提倡道德，鼓吹教育
	第二節	服御豪華	第二節	提倡軍國之精神	
	第三節	言詞辯給	第三節	造就偉大之國民	
	第四節	意氣囂張	第四節	操縱全球之形勢	
第五章「謀」	第一節	求非分之財利	第一節	興教育以拯同胞	破舊沉迷，開新社會
	第二節	改正當之行為	第二節	結團體以禦外海	
	第三節	掠他人之名譽	第三節	倡宗教以揭異端	
	第四節	盡表面之義務			
第六章「善」	第一節	求神拜佛	第一節	濟困扶危	結合感情，表彰幽遺
	第二節	齋僧施道	第二節	親仁博愛	
	第三節	吃素念經	第三節	消除社會壓制	
	第四節	戒殺放生	第四節	維持世界和平	

對比新舊條教內容，舊條教可以視為是〈補天石〉作者對於傳統中國婦女諷刺的描寫，而新條教的內容則十分契合《中國新女界雜誌》所提倡科學啟蒙意識的婦女解放思想，也就是燕斌所標榜的五大主義精神。

（一）發明與引進

　　新條教的第一章「才」與第二章「能」，從其字面意涵，與五大主義的第一條「發明關於女界最新學說」最為切合。婦女要廣泛培植自身能力，博通經史、科學、技術、方言等學識，這是婦女為自身創建新學說的立基。燕斌認為要徹底消除舊有的思想觀念，非要有新的學說來取代不可，而這些新學說尤重精神層面的論說，燕斌道：

> 我們自己姊妹還不及早爭這口氣，大家合力起來發明些最新學說，
> 把那害人的舊學說推倒，撞起自由的鐘兒，豎起獨立的旗兒。〔註25〕

　　婦女要能窮經史、通科學、博技術，除卻為了創建新學說之外，另一方面更是在這樣的學識歷程中熟悉自己的文化淵源，燕斌指出婦女解放的觀念雖是來自西方文化的影響，但在中國進行卻未必要全然仿效歐美路線，中西女界的病症有所不同，因而該採取的藥味也不同；盡是移植西方的學說，未必能貼切中國社會當下的真實情形，因此最好的「藥方」還是要中國婦女自身經過望聞問切地深入了解，對症開出真正的藥方。燕斌在〈女權平議〉中提到現今要推翻舊有社會之傳統，進而扶持女權的發展，當下的婦女便要熟知女權的概念意涵與運作規則，並從既有的歷史文化背景，找出有礙女權發展的事端詳加考究，輔以西方女權發展之論證，斟酌參議，最後建構出屬於中國婦女的女權論述，按期步驟，逐步實踐。〔註26〕

　　然而，燕斌雖強調自我創建發明的重要性，但也體認到面對西方的進步，要解決中國女界諸多問題，藥方不可能全靠中國婦女的「自己發明」，她說：

> 中國女界論起學問來上在幼稚時代，專靠自己去發明是趕不及的。
> 〔註27〕

因此，對燕斌來說，除了發明之外，還要「輸入各國女界新文明」，兩者相互進行以建立最適合中國女界的學說，如同新條教的第三章「智」所倡議的默化舊習、潛輸進步等觀念。這種內外兼顧的做法，凸顯《中國新女界雜誌》在面對歐美女權和西方文明所呈現的應對態度，可以看出燕斌期望建構中國本土女權理論的自覺，這顯示在婦女解放運動中的知識婦女，實質擁有獨立思考和價值

〔註25〕煉石：〈本報五大主義演說〉，《中國新女界雜誌》第 2 期，頁 175～176。
〔註26〕煉石：〈女權平議〉，《中國新女界雜誌》第 1 期，頁 22。
〔註27〕煉石：〈本報五大主義演說〉，《中國新女界雜誌》第 3 期，頁 361。

判斷的能力。換言之，《中國新女界雜誌》面對西方異質文化，呈現一種不同的中西文化交流模式。在晚清始於男子的婦女啓蒙運動中，女性知識分子所主張的婦女解放是要建構出適宜中國本土的新學說，如同〈補天石〉裡的女性人物一般的自我反思，表現出女性主體意識的覺醒和崛起。〔註28〕

（二）破舊與開新

五大主義的後三條「提倡道德、鼓吹教育」、「破舊沉迷，開新社會」、「結合感情，表彰幽遺」與新條教的第四、五、六章「雄」、「謀」、「善」，兩者的意涵與《中國新女界雜誌》所標榜的「女子國民」是相互呼應的，而燕斌也以「女子國民」做爲《中國新女界雜誌》的最高核心精神。

新條教中「雄」、「謀」、「善」的內容，其意在於婦女要能夠擔當起國家人民的角色，跳脫男權社會附屬框架，以求「施方略」、「倡精神」、「造國民」之開展，進一步達到「拯同胞」、「禦外海」、「揭異端」的功效，因爲婦女是培養國家社會發展的核心推動力。婦女同樣屬於國家社會的一份子，當婦女可以擔負起她做爲一個國民責任義務時，就可以爲國家社會奠定富強的基礎。當婦女在發明新學說與引進新文明的過程中，隨著在素質與學識的增加，可以發揮新道德，活躍新思想，破除舊有的規俗與成見，爲國家社會開創新的局面，如同〈補天石〉中會芳洞三位洞主在看新的條教時所言：「如果能照這條教做起來，眞要造成五千年未有的新女界了」，而「新女界」正是這份刊物所標榜與期望的最終目標，即是「中國新女界」。因此，新條教的內涵與燕斌倡議的五大主義相互契合，二者所標示的精神便是中國新女子在新道德與新學說的內涵下，創建中國女界的新面貌。燕斌言道：

> 以慈惠博愛爲第一要旨，而又持己要高尚，應事要謙和，凡一切交際，
> 總須保護自己的人格，亦須敬重他人的人權，就是對於親族骨肉，也
> 是一個樣子，這樣方算是二十世紀的女子新道德呢。〔註29〕

燕斌還提到，新道德的本質雖是「根於心性」，但最終能夠發達的動力卻實是「基於教育」，因此中國婦女要能夠達到「雄」、「謀」、「善」的境界，必須養成自身「才」、「能」、「智」的基礎。所以，在〈補天石〉中，曹大家與宋宣

〔註28〕 李春梅：〈女性主體建構的初步嘗試——論《中國新女界雜誌》的女權思想〉，《社會科學家》第 3 期（廣西壯族自治區：廣西《社會科學家》編輯委員會，2010 年），頁 137。

〔註29〕 煉石：〈本報五大主義演説〉，《中國新女界雜誌》第 4 期，頁 587。

仁后重新修訂了會芳洞的調教規範，做為會芳洞女仙再教育的核心宗旨，這樣的情節設計背後所喻含的意義在於，要革新中國女界的紕漏，最關鍵的方法還是對於傳統婦女的重新教育，以新的教育觀念重新塑造中國婦女素質。《中國新女界雜誌》便是想要扮演這樣的媒介功能。《中國新女界雜誌》大量引介了西方當代「最新」的知識學說，涵蓋了醫學、教育、衛生、家政、化學、工藝等與日常生活相關的科學知識。這種大量介紹生活科學的文章，反映出《中國新女界雜誌》十分積極地欲扮演中國婦女的教科書角色，讓傳統的婦女對於現代科學有充分的認識，改變生活態度。

在回觀中國歷史與探究西方社會的雙重脈絡下，針對晚清當下的中國社會，為女權發展訂定方針，分其次第，期以實行，進而提升女子國民的素質，達到婦女解放的最終目的，燕斌提到：

> 今欲推翻已往之腐敗社會，扶植女權，催其達，當首令吾女同胞，
> 知女權之原則，與女權之設施，及女權之將來；次宜就中國歷史上
> 之性質，所以妨害於女權之故，精研而深究之；證以歐美之事實，
> 斟酌損益，以定吾中國提倡女權之方針，分其次第，期以實行，而
> 後中國女權之發達，可企而待矣。〔註30〕

燕斌強調婦女無論是在物質上或精神上，都要戮力於新知的學習，而不僅僅只是單方面西方的移植，更要能夠創造屬於中國婦女的進步。因此，對傳統的文化要去蕪存菁，建構屬於中國婦女的力量。婦女要培養自身具備學問知識與經濟自處的能力，而燕斌便以此標竿做為新女子在新世紀所應具有的「新道德標準」，並以此標準替換傳統社會貶抑婦女與服從性質的「閨制」舊道德。燕斌強調新道德以「慈惠博愛」為主要的宗旨，婦女要展現自我高尚的要求，謙和的待人處事；面對社會的人際往來，婦女要保有自身人格的獨立性，並且尊重他人的人格，就算是面對自己家族的親人也保有相同對樣態度，而這才是新女子在新時代所該展現的自立之道，也是新道德的具體實踐。〔註31〕

二、探索自由與自立的女性個體

《中國新女界雜誌》強調婦女要自立自強，如此才能擁有自尊與自由，而為了達到這個目的，婦女求學接受教育是必要的。呼應這樣的主張訴求，《中

〔註30〕煉石：〈女權評議〉，《中國新女界雜誌》第1期，頁22。
〔註31〕煉石：〈本報五大主義演說〉，《中國新女界雜誌》第4期，頁587。

國新女界雜誌》刊載了很多篇關於女子教育的文章，廣泛介紹了美國、歐洲、日本與中國自身在女權運動的發展與實況，這些精闢的議論文章對於促進中國婦女啓蒙發揮了一定的功能。

在《中國新女界雜誌》第 5 期有一篇〈金匱許玉成女士對於女界第一次演說稿〉，這篇議論文針對「自由」的權利觀念，從「自尊自貴」、「自輕自賤」來解說這項「天賦人權」的意涵。許玉成在這篇的演講稿指出人的自尊之高貴，在於能夠維護自己的自由權利，她提到：

> 什麼叫做自尊？就是能夠保存了自己的自由權。這自由權是無論男女只要有知識，是一個人，就該應有一分自由權，這自由權是神聖不可侵犯得的。既然這自由權是神聖不可侵犯，這就是事理之中最尊貴的了。所以一個人能夠保存了自己的自由權就是自尊，能夠自尊，自然就是高貴人。〔註32〕

自由是神聖不可侵犯的「天賦人權」，倘若無法保護自己的自由，失去自己作主的空間，必須依賴於別人，服從別人的指示，導致自己權利的全部喪失，便是無法自尊，而是自輕的低賤之人。許玉成意有所指，認為中國婦女不該放任男子對其自由的侵犯，否則婦女便無法擺脫「輕賤」的標籤，因此婦女必須「自尊」方能「自貴」，她說：

> 要自尊，必定要先得有了自由的權利，要得這個自由權利，必定要先追求這個自由的資格。這個自由的資格，如何求法呢？我想也只有一個法子。是什麼法子呢？不過大家求學問就是了。〔註33〕

換言之，婦女要享有真正的自由權利，婦女要有自立的能力，而培養這份能力唯有透過教育才能達到目的，婦女有了學識能力，才能維護自己的自由，追求男女之間真正的平等。另一篇在《中國新女界雜誌》第 3 期刊出的〈興女學〉也提到同樣的觀點：

> ……然昌言興教育而不揣其本，豈不殆哉？其本惟何？曰女子是。揣本者何？曰興女學是。〔註34〕

此文認為歐美文明之強盛在於「女學振興，教育發達」，以女學之興盛與否反

〔註32〕 〈金匱許玉成女士對於女界第一次演說稿〉，《中國新女界雜誌》第 5 期，頁779。

〔註33〕 〈金匱許玉成女士對於女界第一次演說稿〉，《中國新女界雜誌》第 5 期，頁784。

〔註34〕 佛群：〈興女學說〉，《中國新女界雜誌》第 3 期，頁358。

映國家之盛衰。女子要有能力擔當國民的義務，要能具備相當程度的科學與學問，並且可以彼此相互扶助，如此才有能力去爭女權的自尊與自立；曾被《中國新女界雜誌》刊登文章的張竹君便曾公開演說這樣的主張，極力呼籲婦女要鑽研有用的科學知識，用具體的學問與技能去爭取女權，張竹君在演說表示：

> 吾輩女子，夙昔潛處於男子肘腋之下，今欲脫出他人之肘，顧乃群聚肘下，而謀求去之方，胡其戾於理之甚。余考其故，則知其受病之原，在於學之不足。學不足，斯不能自立，不能自立，而求出肘下，與男子立於同等之地位，是猶航斷港而求達于海，終於無功而已矣。〔註35〕

張竹君認為要改變當前社會的弊病問題，必須廣泛地推行有用的科學教育，中國婦女尤其迫切。婦女必須自立自愛，改變依賴的陋習，戮力於學問的學習，相互扶助以結團體，如此才能不使婦女的自尊自立陷於空論的探討，婦女必須參與實業振興的經濟活動，因為婦女只有經濟能夠真正的自立，才能爭取女權真正的自立，因此實業即為婦女自立之首要基礎。

　　張竹君從國家與個人兩個面向，來探討婦女不能自立所產生的危害。在國家層面，婦女若無自立生活的實業技能，她便必須仰賴男子的供養才得以生存，家庭生計便全依賴在男子身上，生利少而分工疏，導致家庭經濟容易陷入困頓，人人因而重視家庭而忽略國家，這種狀況會導致國家陷入危境當中，就算沒有列強的瓜分入侵，國家也難敵社會進化的淘汰。就個人而言，單存依賴於男子的供養，在男子一方死亡或離去時，婦女便喪失了經濟來源，沒有了生活的依靠，會使自己以及子女陷入生活的困頓，而婦女往往為了生存的所需而鋌而走險。

　　晚清婦女所涉及的刑事犯罪事件，以經濟犯罪相關者為最，佔了全數婦女犯罪的多數。從經濟犯罪的向度反映出晚清社會經濟謀生的壓力之大，而婦女在傳統依賴者的角色所感受到經濟壓力便更加地顯著，這是晚清社會變遷中的一種必然趨勢。探究婦女犯罪之最的經濟犯罪事件，反映了婦女在經濟活動上的弱勢。清末已婚婦女從事經濟犯罪的主因，大多源自於家庭因素，家庭的貧困與關係破裂是導致婦女鋌而走險的主因。婦女經濟犯罪的主因是

〔註35〕〈記張竹君女士演說〉，《警鐘日報》（1904.05.20）。參照李又寧、張玉法：《近代中國女權運動史料1842～1911》，頁1383。

貧困，而整體晚清社會的國窮民弱則是造成人民個體貧窮的主因；已婚婦女若是與夫家發生關係破裂，首先便是面臨經濟頓失依靠，這使得婦女更容易藉由犯罪活動來解決自身的經濟問題，這些因素都與婦女面臨的直接的經濟壓力密不可分。再從婦女的教育背景來看，婦女犯罪者多數是文盲，教育程度低落與經濟貧困使得婦女缺乏教育機會；教育缺乏進而使婦女無法在經濟上取得較好得資源或待遇，進一步無法改變經濟的貧困問題，彼此循環相生，導致婦女的缺乏法律認知而盲目犯罪。對此，張竹君認為婦女陷入無知與貧困的循環危境，除了傳統社會的男子壓制之外，婦女自己的放棄也是主要原因，因為婦女放棄求學自立的能力，她說：

> 不知學，故志慮淺薄，無以以周知天下之故。不能群，故痛癢不相關，平居既不能有樂群之益，猝有憂故，又不能為將孤之呼。芸芸以生，有同孤立，腐敗若此，渙散若此，不能自振，又何足怪。〔註36〕

因此，為了克服婦女這樣的缺點，張竹君認為婦女必須厚潔團體以達自立，透過團體組織來實現女權目標，這種團體思維在秋瑾、燕斌、陳擷芬等人也都有志一同地強調，反映出晚清知識婦女在思維上一種潮流與進步。

女性能夠自立營生，是擺脫依賴男子的唯一出路，也完整掌握自己自由的唯一途徑。當婦女能夠確實擁有自己的自由，她才有機會跳脫傳統家庭的藩籬限制，在社會扮演一個完整的國民角色，盡義務與享權利，為她自己建立她的事業。在〈補天石〉的小說中，有一位短暫出現的經緯司次官馮嫽，便是在西漢時期三次出使西域烏孫的女外交官，憑藉著威望與才幹，為漢室與烏孫的外交建立友好的關係。做為史上第一位女性外交使臣，馮嫽成功的事業功績，正是《中國新女界雜誌》所提倡的自立精神。補天府經緯司次官的「經緯」一詞，有規劃、治理之意，正符合馮嫽在西漢外交史上所扮演的實質角色。除卻馮嫽之外，在〈補天石〉中提及的趙威后（政治）、花木蘭（軍事）、上官婉兒（文學）等人，都在家庭之外，在不同方面有所經營。除了中國的典範之外，《中國新女界雜誌》亦提供了不少關於西方婦女建立事業的傳記報導，如〈創設萬國紅十字看護隊者奈挺格爾夫人傳〉（Florence Nightingale，1820～1910，第 1、2 期）、〈美國大新聞家阿索里女士傳〉（Margaret Fuller Ossoli，1810～1850，第 1 期）、〈美國大教育家梨痕女士傳〉（Mary Lyon，1797

〔註36〕張竹君：〈女子興學保險會序〉，《中國新女界雜誌》第 4 期，頁 575～576。

～1849，第 2 期)、〈法國救亡女傑若安傳〉(Joan of Arc，1412～1430，第 3
期)、〈大演說家黎佛瑪女士傳〉(Mary Livermore，1820～1905，第 4 期)、〈英
國小說家愛里阿脫女士傳〉(George Eliot，1819～1880，第 4 期)、〈博愛主義
實行家默德女士傳〉(Lucretia Mott，1793～1890，第 5 期)、〈俄國女外交家
那俾可甫夫人傳〉(Olga Novikoff，1840～1925，第 6 期)、〈法國新聞界之女
王亞丹夫人傳〉(Juliette Adam，1836～1936，第 6 期)。這些傳記篇章的刊出，
其作用是做為「中國新女界」的取法典範。傳記中的歐美傑出婦女，個個出
入於社會廟堂之上，在外交、教育、慈善等個社會層面發揮「她」的影響力，
立裨於社會，創益於國家，足堪擔任中國「女子國民」具體效法的精神導師。
從中可以看出，《中國新女界雜誌》對於女性典範的追求，明顯已經去除了「賢
妻良母」的家庭女性楷模，而是聚焦在對國家社會的影響力，這是《中國新
女界雜誌》提倡的「女子國民」精神追球是相吻合的，即是以「廣博慈愛」
做為女子國民的新道德，透過這些偉大婦女的事蹟和成就達到教育的效果，
使得當下的中國婦女能夠脫離「大門不出、二門不邁」的制約，邁步社會，
建構自身的能力事業。

三、社會性別的破除

　　社會性別 (gender)，意指社會文化對不同生理性別的人在行為表現上有
不同期待，而這些期待透過各種人為的制度與形式，使得個人和群體在行為
上充分體現這些期待。身處社會中的人，行為表現被這些外在期待所制約，
性別的角色與功能便在這些期待中被建構出來。社會性別的規範範圍延伸至
個體生活的每個角落，從日常生活、社交人際、子女教育等各方面，無不透
過各種約制確保每個個體按照社會性別的規範來行事。傳統社會所規範的男
子通常是佔據主導地位的，而婦女則是附加的從屬；男子屬於公共社會空間，
從事社會勞動，具有統治地位的合法性，婦女則是屬於家庭的私人領域，專
責家庭事務，這樣的二分法區別了男女的主從階級，成為社會性別結構的關
係基礎。這種關係確立一種社會機制，決定男女雙方的生活準則、文化系統，
並且確定內化成為到社會全體的集體意識，使之成為一種「天然」機制，無
從反對與質疑。

　　燕斌對於這種「人為的天然性」提出批判，她在《中國新女界雜誌》第 1
期的〈女權評議〉一文中提到：

> 男女兩字，非本身的徽號，乃人定之代名詞也。〔註37〕

短短 18 字便道出性別之認定與建構是來自於後天人為的因素所影響。燕斌認為男女之間存在的權力、階級、壓迫，這些差異都是後天人為的約定俗成，既是人為所立，那便可以人為改變。因此舉凡夫婦名姓、婚姻嫁娶、男剛女柔、男尊女卑、男外女內的習慣傳統盡可變異，而傳統觀念上的「夫婦之定義、陰陽之至理、天經地義之長，則遵是以往，浸以成俗，雖至今行之亦可也。」〔註38〕燕斌指出男女性別的氣質特性源自於社會制度的運作所形成，顯然中國婦女處於長期壓迫的地位便是出自於社會運作的結果。對此，《中國新女界雜誌》雖然沒有建立出自成一格的理論體系，但梳理其論述內容，仍然可以發現其所呈現的獨創性與超越性。〔註39〕

因此，婦女要改變傳統社會所建構出來的「依賴之根性」，破除依賴男子而活的心理習性。為了使婦女能夠達到「真正的自立」，這種自立便不能建構在男子的讓予。燕斌認為婦女有能力自立生存，前提是婦女要具備相當程度的學問知識，如此才能彼此相互扶助，爭取婦女的自尊與獨立；為了使婦女的自尊自立不限於文字的空談，婦女必須要有參與實業經濟活動的能力，因為婦女只有經濟能夠真正的自立，才有爭取女權真正獨立的空間，因此燕斌強調婦女參與實業經濟是婦女自立的首要基礎。因此燕斌在其創辦的《中國新女界雜誌》中大量引介當時「最新」的科學新知，層面含括了醫學、教育、衛生、化學、家政、工藝等日常生活息息相關科學知識，扮演起晚清婦女教科書的角色，分期次第，期以實行，進而提升晚清婦女的國民素質。燕斌道：

> 所以本報提倡女權，是要指望大家先從真實學問入手，然後從事於各種事業。〔註40〕

燕斌做為《中國新女界雜誌》的發行人，其報刊內容自然呼應她的主張。不同其他同時期的女性報刊，《中國新女界雜誌》特重婦女日常與實業生活的介紹，除了大量的科普文章外，亦有專門介紹世界各國傑出的實業婦女，這種

〔註37〕煉石：〈女權評議〉，《中國新女界雜誌》第 1 期，頁 24。
〔註38〕煉石：〈女權評議〉，《中國新女界雜誌》第 1 期，頁 24。
〔註39〕李春梅：〈女性主體建構的初步嘗試——論《中國新女界雜誌》的女權思想〉，頁 137。同樣的觀點劉人鋒亦曾提及，劉人鋒：〈改造舊女界，建設新女界——《中國新女界雜誌》的婦女解放思想探析〉，《宜賓學院學報》第 8 期（四川省：宜賓學院，2008 年），頁 9。
〔註40〕煉石：〈美國女界之勢力〉，《中國新女界雜誌》第 1 期，頁 101。

將日常生活相結合的科學啓蒙意識，正是從女性視角建構婦女自立的獨立展現。燕斌在〈女權平議〉的文末提到：

> 彼歐美女權之所以能強半，恢復後於吾國之前者，以其得力於宗教
> 上平等等博愛之主旨爲之調和故，其受毒於男界之壓制尚淺，得待
> 保全本然之人格，舉一切姻婚之自由，學問之自由，生業之自由，
> 皆未曾爲男子所專利，故不難漸趨於平等之域耳，嗟嗟女同胞，勿
> 謂歐美之女權爲其獨有，吾輩不可以企及也，彼亦女子，吾亦女子，
> 雖種族之不同，自造物視之，則同爲爲女子而已，彼既能復女權於
> 既往之時，吾豈不可復於未來之際，而況女權者並非造物之所禁，
> 且爲吾所固有者乎，語曰不自由，勿寧死，吾竊一易説曰，女權不
> 復勿寧死，此女權之原則也。〔註41〕

燕斌認爲中國婦女應該效法歐美婦女，爭取自身在婚姻、教育、經濟的自由，使國家社會達到眞正的男女平權，恢復婦女的「天賦人權」，從一個依賴的人變成一個完整的自由人。張竹君也提到相同的論點，她在《中國新女界雜誌》的投書便提到：

> 其術無他，未蹈斯險，則預防之；既蹈斯險，則拯救之。修智育以
> 求自治，習工藝以求自養，聯同志以求自鏡，此預防之術也。凡吾
> 女界之顚連而莫告者，孤寡孤獨而不克自治者，則協力以匡濟之，
> 此拯救之術也。〔註42〕

張竹君將婦女視爲一個自由個體，只要婦女有接受學識教育的機會，婦女也可以和男子一樣承擔「各自的國民義務」。在這裡，張竹君強調的是不同個體的自我特色，婦女可以擔負國民義務，但未必要和男子一樣，張竹君便曾對婦女從軍提出批判：

> 縱今日所編之女子軍隊，俱能挑挑選合格。而就生理上切實言之，
> 比較男子，相差終遠。況今日之女子軍隊，半皆大家閨秀，讀書明
> 理之儔，雖未至貽譏文弱，而欲與強悍之北軍，決鬥於疆場，不必
> 論其勝負。〔註43〕

〔註41〕煉石：〈女權評議〉，《中國新女界雜誌》第 1 期，頁 26。
〔註42〕張竹君：〈女子興學保險會序〉，《中國新女界雜誌》第 4 期，頁 576。
〔註43〕張竹君：〈論組織女子軍隊〉，《婦女時報》第 6 號（1912.05）。引自須藤瑞代，
　　　　姚毅、須藤瑞代譯：《中國「女權」概念的變遷：清末民初的人權與社會性
　　　　別》，頁 94。

這種觀點不同於秋瑾的「盡與男子一樣義務」，張竹君不認同婦女要做到和男子一樣的「工作」，反對婦女男性化，她認為婦女可以從自身的職業實踐來體現婦女的獨立特性，在運作的過程中擔負婦女的義務，從而獲得和男子一樣權利，實現所謂的「天賦人權」。

燕斌與張竹君婦女自立的呼籲，其目的在批判與打破傳統婦女依賴的社會根性，為婦女描摹新的社會形象，透過自身的實踐與探索，〔註44〕提供一種新的效法榜樣。她們所關注的是婦女要成為自立的「人」，而這個「人」的存在是透過扮演具有個人特色的社會角色來呈現。燕斌與張竹君看中的是「她」的個人存在價值：婦女擁有人群之母的特性，因此她可以擔任「國民之母」，但這並不是必須與唯一的選擇途徑；婦女有其自然的生理特徵，與男子自然不同，因此婦女更沒有必要透過男性化來獲得權利。燕、張二人強調身為「人」的自由，男子與婦女同是一個自由的主體，人人都可以自立自強，在「新社會」中扮演適合自己的「新角色」，因此張、燕二人的「天賦人權」是無關二元性別的，二人對於婦女的性別角色也沒有既定的二元框架，婦女建構純粹的社會新角色，而在這新角色的探索當中，獲得真正的女權。

《中國新女界雜誌》強調婦女人格獨立的重要性，打破社會的性別建構，從而去彰顯婦女在社會中的適合角色，在國家的需求之外，更加看重個人社會角色的自由，也就是塑造獨立自主的實業女性主體，這樣的觀點有別於主流論述對婦女必須迎合國家民族需求的論調。從燕斌與張竹君的話語來看，她們凸顯的是知識婦女在男子主導的論述路線之外，在「國」與「家」的範疇之外，尋覓一種適合中國婦女在新時代中獲得解放與建構自立的道路，從中可以看出她們對建構符合中國婦女解放理論的自覺呈現，顯示出在晚清婦女解放的運動中，有機會接觸新事物的知識婦女表現出獨立的思考與判斷能力，這是一種女性主體意識覺醒和發展的突破。知識婦女對女性主體的權利責任的意識認知，以及獨立人格的探求，在晚清國家框架下的婦女解放運動中，雖然沒有主流話語的巨大聲響，在她們訴求的路線主張卻是十分清晰的，反映出知識婦女面對社會變化所呈現出來的反思與覺察，在男子帶頭並主導的婦女解放動中，她們探索出更貼近婦女真實需求與生命經驗的婦女解放，顯示出她們在獨立思考與實踐能力的自尊與自信，這意味著她們對於自我的價值已經有了相當程度的自覺，這便是晚清知識婦女對自我主體意識的覺察展現，而她們的探索過程與努

〔註44〕燕斌與張竹君兩人都具備醫生的「職業角色」。

力，也成爲往後的新女子建構提供一種新的意象與資源。婦女社會新角色與「天賦人權」的結合，這說明了燕斌與張竹君對於女權的話語試圖解除二元性別的對立架構，追尋建構在個人特色基礎上的社會新角色，這反映出面對新時代社會變動需求的必要性，因爲不只婦女應該探索在新時代中的新角色，同處在新時代的男子也同樣面對男性新角色探索的需要與迫切。

　　性別被認爲是被社會制度所建構出來的，此一觀點在後來的研究者都認爲具有時代的超越性。燕斌對女性角色的建構提出了社會性別的觀點，其雖未有提出關於社會性別理論的具體概念或說法，但其的確已經意識到社會運作在建構性別認知上所扮演的影響力。事實上，當代對女性主義的研究便指出，傳統文化中心的主流意識形態，透過男權的實踐運作，建構出男女之間不同的性別角色與氣質呈現，即在社會心理層面劃分出男女之間的差異，而這建構出來的差異經歷過千年來的社會化過程，不管是對男子還是婦女，都刻畫出男女特定的社會化氣質，是故男子與婦女都是社會化的產物。「女人並非天生就是女人」，這是五〇年代女性主義大家西蒙・波娃在其著作《第二性》（ *Le Deuxième Sexe* ）的主張，燕斌早了近半世紀便道出類似的概念。因此，透過發表在《中國新女界雜誌》的論述篇章，可以看出燕斌對當時西方異質文化的態度，她的主張對晚清中國與西方在文化接觸的交流方式起了一定的影響；可以說，在晚清由男子提出婦女解放的主流論述裡，身爲婦女代表之一的燕斌，也從女性知識分子的角度提出屬於婦女的解方論述，彰顯女性知識分子在晚清一連串婦女啓蒙運動的崛起，呈現出一種不同於主流的立場視角，對於婦女的社會角色有更深刻敏銳的追問與探求。

第三節　《天義報》：「脫離國家的無政府視角」

　　如果說《中國新女界雜誌》的婦女解放觀點，已顯露跳脫國家民族框架的色彩，那何震在《天義報》的主張則是更進一步，她的論點是徹底擺脫女權運動與國家體制的關聯。何震從無政府主義的思想出發，根本否定女權復興與國家民族之間的關聯性，甚至更進一步認爲國家民族的框架反是妨害女權發展的阻礙之一。《天義報》強調婦女要自我醒覺，解放自己，在這方面的論述與《中國女報》、《中國新女界雜誌》的女性自主觀點是一致的，但《天義報》所關注的婦女解放，是更加靠近女權的原本面目，是更爲純粹天賦人權的婦女解放。

一、訴求「絕對平等」的主張

　　《天義報》一開始是做爲「女子復權會」的機關報刊，從無政府主義的角度來推動婦女革命論的觀點，何震便是「女子復權會」的核心人物。「女子復權會」主張進行女界革命，以追求眞正的男女平等，這是出於無政府主義的觀點，訴求消除一切差別，實行人類的絕對平等。《天義報》從無政府主義的觀點強調婦女解放在社會革命中的重要意義，因爲婦女解放是社會革命的前提，因此針對中國傳統社會，何震從「天賦人權」的角度揭露了中國傳統社會對婦女壓制與迫害，倡議男女平等，她說：

> 蓋無政府之目的，在於人類平等，及人無特權。若男女平等，亦係人類平等之一端；女子爭平等，亦保抵抗特權之一端，並非二主義相背也。特無政府主義，不僅恃空言也，尤重實行。〔註45〕

對於傳統的中國婦女而言，要做到這一步最先決的關鍵便是婦女的自我覺醒，因此「女子復權會」在督促婦女覺醒上的作風要比同時期的女性團體來得更爲強硬，關於這一點可以從「女子復權會」的簡章看出：

> 一、宗旨：破盡女子對於世界之天職，力挽數千載重男輕女之風。
>
> 二、辦法：對於女界之辦法有二：一曰以暴力強制男子，二曰干涉甘受壓抑之女子。……
>
> 三、規律：……。不得服從男子驅使。不得降身爲妾。（以下三則，均指未嫁之女言）。不得以數女事一男。不得以初昏之女爲男子之繼室。
>
> 四、道德：……。
>
> 五、權利：入會之後，所享權利有三：凡已嫁之後，受男子之壓制者，可告本會，爲之復仇。由因抵抗男權及盡力社會而死者，本會爲之表章。由因抵抗男權及效力社會而危險者，有受本會救濟及保護之權利。
>
> 六、義務：……一、結婚、離婚，均當報告本會。……〔註46〕

〔註45〕 〈社會主義講習會第一次開會記事〉，《天義報》第 6 期。引自萬仕國、劉禾（校注）：《天義‧衡報》，頁 310。

〔註46〕 〈女子復權會簡章〉，《天義報》第 1 期。引自萬仕國、劉禾（校注）：《天義‧衡報》，頁 581～582。

明顯可以看到，「女子復權會」針對的革命對象是傳統上壓制婦女的男子，這份簡章的觀點與《天義報》的主張一樣，都是以男女絕對平等為訴求，以此做為女性革命論的核心，批判傳統社會男尊女卑的不合理性，同時倡議婦女要擺脫對男子的依賴習性，能夠自主獨立生活。〔註47〕何震認為婦女應該主動力爭達到婦女解放，實踐真正的男女平等，為達此一目的，甚至不惜暴力以對，她說：

> 特以女子之職務，當由女子之自擔，不當出於男子之強迫；女權之伸，當由女子抗爭，不當出於男子之付與。若所擔責務，由男子強迫，是為失己身之自由；所得之權，由男子付與，是為仰男子之鼻息。名為解放，實則解放之權，屬於他人，不過為男子所利用，而終為其附屬物而已。〔註48〕

因此，婦女在自我解放，恢復平等地位的過程中，為了對抗權力衝突的男子一方，暴力以對是何震認為無可避免的作法。

此外，何震在〈女子復仇論〉一文中，從學術思想與道德義務多個方面，指出傳統社會男尊女卑的不合理性。這篇連載於《天義報》第2、3、4、5、8～10期的長文，明確梳理在傳統文化中，以儒家思想為尊的學術體系如何地壓迫婦女，揭示了儒家經典歧視婦女的學術本質。她說：

> 上古之世，男子以學自私。既以學自私，由是一切之學術均發明於男子，故三代之書均含有輕女重男之說，此則男子自私之心也。
> 〔註49〕

何震指出傳統中國思想主張男女有別的觀點，因此在這樣觀點下的社會生活與文化活動便都依循這樣的規範，而父權社會的機制讓男子得以掌握運作實踐的權力機制，之後各種學術著作論述都是在加強父權體制的運作與鞏固，因此何震認為中國傳統學術思想的作用，是男子用來謀求私利的手段，在「獨尊儒術」之後，重男輕女之現象尤其嚴重，因為在何震看來，儒家的三綱五常便是男子限制婦女自由的枷鎖，目的在使婦女成為依賴男子的附屬品；再

〔註47〕周翔：《《天義》雜誌研究》（北京市：中國社會科學院研究生院碩士論文，2012年），頁24。

〔註48〕震述：〈女子解放問題〉，《天義報》第7、8～10期。參照萬仕國、劉禾（校注）：《天義‧衡報》，頁138。

〔註49〕震述：〈女子復仇論〉，《天義報》第2、3、4、5、8～10期。引自萬仕國、劉禾（校注）：《天義‧衡報》，頁57。

加上「失節事大」的「終一」觀念，這些傳統的學術思想不啻成為殘害婦女的無形刑具，即謂「禮教殺人」。另一方面，對婦女在道德義務上的要求，傳統社會要求婦女性情柔順，專事家務，並且要有不妒之心，何震認為這是男子以一種雙重標準的限制來制約婦女的自由，她說：

> 蓋男子惡女子之抗己，由是，立柔順為美名，女子之實行柔順者，若宋共姬漢桓少君孟光之流，均稱為賢女。而於男子之行柔順者，則斥為妾婦之道。既知柔順非善德，而又責女子以柔順，豈非屏女子於人道之外乎？……蓋家事之勤，非男子所能勝，乃以僕隸之職屬之婦人。又恐其干涉男子之事也，乃以夫人無外事之說，削女子天賦之權。……男子自處於佚而責女子以勞，……男子自處以智而陷女子於愚，豈非不公之尤者乎？……蓋古人所定之制，既已一夫多妻，又恐女子不甘事多妻之夫也，由是以嫉妒為惡德，以不妒為婦道，豈非男子故為此說以縱一己之淫耶？〔註50〕

男女有別的社會基礎，不僅創造個別的社會身份，伴隨而來的是不同身份的權力基礎——支配者與被支配者的劃分，而歷史文化的演變便是將這個機制不斷予以加強與深化。婦女受到禮教的束縛，行為舉止都有規範來限制，社會地位遠低於男子，婦女有責任義務，卻沒有權利自由，這種情形體現出傳統社會中的不平等現象，而傳統社會的學術思想與道德義務卻是將這種不平等現象予以合理化，使之成為男女地位的絕對差異，牢不可破，造就了中國婦女的悲慘命運，何震說：

> 所謂是非者，強者所定之是非也，強者之對於弱者，凡權力所能制者，制以權力；權力所不能制者，制以道德。權力制人於有形，道德制人於無形。使無量之人屈服於空理之下，莫敢抗己。強者何其智，弱者何其愚！此真所謂空理殺人矣！〔註51〕

可以看出何震明確指責傳統社會「禮教殺人」，早於民初新文化運動的「打倒孔家店」，開了新文化運動對儒家批判的先河。

何震在《天義報》明確批判傳統社會對婦女的壓迫，但與主流的婦女解

〔註50〕 震述：〈女子復仇論〉，《天義報》第 2、3、4、5、8～10 期。引自萬仕國、劉禾（校注）：《天義·衡報》，頁 60、63、64。

〔註51〕 震述：〈公論三則·道德與權力〉，《天義報》第 1 期。引自萬仕國、劉禾（校注）：《天義·衡報》，頁 48。

放論者不同的地方在於，除了何震具有強烈的無政府主義思想之外，《天義報》對傳統的抨擊亦從傳統文化中尋找論述的根基，其在首期的開篇是一幅〈女媧像並贊〉的書畫，在圖中並書道：「於穆媧皇，厥姓惟風。斷鰲足，殺黑龍，先禹有功抑下鴻，辟除民害逐共工。是宜報功崇德，與軒羲並隆。」〔註52〕何震凸顯在歷史淵源中婦女對人類曾經擁有的貢獻，形象化地表達出其對男女平等的思維特性，因而在此「女媧」成了何震論及中國女權的一個源頭。劉慧英認為相較於當時取經歐美「真理」的作法，何震嘗試從她熟悉的傳統文化去尋找反傳統的契子，而女媧正是符合這樣的一個形象。以女媧做為女權的代言人，何震在中國歷史中汲取那些非主流思想中關於性別平等的萌芽，並以此來奠基其論述的根據與素養，諸如在《天義報》初期刊出一群近代前期的思想家對於反禮教、主張性別平等的論述，如李贄（1527～1602）、唐甄（1630～1704）、戴震（1724～1777）等，與主流女權運動者專執於西方真理不同，《天義報》在傳統文化中找尋那些曾經存在，但偏離主流文化的男女平等思想，嘗試以此做為理論的根據基礎。〔註53〕借用「女媧」的形象來論述，此點與燕斌在《中國新女界雜誌》刊物篇章屬名「煉石」的用意是相同的。女媧煉石補天的形象，表達中國女界對自我拯救的期盼，以期創造中國婦女的新命運，女媧變成了何震與燕斌在女權運動過程中的原型，燕、何二人的出發點雖有歧異，但都有以女媧在歷史文化探源中搜索婦女解放立論的依據。另一方面，夏曉虹認為刊登在第 8～10 期合刊中〈天義之證定〉一文，也是一種在傳統文化中尋找根基的做法。夏曉虹指出〈天義之證定〉由社會革命漸次推論女界革命的論述，是一種基於傳統儒家經典的思維根基所產生的推理，這種根源於儒家經典的思維向度在晚清的女性論述是相當普遍存在的。〔註54〕從另一方面來說，〈天義之證定〉得到何震等編者「甚饒精理」的評價，可見對其論述的贊同，從中可以看出社會革命到男女革命的運動軸線，因此何震獨鍾於女界革命的思路論述是其來有自；而何

〔註52〕 何震：〈女媧像並贊〉，《天義報》第 1 期。引自萬仕國、劉禾（校注）：《天義・衡報》，頁 3。

〔註53〕 劉慧英：〈消失在歷史迷霧中的「女界革命」──何震和《天義》報〉，《雲夢學刊》第 3 期（湖南省：湖南理工學院，2010 年），頁 8～9。

〔註54〕 夏曉虹：《晚清文人婦女觀（增訂本）》，頁 157、169。前者：「（蔡元培）雖治新學，然崇拜孔子之舊習，守之甚篤。」；後者：「（俞正燮）此種用心，可謂良苦，也正見出在傳統經典資源中尋找新思想資源的困難。」

震所倡議的「女界革命」論述帶有屬於中國文化的色彩，此一特徵的形成，或許受到夫婿劉師培的影響，抑或長時間接觸的影響，同時與其早期接受傳統思想教育的背景大有關聯。〔註55〕

何震將「女界革命」的主軸放置在男女地位絕對平等的追求，她對男女婚姻關係的判斷也同樣放置在絕對平等的基礎上來看待，批判一夫多妻的傳統婚姻關係，在「絕對平等」的架構上，她認為男既可多妻，那女亦可多夫來相互抵制。不過，何震的「多夫論」重點不在「女可多夫」，而是基於平等，女不應多夫，則男也不可多妻，她說：

> 三曰男既多妻，女亦可多夫，以相抵制。不知女界欲求平等，非徒
> 用抵制之策已也，必以暴力強制男子，使彼不得不與己平。且男子
> 多妻，男子之大失也。今女子亦舉而效之，何以塞男子之口乎？況
> 女子多夫，莫若娼妓。今倡多夫之說者，名為抵制男子，實則便其
> 私慾，以蹈娼妓之所為，此則女界之賊也。〔註56〕

何震從男女絕對平等的角度看待婚姻關係，男女雙方都應該公平地對對方從一而終，婚姻雙方對彼此要達到「至公為止」的境界，因此她對於婚姻男女雙方的平等地位都有嚴格的要求，將絕對平等的標準推展到人類婚姻關係的各個層面，包括初婚、再婚，甚至離婚。對何震而言，追求「絕對平等」是第一要務，為達此目的甚至可以犧牲自由，其對男女初婚、再婚對象的堅持，便是出於男女絕對平等的主張。因此，何震所追求的婦女解放，可以說是一種對「天賦人權」徹底施行的平等觀，完全迥異於晚清婦女解放的主流路線觀點。

何震所標榜的女界革命，最終的目的是男女平等的理想，以男女平等的最高原則對傳統制度的婚姻、名分、職務、禮制上種種不平等提出批判與矯正，何震在《天義報》也有提到「社會性別」的類似觀點：

> 要而論之，男女同為人類，凡所謂男性女性者，均習慣使然，教育
> 使然。若不於男女生異視之心，鞠養相同，教育相同，則男女所盡
> 職務，亦必可以相同，而「男性」、「女性」之名詞，直可廢滅。此

〔註55〕 夏曉虹：〈何震的無政府主義「女界革命」論〉，《中華文史論叢》第3期（上海市：上海古籍出版社，2006年），頁320。

〔註56〕 震述：〈女子宣布書〉，《天義報》第1期。引自萬仕國、劉禾（校注）：《天義・衡報》，頁43。

誠所謂男女平等也。〔註57〕

何震認為，假若不使男女之間產生異視的心態，施以相同的鞠養，接受相同的教育，則男女之間所必須的應盡職務勢必可以達到相同的境界，「男性」與「女性」的名詞分別，「直可廢滅」，這樣才是達到真正的男女不等。換句話說，何震亦認為中國婦女的「傳統」與「天性」，都是源自社會的「習慣」與「教育」所建構出來的。劉慧英認為何震對於婦女本質的懷疑，不同於當時的主流論述的傳統抨擊與女權啟蒙，亦不認為傳統婦女的不幸苦難不是單純的命運安排，更不承認婦女存在所謂的天性和傳統，而這便是何震女性論述的先鋒性。〔註58〕

此外，在《女子世界》的《天義報》廣告何震又曾言：

> 所謂「破男女階級」者，即無論男女，均與以相當之教養，相當之權利，使女子不致下於男，男子不能加於女，男對於女若何，即女對於男亦若何。如有女下男而男加女者，則女界共起而誅之，務使相平而後已。〔註59〕

何震所追求的男女平等，不僅要消除過往的男性特權，也要避免製造新的女性特權，她認為婦女要爭取權利，首要之務是去除在「人治」所形成男性特權；而要去除男性特權，便要盡覆人治的制度，因為這是製造不平等的關鍵。如此，男子退與婦女相平等，婦女不再受制於男子，也不會有受制的男子，而這才是達到真正男女平等的根本改革之道，〔註60〕因此可以說何震的婦女解放主張，更為接近「天賦人權」的真實面貌。

在無政府主義的視角下，何震提出的婦女解放論點，認為女權之伸張應當是由女子抗爭所獲得與建立，而非來自於男子的給予而得到擴張。對於晚清男性知識分子所提倡的女權運動，何震將之視為男子為求一己之私目的下的作為，她說：

〔註57〕震述：〈女子宣布書〉，《天義報》第 1 期。引自萬仕國、劉禾（校注）：《天義‧衡報》，頁 43。

〔註58〕劉慧英：〈從女權主義到無政府主義——何震的隱現與《天義》的變遷〉，《中國現代文學研究叢刊》第 2 期（北京市：中國現代文學館，2006 年），頁 207。

〔註59〕何殷震：〈《天義報》廣告〉，《女子世界》第 6 期（1907.07）。引自夏曉虹（編輯）：《中國近代思想家文庫：金天翮、呂碧城、秋瑾、何震卷》，頁 137。

〔註60〕震述：〈女子解放問題〉，《天義報》第 7、8～10 期。參照萬仕國、劉禾（校注）：《天義‧衡報》，頁 142。

中國男子崇拜強權，以爲歐美日本爲今日文明之國，均稍與女子以
自由，若仿行其制，於一己之妻女，禁其纏足，使之入學，授以普
通知識，則中外人士，必將稱爲文明。……此豈爲女子計哉？不過
利用女子以成一己之名。而推其私心，則純然私女子爲己有。使非
視女子爲己有，則女子之成名與否，與己身無複絲毫關係，必無解
放女子之心。惟其私有女子，故處禮法盛行之世，以防範女子得名；
處歐化盛行之世，轉以解放女子得名。此男子因求名而解放女子者
也。〔註61〕

男性維新人士倡議婦女要有經濟能力，使其從「分利者」變成「生利者」；主
張「興女學」，透過教育改變婦女的「無能」。對於這些維新派的婦女解放論
點，何震說：

乃提倡女子獨立，以女子倚賴於男性爲大戒，使之肄業於女校。……
其目的，蓋欲使女子學成之後，可以出口教師，或執一技以謀食，
以抒一己之困耳。其食指繁盛之家，則仰事俯蓄之費，迫女子以分
擔。……名曰使女子獨立，實則爲一己之自利計耳。此男子因求利
而解放女子者也。〔註62〕

觀中國各女校，首崇家政一門，而中國新黨有恆言，謂「家庭教育
爲一切教育之基」。彼等之意，蓋以野蠻女子之治家，不及文明女子
之治家；野蠻女子之教子，不及文明女子之教子。實則家爲男子之
家，治家即係爲男子服務。子爲男子之子，如姓父姓而遺母姓是也。
特男子欲秘用女子而使己身處於逸樂耳。此男子因求自逸而解放女
子者。〔註63〕

因此何震認爲來自男子倡議的婦女解放，乃因於男子爲「求名」、「求利」、「求
自逸」的目的而被提倡的，是男子以解放之名行利用婦女之實。何震訴求的
女界革命不同於晚清男性知識分子主流路線，是跳脫國家民族文明化的進化
論觀點，反而是從一種徹底的社會革命思維來看待婦女解放運動的發展，試

〔註61〕 震述：〈女子解放問題〉，《天義報》第7、8〜10期。參照萬仕國、劉禾（校
注）：《天義・衡報》，頁137。
〔註62〕 震述：〈女子解放問題〉，《天義報》第7、8〜10期。參照萬仕國、劉禾（校
注）：《天義・衡報》，頁137。
〔註63〕 震述：〈女子解放問題〉，《天義報》第7、8〜10期。參照萬仕國、劉禾（校
注）：《天義・衡報》，頁137〜138。

圖消除社會文化中的一切不平等形式。梁啓超、金天翮等維新人士是透過社會達爾文主義的觀點來倡議婦女解放，透過啓蒙視角的與竟，將婦女視爲可以改造的對象，進而提升國家的文明發展，當中混雜傳統家長制、民族主義、自由主義、婦女參政等等多重思想；但何震認爲維新人士所引據的西方經驗仍是充滿男子宰制的擴張，她認爲在西方文明進步的表象之下，父權機制隨著現代自由主義的發展擴展出不同以往它的勢力，此點尤其反映在經濟財富的掌控。何震認爲婦女的社會屬性是透過長時間的歷史發展出來的，在學術、禮儀、法律與經濟等社會互動中被建構出來的，無論是在中國抑或西方，這些社會互動都以各種型態被實踐著，意味婦女的角色屬性，在過去與現在，中國與西方，始終是處在不平等的地位，而這種不平等的地位隨著歷史社會的變化，不平等依舊存在，只是以新的方式被再造出來，過去對婦女不平等的型態消失，但不平等正以新的形態加諸在婦女身上，尤其反映在資本經濟的財富分配機制。〔註64〕因此何震的主張與梁啓超、金天翮等維新人士的主張，彼此之間充滿著相互對立的矛盾，但這種複雜的矛盾對立也顯示出晚清女權運動路線的多元性質，婦女解放的論述不是出自於單一視點，對西方文明的進步也有不一樣的觀看視角。何震指出西方文明近世相繼發展出民族主義、民約論、社會主義等思想觀點，在於此前受制於異族、暴君、富人之宰制，於是種族、政治、經濟的革命便隨之產生，進而倡議出「天賦人權」；但何震認爲這些革命的內涵並不能夠實踐眞正的平等，因爲她認爲現有的社會制度都存在著一定的階級劃分，都帶有不平等的意味，因此未達到一切盡乎平等的訴求，何震始終專志於無政府主義的主張，自女界革命開始，打破固有之階級劃分，夏曉虹認爲何震這種強烈而具體的理論色彩，表露出何震思維上的徹底性，不糾纏於細微枝節的探討，其目的在找尋最終的根本解決之道。〔註65〕

〔註64〕 Dorothy Ko（高彥頤）、Lydia H. Liu（劉禾）、Rebecca E. Karl，陳燕谷譯：〈一個現代思想的先聲：論何殷震對跨國女權主義理論的貢獻〉，《中國現代文學研究叢刊》第 5 期（北京市：中國現代文學館，2014 年），頁 74～75。工業革命之後，因爲勞力的需求讓婦女投入經濟生產，但隨之而來的便是婦女受到資本主義的剝削，仍然無法享有與男子相同等的社會待遇，在《天義報》中便有多篇記載或提及女工遭遇剝削的文章（期數）：扶弱〈慘哉女工〉（8～10）、震述〈論女子當知共產主義〉（8～10）、志達〈請看日本工女賃銀額〉（13～14）、申叔〈工女怨二章〉詩作（16～19）。
〔註65〕 夏曉虹：〈何震的無政府主義「女界革命」論〉，頁 317～318、334。

二、反對國家框架下的婦女解放

何震主張的婦女自立觀點和主流論述的民族解放有所差別，她主張跳脫國家需求的框架，她的觀點從根本上否定女權與國家建設有所關係，婦女解放是要依靠婦女自己來實行，何震這樣的主張，就本質上與秋瑾、林宗素、陳擷芬、燕斌、張竹君等人一樣，同樣訴求婦女的自立，就婦女自身來達到婦女解放的目的；然其中的差異之處在於，何震不認為婦女解放就必須要貢獻國家，女權的爭取無須透過貢獻國家才能獲得，她的最終目的是社會全面性的變革，建立徹底性與不分男女的「天賦人權」。另一方面，何震也批判晚清知識分子所稱頌的西方婦女解放與女權運動，她除了從無政府主義的思想視角批判傳統社會對婦女的壓迫，還指出到了近代，對婦女的壓迫除了傳統文化的因素之外，再加上社會結構變化所產生的經濟壓迫。何震認為晚清男性知識分子大聲疾呼婦女解放的言論，完全是出自於國家的需求而提倡的，是為了國家文明進步的最終目的，因此這樣的婦女解放只是做為民族主義的附屬品；同時也指出，晚清社會所援以稱頌的西方社會男女平等現象，在本質上充滿著偽善的操作。因此，何震主張婦女解放的提倡不應該成為民族主義的陪嫁品，倡議婦女解放應該基於道義的必要性。

換句話說，何震的婦女解放並不以國家目的為出發點，強調婦女能夠真正達到與男子一樣的平等，跳脫為國家貢獻的目標框架，婦女解放的最終目的是男女平等，而不是達到國家富強的手段。因此反對「國家興亡，匹婦亦有則」的說法。何震不同於秋瑾對婦女從軍的讚揚，她認為軍備主義亦是男女不平等的主因之一，她在〈女子非軍備主義論〉便提到：

> 如實行非軍備主義，使男子解服兵之役，退與女子平，既不能執保國之空名以傲女界，復不能逞其強力而女子以復，從此實男女平等之權輿，亦女子脫男子羈絆之初桄也。故為女子者，不欲言男女平等則已，如欲實行男女平等，則舍非兵主義外，決無運動之方法。此固不易之理也。〔註66〕

她指出傳統社會男尊女卑的原因部分便出自於婦女無法從軍，但要短時間內婦女像男子一般的從軍做戰並不可行，因此主張非軍備主義，去除男子從軍的特權意識，使得男女之間不再因為是否從軍而產生階級上的差異，男子不

〔註66〕震述：〈女子非軍備主義論〉，《天義報》第 11～12 期。引自萬仕國、劉禾（校注）：《天義・衡報》，頁 188。

再能因爲有保衛國家的名聲而傲立於婦女之上，男女不再因其「從軍」的差異而有階級上的分別，進而達到實質男女平等的權輿，婦女便能跳脫被男性權力所侷限的框架。因此，何震反對維新人士「強兵」的愛國觀點，在〈女子教育問題〉也有類似說法：

> 夫因此主義，以激發女子革命之心，此固至良之教法。若僅勉女子
> 以愛國，則是導女子於國家奴隸耳。故今日中國女校，其倫理一科，
> 非迫女子扁家庭奴隸，即迫女子扁國家奴隸。其立意雖殊異，而其
> 爲奴隸教育則同，亦吾輩所當反對者也。〔註67〕

拒絕將婦女進行雄性化的改造，認爲婦女參與軍事戰爭，往往是受到生理與心理雙重的迫害摧殘，因爲雄性化的婦女並未改變根本的奴隸地位，只是從家庭的奴隸變成國家的奴隸，而無論是家庭還是國家，都是男子主宰的場域，婦女依舊沒有屬於自己的地位。

除此之外，要徹底變革階級不平等的種種弊端，何震更加主張廢除「人治」，何震在〈女子解放問題〉言道：

> 數千年之世界，人治之世界也，階級制度之世界也，故世界爲男子
> 專有之世界也。今欲矯其弊，必盡廢人治，實行人類平等，使世界
> 爲男女共有之世界。欲達此日的，必自女子解放始。〔註68〕

進一步消除因爲「人治」而衍生出來的種種不平等現象，如此才能施行不分男女的全人類平等，促使男女之間達到世界共有的境界；而在晚清社會爲達到這樣的目標，改變婦女不平等的地位便是首要的工作。無政府主義將「政府機制」視爲製造階級不平等的萬惡之源，因爲政府機關就是掌握統治權力的集合體，因此爲了達到全人類的絕對平等，廢棄「政府機制」是第一要務，何震爲此宣示說：

> 蓋政府既設，即有統治磯鬪，而統治機關必操於男子之手，是與
> 專制何異？即使男女同握政權，然不能人人均握政權也，必有王
> 治、被治之分。以女子受制於男，固屬非公；以女子而受制於女，
> 亦屬失平。故吾人之目的，必廢政府而後已。政府既廢，則男與

〔註67〕志達：〈女子教育問題〉，《天義報》第13～14期。引自萬仕國、劉禾（校注）：
　　　　《天義・衡報》，頁194。

〔註68〕震述：〈女子解放問題〉，《天義報》第7、8～10期。引自萬仕國、劉禾（校
　　　　注）：《天義・衡報》，頁133。

　　男平權，女與女均勢，而男女之間亦互相平等，豈非世界眞公之
　　理乎？〔註69〕

這段文字明確顯示出，何震將「無政府」的觀點視爲實踐男女眞正平等的絕
對唯一，並且在無政府主義的基礎上提出「公產」的主張。何震認爲西方近
代文明的工業革命與資本主義，其影響是帶來更多不平等的製造機制，婦女
未受其利，先受其害。「私有制」的觀念，讓貧富之間的階級差距更形擴大，
富裕者對婦女的迫害程度尤其深重，她說：

　　試觀中國之中，賤視女子，莫若富民。其家愈富，則蓄妾愈多；其
　　財愈豐，則好淫亦愈甚。故挾妓宿娼之人，均以富民佔多數。富民
　　一日不除，則女子所受之害亦不能一日弭。〔註70〕

對何震的女界革命運動來說，近代的經濟活動變革是一種新的不平等機制，
私有財富象徵的是權力掌控的基礎，而國家政府體系的存在則是對掌權者提
供絕對的保護機制，因此政府成了不平等現象再製的維護者。何震毫不留情
地批判國家的存在，只是做爲權貴階級的保護者。被維新人士所援以的西方
文明，何震指出這種「進步」的本質依舊是建構在不平等的社會關係，透過
新的法律與制度，在自由的表象的之下，再度製造出新型式的不平等，何震
將之稱爲「僞自由」、「僞平等」。維新人士將自由的價值建構在國家文明進步
的想像基礎上，追求民族脫離列強宰制的宰制是他們的主要目標；但在何震
的觀點裡，平等的確立卻是未來理想社會的最重要目標，而爲了達到這個終
極目標，現有的一切機制都必須重新塑造才有實踐的機會與可能，唯有如此
男女之間的絕對平等才不會成爲其型式的附屬品。〔註71〕何震關切的是婦女
在能夠在社會中得到眞正的平等與自立，婦女解放是建構在社會解放的眞實
生活中，而不是脫離社會而獨自生存，因此她訴求的是一種社會的徹底變革，
而不單單只是學習西方文明的改良。

　　何震對男女平等的追求，不僅要消除過往的男性特權，同時也要避免製
造出新的女性特權，她提到婦女要爭取權利，其首要之務便是去除在人治制

〔註69〕 震述：〈女子復仇論〉，《天義報》第 2、3、4、5、8～10 期。引自萬仕國、
　　　　 劉禾（校注）：《天義・衡報》，頁 50。
〔註70〕 震述：〈女子復仇論〉，《天義報》第 2、3、4、5、8～10 期。引自萬仕國、
　　　　 劉禾（校注）：《天義・衡報》，頁 50。
〔註71〕 Dorothy Ko（高彥頤）、Lydia H. Liu（劉禾）、Rebecca E. Karl，陳燕谷譯：〈一
　　　　 個現代思想的先聲：論何殷震對跨國女權主義理論的貢獻〉，頁 82～83。

度之下所形成男性特權；而要去除男性特權，便要盡覆人治的制度，因爲這便是製造不平等的關鍵肇因。如此一來，男子退與婦女相平等，婦女不再受制於男子，也不會有受制的男子，而這才是達到眞正解放婦女的根本改革之道。是故，從中可以看出，何震對於女界革命所秉持的無政府主義立場甚爲鮮明。對何震而言，平等的價值遠大於自由，因爲其意在追求「人類的完全平等」，而這種將平等的絕對主張置於自由之上變成了何震女性論述的一大特點。然而，從無政府主義出發的女界革命論調，爲了「平等」，其他的事物都成爲製造不平等的元兇，例如她對「女子參政權」的看法：

> 以少數參政之女子處於主治之位，使多數無權之女子受其統治，不獨男女不平等，即女界之中亦生不平等之階級。彼多數婦女不甘受制男子者，豈轉甘受制女子乎？故今日之女子，與其對男子爭權，不若盡覆人治，迫男子盡去其特權，退與女平，使世界無受制之女，亦無受制之男，夫是之爲解放女子！夫是之爲根本改革！奚必恃國會政策，以爭獲選舉權爲止境哉？儻有志之婦女，由運動政府之心，易爲廢滅政府之心，則幸甚矣。〔註72〕

除了參政權之外，對於當時婦女解放的實踐者在婦女、教育、工作、婚姻等方面上的權力倡議，何震亦是視爲不平等的現象而加以指責，因此其所主張的男女絕對平等的女界革命論調便容易陷入與現實脫軌的高閣空論；其希望畢其功於一役，卻也因如此阻斷了可以進行實際改革的路徑。話雖如此，何震在《天義報》的議論仍然充分表現出其對婦女解放思想的蘊涵深度與理想光輝，其所表達的是一種對於性別平等的執著渴求。

　　《天義報》做爲「女子復權會」機關刊物，是晚清女性刊物發行期數最多的刊物，也是少數無政府主義觀點的刊物。何震做爲該刊物女性論述的主要撰筆者，其婦女解放路線帶有強烈的無政府傾向，著重於理論思想的宣示，使得《天義報》的女性論述與同時期的女報（《中國女報》、《中國新女界雜誌》）大相逕庭。在何震的論述裡，我們可以看到她以大量的資料揭露出傳統社會中婦女所受到的壓迫事實，分析現象的發生原因，進而批判形塑這些現象的權力機制。何震追求天賦人權的絕對平等，在無政府主義的視角之下，主張廢除一切的權力機制，她的觀點雖然來得偏激，同時過度著重於理論色彩的

〔註72〕震述：〈女子解放問題〉，《天義報》第7、8～10期。引自萬仕國、劉禾（校注）：《天義‧衡報》，頁142。

闡述，但她始終將焦點匯聚於婦女問題身上，並且有其獨到深刻的見解，因此在晚清婦女解放的思潮當中，在女權運動中無可否認地佔有強烈不可忽視的地位。

在 1907 年出刊的三大女報，主要的發行人都是婦女，同時都具有旅日的背景；三大女報訴求的婦女解放都有「天賦人權」的理論基礎，都認為「天賦人權」是人人與生俱有不可剝奪的權利，但其所闡釋的論述路線卻是大異其趣：《中國女報》的「盡與男子一樣義務」、《中國新女界雜誌》的「國民新角色的探索」、《天義報》的「脫離國家的無政府視角」。這些不同的論述路線差異，在於對於社會性別角色的理解不同。《中國女報》站在否定女性角色的觀點，認為婦女的理想角色便是如同男子一般，婦女可以做到和男子一樣的事情，盡到她的「國民義務」，為國家做出貢獻。其次，《中國新女界雜誌》則認為時代社會在改變，傳統價值在新時代中必須被重新考量；同時，西方社會與中國輿情大有差異，適合歐美國家的制度卻未必適合中國。因此，面對新時代的變化，婦女的自主自立必須要有真學問，在「發明與引進」、「破舊與開新」之間，思索找尋國民的新角色，並且不只婦女當如此，同時代的男子也應當如此。最後，《天義報》訴諸男女之間的絕對平等，追求撤的性的社會改革，並且認為任何形式的國家機制都是一種再造不平等的阻礙，無法實踐真正「天賦人權」的婦女解放。因此，可以看到在晚清不同報刊所主張的婦女解放路線大相逕庭，它們雖然都奠基於相同的「天賦人權」觀點，但其所闡釋的路線主軸以及處理婦女和國家之間的互動關係卻是產出不同論述觀點，其在女性意識呈現出不同於男性知識分子的主流面貌，正是晚清婦女解放運動中知識婦女表達多元論述的一種反映。

第五章 晚清女報女權意識論述的考古學聚合性分析

　　「知識考古學」的觀點建立一種對社會實踐主體、權力機制與知識形構的批判思維，本論文從晚清三大女報出發，取法「知識考古學」的論述分析觀點，聚焦於婦女解放產生論述與轉變。「知識考古學」從論述規則著手，分析思想觀點形成的深層結構，彰顯「差異」的存在位置，進而揭示既有的觀念實為論述實踐運作的產物。本章從晚清婦女解放論述的矛段與轉變著手，延續凸顯女報論述的斷裂面特性，呈述國家民族與「天賦人權」木質上的衝突，分析女報論述模式的形成與實踐策略，最後以論述的「稀有性」、「外源性」、「積累性」對晚清婦女解放論述進行更深入分析。

第一節　晚清女權論述的矛盾與轉變

　　20 世紀初期的晚清社會，婦女受到超乎尋常的關注，知識分子開始重新定位新的性別關係。在現代國家與進步文明的想像中，知識分子形塑新的婦女的社會角色；在維新人士的想像脈絡中，婦女與國家民族聯結在一起，並且試圖在女性個體上建構前所未有的深度與廣度的經驗。女性主體在國家興亡的時空發展中躍上歷史舞台，並且跟著時代巨輪的轉動與之變化；性別做為社會與文化的重要變項，女性形象的演變不僅反映婦女社會地位的變化，也是知識分子在婦女解放議題上論辯思維與自我認知的呈現。晚清的婦女解放風潮是一個主要由男性知識分子所肇始的社會運動，這個運動是由各種多樣性的論述彼此之間的接合（articulation）而實踐的；而在男子之後，知識婦

女藉由這樣的機會也開始為自己發聲，提出婦女的婦女解放論述。婦女解放運動便是透過這些論述的接合而被實踐的，其與論述之間的關係是環環相扣的。因此，由論述所建構的婦女解放運動是充滿著多元異質的特性，諸如婦女、種族、地區等不同性質的話語，是一個具備開放性、多元性、偶然性、非決定性等特質的社會實踐，其錯綜複雜的結構是無法以單純的男性知識分子主導規則定律來界定。

一、國族框架的需求

晚清對外的一連串戰事，從「鴉片」到「甲午」，改變中國傳統以天朝上國自居的態度，被動納入一個以競爭吞併為主的世界局勢，西方列強的國家民族意識開始改變晚清知識分子對世界的認知，在維新運動之後，這種對新世界的認識迫使維新人士走向革新圖強的文明進化路途，試圖建立中國的現代性面貌。在動盪不定的國家危境中，維新人士經歷著深刻的政治經濟變動，他們面對的是一個社會不安、主權脆弱的國家。維新人士清楚認知到，傳統歷史的時空觀念有了本質上的改變，大清帝國搖搖欲墜的政局態勢與歷史上改朝換代的政權迭替有著明顯的不同，這種認知促發維新人士產生與傳統知識分子不同的危機憂慮。由於傳統「天下」世界觀的崩壞，現有的政權體制又無法因應時局的變化，讓他們產生一股極具毀滅性的精神憂慮，進而成為當代主張變革的最強聲音。在不到一個世代的時間裡，知識分子確認到傳統社會的政治、經濟與文化度無法應對當下的局勢，尤其是在甲午戰爭中北洋艦隊全軍覆沒，危機憂慮的累積幾乎達到頂點，促使知識分子對政治變革的企圖從呼籲提倡，提升到行為實踐，失敗的維新變法便是這股努力的頂點。於是他們開始仿效西方國家民族的概念，提出中國的民族主義，以國家強盛和文明進步為目標，意味維新人士試圖採用侵略列強的方法來抵抗列強的殖民進逼，這種新的思維模式逐漸變成知識分子的思想體系。

新思想的核心是對社會達爾文主義的認同，這是晚清知識分子經歷列強侵略與殖民遭遇後產生的一種歷史詮釋，與傳統歷史的循環大大不同。社會達爾文主義以西方工業文明的發展為中心，將現代工業社會視為文明進步的象徵，與其不同的中國則是野蠻落後的象徵。在這種文明－野蠻、進步－落後的比較論調中，使得社會達爾文主義成為放諸四海皆宜的普遍性觀點，打破中國由來已久的「天下」史觀。這種進化論的史觀在 19 世紀末以來，從嚴

復（1854～1921）《天演論》到梁啓超《新民說》，不斷地被引進介紹到中國，成爲知識分子看待世界的普遍信仰，並且將這種信仰付諸社會實踐，徹底改變晚清社會的文化形態。此時的知識分子呈現一種對「新」的歷史體認模式，現代性代表的新事物與新思維成爲與傳統價值對立的新準則，對知識分子來說現代性的追求是與「落後傳統」的斷絕，並且成爲接續「進步未來」的唯一可能。現代性的追尋標示新的價值典範，成爲擺脫列強侵略、建立現代國家、富強民族自由的社會知識運動。從現代性的開展而產生的「新化」運動，涵蓋了社會複雜的廣泛層面，從政治制度、經濟生產、軍事武力、文化習俗到性別關係都要進行全面檢討與重整，在這股社會運動中，婦女從性別關係中的邊緣被移置到了核心，受到無比的關注，從女性的身體、教育、生活到職業的多方論述都與晚清社會的現代性發展息息相關，最常被提到的說法是（男性）知識分子以傳統婦女的衰弱來比喻國家的危境，將女性議題做爲新型文明建構的重要實踐之一。

　　中國傳統社會中的父權體制，透過其論述權力的建置來宰制與看待傳統中國婦女的角色。拉克勞（Ernesto Laclau，1935～2014）曾以「霸權」（hegemony）理論中的「敵對」（antagonism）與「異質性」（heterogeneity）來闡述社會論述的權力運作。拉克勞指出，現實中的敵對（antagonism in reality）其所指的是不同主體之間的衝突關係，而衝突的目的便是在於將內部自身所存在的不完滿予以他者化，藉由將自身不完滿的他者化過程中來尋求自身完滿存在的建立，於是父權體制爲求建立屬於男性社會的完滿，藉由敵對機制的建立，將男子自身的缺陷轉嫁於婦女，這樣使得中國婦女的存在成爲成就男子完滿的一個角色，扮演男性中心之外的一個他者的身份。「敵對」意旨在於外部化內在所有認同中缺乏的一種過程。因此，拉克勞認爲原本存在於個體之間的各種差異，藉由敵對機制進行調和的作用，進而達到讓彼此變成一個趨向共同取向的主體，而在這樣的過程當中「霸權」便因此被建立。拉克勞指出：只有藉由將界限（limit）轉變爲疆界（frontier），建立起一個等同鍊（equivalence chain），而將界限之外的東西建構成它所不是的東西，才能表達出本身的意義（意即組織出自我）。唯有透過否定性（negativity）、分辨（division）以及敵對，才能將自身建構爲一個整體化的層次範圍。〔註1〕換言之，在敵對的過程，

〔註1〕　Ernesto Laclau, Chantal Mouffe, *Hegemony and Socialist Strategy: Towards a Radical Democratic Politics*, (London: Verso Books, 2001), pp.143～144.

父權可以達到自我完滿的建立，而婦女則是完滿父權體制所宰制的對象。晚清飽受西方列強侵略的衰落景象，被男子指涉性地投影在婦女身上，婦女更顯其「衰落」。然而婦女被指涉為衰落時，她的對比對象並不是中國的男子，而是西方文明的進步婦女。在社會達爾文主義的影響下，在象徵與現實的雙重意義上，婦女改造與國家進步關聯在一起，都視為是表裡一體的問題，建構婦女改造成為國家富強的關鍵，而婦女解放的論述也隨之出現了。中國是國際關係上的弱者，「中國婦女是國內之弱者，這樣的複層性結構是構成中國女性問題的主要原因之一。由此可以說，近代中國女性主體的建構很大程度上是受國際關係的影響。」〔註2〕在這樣的思維上，婦女面貌的呈現成為國家民族進步與否的象徵隱喻，女性議題成為形塑新國家民族的重要內涵，在這股新的歷史圖景中，女性形象不斷地被各種現代性論述所建構，隨著說話者的改變，「她」揭示的形象被賦予多元、變動的可能性意義。

甲午戰後的瓜分風潮激發晚清社會變法圖強的強烈意圖，因此出現一群以西方文明為進步楷模的維新人士，他們將女性議題納入強國保種的討論範疇，將婦女的「進步改造」視為國家民族擺脫衰弱形象的重要指標。他們指涉傳統婦女無學、分利的積弱缺失，造成國家民族的衰敗，因而將婦女推向興學、實業的道路是振興國家民族的重要手段。維新人士將婦女帶入國家民族的論述，反映出他們對社會實踐的權力掌握。權力是在社會中所建構的，也同時在社會裡實踐更高的凝聚性（cohesion）和支配力（strength）。由權力在社會裡所演化出的各種分工，使得被權力所宰制者藉由這樣的分工得以保存自我。但是如此一來，整體自身做為整體內在理性的作用，必然成為特殊利益個體的展現工具。對於個別者而言，權力是具有普遍性的宰制，是現實中的理性。藉由不斷積累加諸於身上的各種分工，社會成員的權力，以這樣唯一的方式，一次又一次地直至整體的實現，而整體的合理性（rationality）也以此方式再度被多樣化。由少數人對所有多數人的所做所為，總是呈現出以多數對少數個體的支配，這意味著社會的宰制（oppression）總是帶有集體壓制的特性。〔註3〕因此，維新人士在反纏足、興女學、參與實業上無不大力

〔註2〕須藤瑞代，姚毅、須藤瑞代譯：《中國「女權」概念的變遷：清末民初的人權與社會性別》，頁199。

〔註3〕Max Horkheimer、Theodor Ludwig Wiesengrund Adorno，渠敬東、曹衛東譯：《啟蒙辯證法：哲學斷片》（上海市：上海人民出版社，2006年），頁16～17。

提倡，以期透過這些手段培養出符合未來理想的婦女，達到「相夫教子、宜家善種」的「新賢妻良母」形象。「新賢妻良母」的提倡反映的是維新人士對國家民族強盛的關注與憂思，在他們的思維脈絡中，婦女在國家民族繁衍存續上有重要意義，因爲「她」是國家民族富強的重要基礎，爲了國家民族的需要，「她」必須走出家庭，呼應社會的變革行動，使中國可以面對新時代的國際競爭。瓜分風潮的出現讓維新人士體認到現實的國際社會是一個弱肉強食的世界，中國無法再以天朝自居，要想在列強競爭的國際社會中生存下去，中國必須改變自身的體質，富強國力，強健人民，正如嚴復在〈原強〉中所述：

> 夫如是，則一種之所以強，一群之所以立，本斯而談，斷可識矣。蓋生民之大要三，而強弱存亡莫不視此：一曰血氣體力之強，二曰聰明智慮之強，三曰德行仁義之強。是以西洋觀化言治之家，莫不以民力、民智、民德三者斷民種之高下，未有三者備而民生不優，亦未有三者備而國威不奮者也。〔註4〕

這種源自社會達爾文主義的新觀念促使維新人士開始反思中國傳統文化中的弊病，並且以西方文明作爲解決弊病的良藥處方。在這種「西學中用」的思想磨合中，婦女與晚清社會的現代性關係越趨緊密且複雜，《女界鐘》的問世便是對這一社會變動的集大成反映，金天翮在書中揭示傳統中國社會對婦女的禁制與束縛，《女界鐘》便是要喚醒二萬萬沉睡中的婦女，倡議恢復婦女的「天賦人權」。我們可以看到，維新人士的女性論述體現出他們對晚清社會在政治與經濟上的危境，對西方列強的侵略威脅感到憂慮，但同時又嚮往西方文明的進步形象。以金天翮爲例，在他眼中的西方制度、城市、人民都是充滿自由、瀟灑與浪漫的優越形象，而中國則是一個破落殘敗的光景。在這種中西對比強烈的衝擊下，維新人士的婦女論述從「新賢妻良母」提升到「國民之母」的改變，在「改造婦女－進步文明－富強國家」的思維下，婦女「被」更進一步地涉入公共領域範疇，

　　我們如果從維新人士的心理層面來分析晚清社會的文化行爲，他們的婦女解放論述不僅帶有國家民族認知意識的主體符碼，更有他們對於「新知識分子」身份認同的實踐。換言之，維新人士對於婦女解放議題的積極參與，除了國家

〔註4〕嚴復：〈原強〉（修訂搞），《嚴復集》（王栻編輯），頁18。

民族的現實局面之外，也有男性知識分子對新時代身份的認同實踐。西方文明的進步形象引發維新人士對自我文化認同的挫折感，西方文明代表征服與進步的象徵，中國傳統文化則是屈服與落後的表徵，加上社會達爾文主義的滲透，維新人士看待列強的侵略行徑帶有性別關係的隱喻，婦女成爲國家民族喪權、衰弱的指涉對象，意味維新人士不將婦女視爲與男子相對的另一性別群體，而是處在「鬼脈陰陰、病質奄奄、女性纖纖、暮色沉沉」〔註5〕極度需要重行改造的衰弱符碼。維新人士將現代性的改造視爲中國擺脫西方列強（男性化權力）的控制，在實踐的過程中，新女子被建構出來，而新女子的形象隱含著維新人士（中國）擺脫屈從地位的期待，揭示他們心中對西方帝國殖民話語的憂慮，這股憂慮以傳統婦女的問題困境來反映呈現，新女子成爲男性象徵中心所指涉的一表徵，男子透過新女子形象的形塑來建立男性知識分子與國家現代性發展的關聯性，在過程中說出「他」的問題與焦慮。〔註6〕西方「天賦人權」觀點體現的是獨立個體的權利，男女同屬獨立個體的一員，因此男與女擁有相同的平等權利。然而，維新人士建構出新「國家－國民」的社會關係，確立了在新的政治話語脈絡中國民角色的身份，婦女「被獨立」的主體也體現在這樣的政治話語中，揭示出她的國民責任與義務。男女同爲國家之國民，婦女便有義務與男子共同承擔亡國的罪責與救國的義務，婦女在國家責任義務的公共性質的論述中，被賦予「國民」新身份的認可。在「國民」的論述中，聚焦於國家整體性的完整，強調的是婦女可以爲國家做出的貢獻，而不是她的國民權利，因爲對維新人士而言，建構國家民族邁向文明進步的路程，在此之後才有確立權利的可能與意義。因此，晚清從「天賦人權」依託而出的婦女解放，面對當時的國家民族危機，平等的本質從權利平等被轉化爲義務平等，維新人士的話語是將婦女的國民身份是置放在國家整體問題之下，忽略婦女的個體問題，婦女成爲體現維新人士對文明進步欲望的工具。晚清社會的空前劇變刺激了知識分子主體識覺，面對國家民族種種危境帶來的身份認同問題，他們試圖構思新的文明面貌來因應這種歷史演化，婦女被動地進入他們的話語範疇，成爲「新」思維實踐的重要符碼，因而產生多元、複雜，以致矛盾的婦女解放論述。新女

〔註5〕梁啓超：〈新民說‧論進取冒險〉。參照梁啓超，張品興編輯：《梁啓超全集》，頁670。

〔註6〕張素玲：〈晚清至五四時期知識分子的性別話語及其社會文化意蘊〉。參照譚琳（主編）：《性別平等與文化構建》（上冊）（北京市：社會科學文獻出版社，2012年），頁353～354。

子形象的形塑成爲維新人士區別西方與中國、進步與落後、傳統與未來的分界指標，他們透過婦女問題來隱喻他們自身正面臨的問題，因此建構新女子形象不僅僅只是婦女問題的解答，同時也和晚清社會的文化、民族、經濟、政治諸多面向的重新建構緊密連結在一起。

二、「天賦人權」的符應與衝突

　　晚清社會在西學東漸的影響，中國傳統與西方現代的文化接觸，無論是衝突或調和，均對晚清社會產生巨大的影響，女性議題也身處其中。受到西方影響，對於傳統婦女觀念有了很大的變化，婦女一方面是男性論述中被動的變化個體，但另一方面也是構築社會文化新面貌的參與主體。一般而言，晚清社會出現婦女解放論述，主要有兩個歷史條件的促成，一者婦女成爲社會文化的的重要指涉對象而被提上歷史舞台；再者，婦女自身的主動參與，爲自己的權利提出辯護，晚清的時空環境便同時提供這兩個條件。「天賦人權」思想的引入，促發知識分子對女性問題的思想，尤其是知識婦女的覺醒；婦女解放運動的初期，提倡者是以男子爲主的維新人士，到了 20 世紀初期，隨著婦女接觸新式教育的增加，這些新型的知識婦女試圖以男女平等的原則做爲挑戰傳統禮教倫常的武器，建構新的男女關係規範，西方文明的進步想像爲她們提供了一個婦女解放的歷史舞台。婦女解放運動產生於男性知識分子對國家民族危機憂慮的論述，知識婦女搭上這條社會運動路線，也積極投身於救國大業中，藉由男子的話語提升自己說話的聲音，反向推動聚焦婦女問題的婦女解放，三大女報的問世便是知識婦女論述的社會實踐。婦女一方面與政治運動相互並行，一方面也是中西文化衝撞調和的產物。晚清特殊的社會情境與西方女權思想的交互影響，知識婦女以西方女權運動做爲參照對象，她們是最早接觸與接受西方婦女的意識形態與生活模式，從生活實業的仿效到精神思想的內化，促發她們的自我覺醒，打破傳統家庭的侷限，追求文明生活與自我價值，她們間接或直接參與婦女解放的社會運動，在思想觀念與生活上都有不同程度的變化。因此，我們可以說「中國近代出現過幾次思想解放的高潮，也與西學的廣泛傳播有關，戊戌、辛亥、五四三次婦女運動的興起與高漲，是精神變物質合乎邏輯的結果。」〔註7〕

〔註7〕　呂美頤：〈中西方文化碰撞與近代中國婦女〉。參照譚琳（主編）：《性別平等與文化構建》（下冊）（北京市：社會科學文獻出版社，2012 年），頁 854。

在晚清社會從西方傳入的新思想，除了「天賦人權」的自由思想之外，還有被維新人士視爲進步文明的「現代國家體制」。他們對新國家的想像都是從西方當時的國家面貌來仿效，因此維新人士從西方國家取法文明進步與富強的門道。受到社會達爾文主義的影響，維新人士對「國家權力」的關注甚於「國民權利」，因爲維新人士認爲只有國家權力完整不受列強掠奪之時，國民權利的實踐才有意義與價值，意味掌握「權力」才能眞正實踐「權利」；婦女解放被置放在這樣的論述中，「她」的首要功能便是幫助國家恢復權力，脫離列強宰制的局面，走向進步文明的康莊大道，某種程度而言，維新人士的「天賦人權」的「人」指的是國民的集合體，也就是「國家」，唯有先恢復國家權力，完整與進步的國家體制才能確立國民權利。然而，「天賦人權」主張的個體權利是與生俱有的，無論國家是否完整存在，因此維新人士這種「權力」先於「權利」的觀點，便與「天賦人權」的本質產生矛盾。對維新人士而言，西方國家體制所呈現的「文明形象」，被他們視爲建設新型國家所取法的對象，因此源自西方的民權、自由、平等、女權等「天賦人權」架構下的進步思想，維新人士將這些視爲西方國家之所以進步與富強的文明表徵，因而將這些觀念引入了中國，其目的當然在於建構中國的「進步文明」，擺脫懦弱與低下的國際地位。其次，晚清婦女解放論述受到西方女權思想的影響甚鉅，時常援以西方的論述觀點，或者以西方國家的情境爲正面榜樣，藉此來論述中國女權的問題與改變。再者，維新人士認爲文明國家的先決條件要有符合文明素質的新國民，於是國家建設第一要務便是培育出符合文明素質的新國民，而這新國民當然包含半數依賴性質的女性國民，進而將「天賦人權」概念與國家富強的需要結合在一起。然而，這樣的變形結合，最大的公約數便在國家民族面臨存亡的危境，這種危機感無時無刻刺激著維新人士內心的憂患神經（男女亦同），因此這時期提出來的婦女解放路線，或多或少都有貢獻國家來包裝色彩（除卻何震的主張之外）。

這樣的包裝路線，在民國建立以後，隨著國家危機強度的遞減，婦女強弱不在與國家強弱畫上等號，男性知識分子對於婦女的關注焦點，相較於「天賦人權」的享有，基於女性特質的「天職」更加被看重，因而出現了「婦女回家」的話語。這樣的路線變化，從思想理論的層面來看，它顯露的是「天賦人權」與國家體制之間的矛盾對立。「天賦人權」的概念，本質上不存在男女性別的差異，但在 20 世紀初期西方國家的社會與經濟的發展，卻是呈現男

女分工的結構，男主外女主內，經濟活動區分出固定的社會性別角色。這也就是說，被晚清知識分子援以取法西方國家，其社會的運作並未眞正落實「天賦人權」所倡導的男女平等。夾雜「天賦人權」與國家體制的晚清女權運動，對於實際體現的女性主體會有從金天翮到何震的歧異說法，這當中會許便是內涵著「天賦人權」與國家體制的內在矛盾。因此，不同路線的女權論爭，在民國之後，「新賢妻良母」論、女性天職論、婦女參政權、母職與女權，這些爭論都越趨於白熱化，〔註8〕在婦女獨立主體的話語上，「國民之母」與「女國民」便有本質上的差異。

「國民之母」的主體形象是從母親的角色來看待，而不是女性「國民」的自身，其中蘊含二元結構的性別角色框架，其與傳統的差別在於「國民之母」以「國民」爲中介，讓婦女走出傳統家庭，進入現代社會，從「孕育子嗣」的家政婦變成「教育國民」的國民母；然而，「國民之母」的女性角色雖然是從現代國家的視角來賦予「她」新的意義與價值，但在國家框架下的性別形象，本質上的性別架構仍未脫離傳統「男主外、女主內」的範疇，只是將婦女的活動空間從家庭擴大的社會，依舊沒有將焦點關注於女性主體的身分認同，所以「國民之母」的概念可以說是進化版的「新賢妻良母」，最先強調的是婦女爲國家奉獻的義務意識，這其中已存在女權與國家之間的對立與矛盾。「國民之母」雖然接受西方「天賦人權」的概念，但更多的是體現婦女在「母親角色」上的性別義務與責任，成爲「母職」與「女權」的衝突，這反映出維新人士在建構理想婦女的迫切與焦慮：「她」既要符應新時代的國家的需求，卻又不能脫離傳統範疇太多。在另一方面，「女國民」的概念則是聚焦於婦女獨立的國民角色，知識婦女強調婦女同屬國民一員，同擔義務，同享權利，明顯揭示她們對女權意識的訴求，表達她們以女性主體直接參與公共社會的企圖，跳脫性別框架，充分實踐一個「國民」的身份價值。她們將視角放在婦女獨立的主體上，以「天賦人權」爲依歸，倡議女權的恢復，批判傳統不平等的性別關係與父權體制，同時質疑現代國家框架下產生對婦女的新壓迫，三大女報對於女性個體的追求，便是對「國民之母」的新型依附角色的反動。

在「國民之母」和「女國民」的論述話語可以看到，當中雖然大多數都

〔註8〕　須藤瑞代，姚毅、須藤瑞代譯：《中國「女權」概念的變遷：清末民初的人權與社會性別》，頁 103～104。

有「救國」意味的存在，但「國民之母」從「賢妻良母」和「國民」的思維出發，在國族存亡與文明進步的強烈慾望中，形塑婦女在工具理性與國民價值的雙重意涵；「女國民」則從女性國民意識角度，重新定位婦女的自我意識與獨立價值。一方面期待婦女發揮救國的現代性價值，另一方面又不希望婦女背離傳統價值太遠，知識分子對於婦女角色的本質內涵有不同的視角，在新舊觀念的游移與磨合中，型塑理想女性形象的不同想像，女性形象則在他們的憂慮與理想中充滿著矛盾與衝突。〔註9〕面對這樣的情境，有些知識婦女試圖調解這樣的矛盾與衝突，以《中國新女界雜誌》為例，「她」主張婦女解放的思想論述必須要「破舊」、「開新」、「發明」、「引進」，找出最適宜當下中國婦女的應變之道，去蕪存菁，嘗試調和舊傳統與新文明之間的對立，以舊文化中熟悉的事物來闡釋新文明，降低社會對接觸新文明產生的未知恐懼。

因此，女權論述路線的變化，除了理論觀點本身的矛盾之外，更應該重視的是這些觀念出現在晚清社會的外部環境特性。維新人士無論是主動或被動，其所以引入這些西方思想觀點，最大的目的便在於救國，創建國家的文明道路，因此對於理論文本的詮釋相當程度地會出現符合需求的置換，這如同前述馬君武在譯介兩部女權著作的操作。維新人士將西方理論思想與晚清的特殊時代氛圍相互結合，做出時下認為最為合宜的詮釋，這時西方的觀點便具有中國式的內涵特質，最為明顯的例子便是對「天賦人權」理解。「天賦人權」在晚清維新人士的理解，不關注「權利平等」，反而更加側重於「義務平等」，因為「他們」重視的的是婦女對國家貢獻的責任。因此，在「義務平等」的觀點下，婦女便要能夠擔負同屬國民一體的責任義務，而婦女則是透過義務平等性來達到與男子的地位平等。這樣的話語則是延續到民國之後的爭論，唐群英、林宗素等女權運動者，以婦女同屬國民，因為「同擔責任」，與男子地位平等，因此應當能夠「同享權利」，進而要求婦女應該擁有參政權。總歸來說，晚清知識分子對於國家民族的現代性想像促成婦女解放運動的開展，提供一個女權說話的空間，在現代「國家－國民」的架構下，婦女可以脫離傳統「家庭－個人」的依附框架，女權論述的出現則是維新人士建構現代國家論述的部分組成。

〔註9〕 馬方方：〈20 世紀初新知世界的「國民」話語與新女性建構〉，《史學月刊》第
　　　　12 期（河南省：河南大學，2012 年），頁 72～74。

三、婦女的自主立場

　　在中國傳統父權體制的社會中，婦女多半是男子的附屬品，是一個無聲的從者，而這意味著：未嫁從父，既嫁從夫，夫死從子。在男子宰制的過程中，男子擁有絕對的權力來支配一切，婦女往往是看不到自我的意識，而這樣的氛圍形塑了難以撼動的性別結構，這樣的性別結構便主宰了婦女的社會地位，婦女是不被允許發聲的。甲午戰後維新人士在國家現代性發展的進程中帶出了婦女解放運動，以「反纏足」和「興女學」做為婦女再造的實踐行動，把婦女置放於國家文明進化的工具理性當中。由男性知識分子興起的婦女解放思潮，雖然在本質上是將婦女解放放置在國家救亡圖存之下，但過程中所引發的女性啟蒙風潮卻是帶動知識婦女對自身意識的深度思考與覺醒。如同「霸權理論」中的「敵對」與「異質性」對社會論述的權力運作。拉克勞認為敵對認同的建立是透過接合實踐（articulatory practice）的操作之下，短暫地擱置個體之間的爭議與衝突，讓彼此之間能夠成為一個有著共同取向的主體，如同維新人士以國家民族的需求為第一宗旨，對於婦女生活的真實問題採取選擇性忽略，將婦女解放納入救國運動的一環；然而晚清知識婦女看待婦女解放的角度並不等同於維新人士，反映出個體之間原本就存在差異的特殊性（differential particularity），這些差異的特殊性並不會因此就全然消失。個體間的特殊性並無法被完全排除，並且可能與共同取向有所衝突，例如知識婦女訴求的「天賦人權」不同於維新人士看中的救國需求，因而產生破壞的作用，《中國新女界雜誌》「國民新角色的探索」與《天義報》「脫離國家的無政府視角」便是與維新人士的救國宗旨有一定程度的隔閡，甚至對立，因而無法達到完全的接合，這便是「異質性」的存在特性。〔註10〕因此，隨著時代變動的波浪，有能力突破傳統牢籠的知識婦女如同異質性的存在，打破男子救國論述的敵對疆界（frontier），一一開始為自己發聲，鮑家麟對此指出：

> 清末民初是中國婦女開始以自己的力量登上歷史舞臺的時期，也是
> 中國婦女地位取得巨變的時期。在此之前，婦女問題已經廣泛地引
> 起了中國社會各階層的注意，自鴉片戰爭以降，中國傳統的文化結
> 構和思想框域受到前所未有的震盪，各個不同時期的先知先覺的知
> 識分子——從由堅船利炮的厲害中學會虛心檢討「天朝中心論」的

〔註10〕Ernesto Laclau, *On Populist Reason,*(London: Verso Books, 2005), p.139.

洋務官僚，到被甲午海戰的炮聲徹底震碎了強國夢的維新派，到高
舉「革命排滿」旗幟、謀求建立共和政體的革命者——都曾經把他
們關注的目光投向沉寂千年的中國女界，試圖從中找出中國積弱的
原因，試圖改變中國婦女的悲慘生活狀況。……中國婦女的非人生
活，到了清代已是登峰造極了，不能不回頭。二十世紀中葉開始醞
釀的中國女權運動，即以廢纏足、興女學為主要課題，兼及反納妾、
反媒妁婚姻，提倡婦女參政及經濟獨立。〔註11〕

這批覺醒的知識婦女是晚清社會中文化素質最高的女性群體，她們是最早接
觸外來事物與思想的先進婦女，在文化資本充沛的條件下，在男性知識分子
主導的晚清現代性話語中，試圖爭奪話語的發言權。

這種論述權力的爭奪與互動，如同霸權立論中「敵對」與「異質性」的
互動闡述，拉克勞以異質性的存在打破敵對所建構出的二元空間的對立。原
本經由敵對作用所收編的個體，應當都納入一個完全再現的空間裡，例如晚
清的救國運動，形成一個無法變動的敵對疆界。然而，敵對空間的疆界是經
常處於變換狀態的。原因在於看似穩固的分立界線，卻是時常受到疆界外的
異質性所破壞，知識婦女的自主視角（三大女報的論述）便是這股改變維新
人士救國論述的異質性存在，因為在敵對關係下所建立的疆界是無法全然阻
擋異質性的流動，也就是出現與維新人士主張不連貫的婦女論述，三大女報
便是一例。拉克勞指出，敵對所建立的疆界，在疆界內部所進行的任何運作
手段都是對於外部進行操控的測試，對此維新人士便是透過「國民之母」的
主張將疆界外的婦女化約為救國論述的理性工具。然而，疆界的內部與外部
並不是存在絕然的否定關係，晚清的知識男女多數都是認同救國運動，因此
婦女問題是救國運動的敵對疆界在建立共同取向時，刻意被暫時排除的他
者。〔註12〕當晚清知識婦女重回婦女自己的切身問題來建構屬於與適合婦女
的婦女解放運動，便會打破男子所劃設的二元性別論述結構，以及救國運動
的敵對疆界。婦女參與救國運動是出自於婦女自主的國民意識，而非男子所
加諸的工具角色，是實質參與社會運作的實踐個體，以林宗素與陳擷芬為例，
她們認同國家民族的救亡需求，但婦女參與救國運動是出自於她的自主意識

〔註11〕 鮑家麟：〈第一章晚清與辛亥革命時期〉，《近代中國婦女運動史》（陳三井主
編，臺北市：近代中國出版社，2000年），頁67。
〔註12〕 Ernesto Laclau, *On Populist Reason*, p.149.

與自由意志，願意擔負同為國民的責任義務，對國家有所貢獻，因此婦女同樣也能和男子享有平等權利。

甲午戰敗後的瓜分風潮，讓逐漸醒覺的知識婦女感受到和男性知識分子一樣的亡國憂慮，因此維新人士主張的婦女救國論述也有一定程度地影響了「她們」。知識婦女在婦女解放意識的覺醒過程中，她們對國家社會的關注，顯示她們對國民身份的自覺意識，因此競相投身「匡濟艱危，以吐抱負」，跳脫「米鹽瑣屑」傳統侷限，將國家民族的發展與婦女解放關聯在一起，成為知識婦女爭取男女平等的重要話語。她們主張男女同屬國民，同有相同的權利義務，婦女有能力盡義務，便該有資格享權利。不同於維新人士婦女救國的工具理性論述，知識婦女更以「婦女享權」為「興國之良藥，文明之根本」的話語來論證女權的必要。她們一方面在女報的傳記欄目中以專文介紹此類的女傑典範人物，例如《中國新女界雜誌》的女傑傳記欄目，呼應這種思維論述；一方面也團結組織，成立女子的救國團體，1903 年留日女學生組成的「共愛會」與「赤十字會」便是例子。因此，知識婦女在婦女解放運動中，不僅提倡恢復女權，也加入女性國民意識的萌生，並透過團體組織的社會行動來實踐她們的國民意識。她們的國民意識不等同於維新人士的主張，強調婦女的個體特色，以新女子的形象來實踐與探索具有特人特色的社會角色，她可以是「國民之母」，但不一定非得是「國民之母」，端看她的自主選擇意識。

男女平等是晚清知識婦女在婦女解放運動上最重要的訴求，她們以「天賦人權」為依歸，主張權利是人人本來便應擁有的「天賦」，傳統父權社會的男尊女卑便是剝奪婦女的「天賦人權」。她們認為上天生人男女本無尊卑分別，所謂「天高地卑」、「扶陽抑陰」乃是後世社會體制運作的產物，婦女因而被迫退居低弱的地位，這是人為的結果，並非婦女天生應該的，因此恢復婦女的「天賦人權」是正當應該的要求。

知識婦女同時也將權利與自由關聯在一起，擁有自由才能享有權利，她們以自主的意識去爭取與男子平等的權利地位，強調以婦女個體的力量去身體力行婦女解放，達到婦女獨立自主的真正實踐，為此陳擷芬說：

> 所謂獨立者，脫壓力、抗阻撓尤淺也。其要在不受男子之維持與干預。夫維持美名也，干預熱心也，奈何卻之？雖然，獨立不思吾女子所以受壓力、困阻撓以至今日者，其始非皆由維持干預來

乎？……吾願明達女子有興女學、復女權之志者，勿自比於屬國
也。〔註13〕

因此，知識婦女積極戮力團結晚清女界，希望以集體的行動來恢復婦女的「天
賦人權」，擺脫傳統的依賴性，行使人格的自由權利。另外，她們還指出傳統
文化的禮教綱常是導致中國婦女地位低弱的最大禁錮，控訴「三從四德」、「男
尊女卑」的傳統觀念對婦女的愚弄與迫害。傳統禮教綱常在父權體制思維下，
強加柔弱、低下、無學的性別角色於婦女，成為阻礙婦女解放的最大阻力，
因此要爭取男女平等就要打破禮教綱常所定下婦女束縛，知識婦女提出「廢
除纏足」、「接受教育」、「社交自由」、「一夫一妻」、「禁止早婚」、「自由戀愛」、
「自立謀生」等訴求，反映出知識婦女相當程度的自我覺醒與對抗傳統父權
禮教綱常的勇氣意志。

她們所實踐的女權論述，針對傳統的婦女問題一一提出甄別，如同異質
性的存在，打破男子所建構的二元對峙的敵對疆界，顯示出維新人士建構的
敵對疆界界線並非是固定不動的，因為知識婦女所代表的異質性會一直干擾
疆界界限的穩定；換言之，晚清婦女解放的論述並非僅僅只是救國運動下的
一個理性工具，知識婦女的視角更多是關注婦女問題的解決，甚至不惜站在
救國運動的對立面，何震對「國家制度」的批判便是著眼此。因此，知識婦
女所存在的「差異的特殊性」，可能會使得原本的敵對關係（救國運動）不時
地因為異質性而有所改變，有時也會成為建立敵對關係（救國運動）的一道
障礙，在晚清婦女解放運動中形塑一股與男性論述與之相抗的女性啟蒙風潮。

此外，晚清女權意識透過女子教育的推展，讓傳統閉鎖於室的婦女開始
意識到自己有權利去爭取自己的權利，也應該成為為自己權利負責的獨立個
體，因此具有啟蒙意識的知識婦女開始跳脫擦脂抹粉的男子依附者角色，大
量吸收關於「新女子」的思想。這些知識婦女在接受新思想的洗禮之後，不
再屈就閨閣之內的生活，走入社會公眾領域，挑戰傳統文化對於婦女「大門
不出，二門不邁」的禮教約束。新的思想與新的教育內涵提供知識婦女打破
傳統文化隔離框架的契機，她們試圖以新道德標準取代傳統禮教綱常，讓她
們可以和男子一樣行走於公眾社會的領域，男女一樣都被納入公眾道德的範

〔註13〕 陳擷芬：〈獨立篇〉，《女學報》第 2 年第 1 期（1903.02.27）；《經世文潮》第 5
期（1903.08.07）。引自徐玉珍、徐輝琪、劉巨才編輯：《中國婦女運動歷史
資料（1840～1918）》，頁 245。

疇裡，如此一來她們便有權利主張「她們」和「他們」一樣，享有同樣平等的地位與權利，因為她們具有與他們一樣的公眾道德。〔註14〕

　　晚清社會蓬勃發展的女報事業提供知識婦女在公眾社會發聲的機會，同時展現「她們」在公眾領域表達話語的能力與學識。知識婦女在女報的媒介作用下，傳播了西方「天賦人權」的新思想，表達她們對新社會的理想願景，試圖透過她們的話語引領傳統婦女走出閉鎖的閨房，邁步公眾領域，在國家富強與文明進步的建設大道上，發揮女性國民的自主意識。透過女報，開展知識婦女對於婦女解放論述的傳播，知識婦女成為可以在公眾領域中發聲的獨立個體，打破傳統「閨制」的侷限；藉由女報，知識婦女以文筆來塑造婦女的國民意識，建構婦女的現代性認知，實踐婦女的「天賦人權」理想。她們反對傳統依賴與奴隸的被動習性，在身體、婚姻、經濟各層面，婦女都應該力求實現獨立自主。知識婦女的身份預示著性別、階級與權力的認同與建構，她們不是傳統社會所認可能發聲的公眾人物。晚清社會的變動給予她們說話的機會，因此當她們自我覺醒時，更能察覺問題之所在。她們批判傳統社會男子與婦女的尊卑，這是性別意識的自覺；比較西方婦女與中國婦女的優劣，這是民族意識的自覺；探討傳統文化與現代文明的價值，這是現代性意識的自覺，這些自覺在在反映知識婦女在論述話語的複雜程度。知識婦女以一個女性意識啓蒙者的身份推動著晚清婦女解放運動，在建構啓蒙意識過程中，她們不僅打破傳統禮教的約束，積極開拓婦女在新時代的視野格局，嘗試調和「新女子」與傳統文化的隔閡，她們的努力反映出晚清社會在文化價值與思維模式，面對時代變化所呈現的一種轉型變化。

第二節　女報論述模式的形成

　　在晚清時期，女報刊行所能直接影響的女性群體，受限於學識教育的開展，大多數侷限於接受過相當程度教育的知識婦女，但這些女性讀者在當下環境是擁有一定文化資本的族群，有著一定的社會地位，因此她們的「話語」很容易成為當時女性群體的意見領袖，女報的論述內容透過她們的領袖角色可以廣闊地傳遞開來。這種由上而下的傳播方式，在中國文化傳統中一直有

<hr>

〔註14〕Louise Edwards（李木蘭），方小平譯：《性別、政治與民主——近代中國的婦女參政》（江蘇省：江蘇人民出版社，2014 年），頁 69。

著一定的功效，來自上層社會的話語容易被下層社會所接受，並且因而仿效實踐。〔註15〕隨著西方思潮的引入，知識婦女在「天賦人權」觀照下追求的男女平權與婦女解放，這一訴求改變傳統中國社會對於女性群體的角色定義，婦女開始建構新的主體形象。女報中的女性群體，包括發行者與讀者群，對於婦女的形象建構扮演著啟蒙引導的作用，利用文字與圖片的媒介提供婦女新的思考模式，以新型的大眾傳播媒體對舊婦女進行新主體的建構。

一、論述主體

隨著晚清的維新人士將婦女置入國家民族拯救與改造的論述內容中，在這樣的社會情境中，伴隨著不同論述主軸改變，女性主體的形象成為一個動態的變化概念，隨著論述角色的變化，婦女成為一種多元而變動的多重性詮釋。

（一）主體的傾向

晚清女報的論述觀點，對於國家民族的立場，或許關聯，或許脫離；但對於婦女解放的宗旨基本上是一致的。然而女報的發行者、撰稿人與發行地之間的差異，讓女報在建構婦女解放的實踐主體也呈現出多元樣貌。威廉斯（Raymond Williams，1921～1988）認為同時代的文化屬性並非是單一性質，其指出共存的文化有三種屬性：主導（dominant）、殘遺（residual）、崛起（emergent），主導性居於支配地位，強勢影響殘遺性與崛起性；殘餘性是有目的地與過往歷史的價值觀建立起意義關聯，而崛起性則是不斷建構新文化模式的實踐嘗試。因此，後兩者的存在顯示在主導性之外，存在著與之抗衡的文化行動，並且正在實踐著與主導性不同的文化經驗，〔註16〕晚清婦女解放觀點的多元呈現正式呼應威廉斯的文化觀點。維新人士的婦女論，以金天翮的「國民之母」為例，強國保種的婦女改造方針是當時（男性）知識分子的主要論點，佔據主導性的地位。《中國新女界雜誌》的婦女論則是強調創發適合中國婦女的解放路線，在新舊之間建構接合的可能性，是殘遺性的代表。《中國女報》與《天義報》則是聚焦在女性個體的獨立意識，試圖完全打破既有機制，正是崛起性的象徵。

〔註15〕 張麗萍：《報刊與文化身份：1898～1918 中國婦女報刊研究》（北京市：中國書籍出版社，2015 年），頁 31。

〔註16〕 Raymond Williams, *Marxism And Literature*,(Oxford: Oxford University Press, 1977), pp.121～127.

不過，雖然這些婦女論在論述立場上有著鮮明的差異，但上述的分類屬性卻也不是絕對地畫分，這些論述對於婦女解放議題的話語彼此是交疊相織的。維新人士希望透過「女界鐘」來震醒「國民之母」，並且希望透過教育手段培養出符合新時代的理想婦女，在陣陣鐘響中，我們可以發現「天賦人權」的主張。同樣地，在《中國女報》、《中國新女界雜誌》與《天義報》之中，也都可以看到「天賦人權」的觀點，同時也都提倡婦女自主獨立的培養。《中國新女界雜誌》保存對傳統美德的讚譽，但也提倡多新事物文化的吸收與學習，同時也與《中國女報》一樣，提倡女學，鼓吹婦女建構自我的實業基礎，擺脫傳統的依賴習性；《天義報》以無政府主義批判傳統文化，但也有從傳統文化找尋話語根基的嘗試。這些徵兆呈現出婦女解放在晚清社會變化脈絡的符應，反映在歷史時代連續性外的不連續特徵。三大女報同異並存的異質性特徵，消除主導、殘遺、崛起的絕對劃分，也打破男子建構的二元性別架構。

交雜異質性的女報問世在晚清社會中發揮了思想啓蒙與婦女解放的社會功能，「她們」都有一個共同的基本主張，便是解放婦女在傳統文化中受到的宰制。婦女解放是「她們」的共同目標，因此無論話語屬性爲何，透過論述的實踐，直接或間接，都在進行著新女性形象的建構，但詮釋的視角不同，便決定「她們」實踐論述的做法，因而在一致的目標基礎之外，「她們」在主體建構與話語脈絡的差異，卻呈現出歷史發展的不連續性。

（二）男子的徵入

女報的問世，除了一群知識婦女的努力之外，其中更多的是知識男子的實踐行動，因此不同於西方國家的婦女運動，晚清的婦女解放是充滿鮮明的男性色彩。晚清的婦女解放運動肇始於男性知識分子對國家民族的憂患意識，拯救國家是這些維新人士的主要訴求。在進步文明的要求下，婦女解放被置入保國強種的思維脈絡中，傳統婦女的衰弱是造成當前國家局面的主因之一，在這種思維下的婦女解放並沒有眞正聚焦於婦女本身的實質問題，「他們」的話語都集中在當前國家文明的落後，是針對社會體制的不滿，因此沒有或甚少觸及中國文化中男女權利不平等的面向。

中國傳統文化中的男女關係，「男主內，女主外」，婦女是附屬於男子，遵守著三從四德，因此傳統婦女很難打破這樣的社會規制。晚清的歷史環境，洗禮西方思想的男性知識分子，開始呼籲與主導婦女改變傳統的社會體制，其中一項具體做法便是發行女性報刊。同一時間，擁有一定文化資本的知識

婦女，她們或許出生於傳統教育，但因受過教育的培養，有著比一般婦女來得高的文化認知能力，這些知識婦女也參與啓蒙婦女的社會運動，投入女報的編輯與發行，但相對於男性人數算是少的。因此，晚清女報的問世，早先多數來自於男性知識分子的投注，而女報的論述話語也充滿著男子主張的救國思維，婦女解放是置放於國家民族需求之下而被動實踐的。因此，男性話語的思維脈絡無可避免地影響到這些女報的編輯邏輯，即便是出自知識婦女之手的女報，其中也是間接充滿知識婦女身邊的知識男子的維新話語，在秋瑾、燕斌、何震的身上，或多或少，我們都可以看到男性話語的蹤跡。

不過，雖然在這些女報的論述當中，知識男子發揮一定程度的影響，在國家民族的框架下主導了婦女解放的社會實踐，但隨著婦女接觸的頻率增加，部分的知識婦女開始擘劃出不同知識男子的思維脈絡，她們回頭正視傳統文化中的女性議題，將視角聚焦在婦女自身的實際問題，不再只是從國家民族的需求來看待婦女解放，她們冀望的是整個社會的結構變革，改變傳統男女的性別架構，身為婦女的她們能夠更加感同身受地了解眞正的女性問題，因此她們對於女報的創發有著不同於維新人士的時代意義。

（三）婦女的身份

中國的婦女在長久的歷史脈絡中，婦女社會形象是被傳統文化所建構的，傳統文化教育並限制婦女的思維方式與行爲模式，刻劃出符合傳統社會所期待與接受的女性身份。

1.男性話語中的社會性別

傳統的父權體制，男子是掌握話語權的人，因此婦女的身份是由男子所認定，無論是在家庭、社會，以致政治，婦女的行爲規範與教育都是由男子所主導，女教的經典實質是男子對婦女期待的修辭。這種修辭體現在「男尊女卑」、「男主女從」的價值觀念上，傳統文化強調婦女「三從四德的柔順身份」，這種制約將男權結構內化於婦女的身份上，意味傳統婦女是自覺地認同這樣的主流文化，「女四書」〔註17〕的出現便是反映婦女的這股認同。傳統社會所編織出來規範文本，成為中國女性行爲規範最適切與正當的修辭，因此

〔註17〕「女四書」意指東漢班昭《女誡》7篇、唐宋若昭《女論語》20篇，明成祖仁孝文皇后《內訓》20篇、明末清初王相母親劉氏《女範捷錄》11篇，四部書籍均在體現女性應遵守三從四德的文化精神，原作者均是女性，表示傳統知識婦女對男權結構的話語是認同的。

晚清的「新女子」如何應對這股來自傳統文化必然的修辭規範是她們必須經歷的社會化過程。傳統的婦女觀是經過歷史長久演變而來，「貞節牌坊」是對婦女遵守傳統美德的表揚，被視爲一個家族的至上榮耀，但隱藏在其中更重要的是對男權結構的擁護。因此，傳統婦女被這些男權話語的行爲規範所包圍，符合三從四德的規範修辭，「她」將獲得賢淑的美名，成爲傳統社會中的「優良婦女」，代價是以她的自我人格做交換，「她們」生活在男子所設定的社會網絡，按照男子的預先劇本扮演著「她的無聲角色」。

而在 20 世紀中期，西方的女性主義反思性別在男女之間的差異所在，認爲男女的行爲模式是一種社會化的產物，也是話語權力運作下的實踐結果。是故，在傳統文化中，男子佔據主導地位，婦女成爲被支配的角色，這種性別互動關係便是話語權力所運作的普遍實踐。婦女的角色在於妻子和母親，爲主導她的男子做好相夫教子的工作，「她」必須按照社會所設定的腳本來演出她的角色。於是，性別角色成爲一種文化構造的產物，反映男性話語權力的思維與實踐，婦女在安排好的既定位置認同預設的主體身份。人的社會化過程是一種性別認知的建構過程，社會對於性別的規範無所不在，規範的核心內涵也是處於變動的狀態，社會中的文化實踐會不斷地複製既有的權力機制，鞏固男尊女卑的社會性別結構，因此這種深根的社會性別觀念，透過各種話語、知識、符號的運作，促使人們對主體身份的建構走向既定的角色，塑造人們對性別的基本認知與認同，〔註 18〕意味舊時代的女性身份形象不僅受到傳統文化所規範，更是在社會中透過各種鼓勵機制，得到了具體化的實踐認同。因此，西方的女性主義者批判既有的性別架構，認爲性別角色既是人爲塑造的產物，那它便可以改變，所以沒有先天必然的女性身份，因爲女人不是天生的。

2.女報中的婦女

晚清維新人士在強國保種的思維，將解放傳統婦女放置到國家富強的變革脈絡中，爲了傳播他們的思維見解，女報的創行便應運而生，希望透過女報的發行，試圖替傳統婦女建構一種新的身份認同，革新她們的價值觀念與生活規範，使其能夠在新的時局發揮新的角色功能，在這股維新話語中，男子又重新幫婦女塑造一種新的身份典範。

〔註 18〕 王政：〈社會性別與中國現代性〉，2002.12.09 上海復旦大學歷史學系演講內容。參照張麗萍：《報刊與文化身份：1898～1918 中國婦女報刊研究》，頁 60。

　　晚清時期的中國社會，西方思想的瘋傳，讓中國傳統的習俗規範在現實中顯得毫無招架之力，無法面對新的挑戰，因此維新人士寄望新文明的變革，改變這貧弱不堪的危境。這種思維遷移到了婦女解放問題上，從婦女的身體上著手，「反纏足」運動成為維新人士打響婦女解放的第一槍，加上「興女學」的呼聲，將婦女從身體與心靈重新塑造成未來的理想新形象，這股呼聲從單一個人團體的呼籲，演變成為衝擊傳統社會秩序的時代潮流。然而，以強國保種為主要目的的婦女解放論，雖然是維新人士的主要論述模式，但這並不代表當時「反纏足」與「興女學」的論述都是從同樣的視角出發，維新人士的「國家」論調話語，對晚清多數的婦女而言，缺乏自身的實際感受，國家民族是婦女甚少接觸的課題，傳統文化也不讓她們置身其中。因此，部分主張「反纏足」與「興女學」的論者，反而從婦女的自身利害出發，直接觸及婦女當下所面對的真實問題，而不是寄望於未來的理想形象。

　　女報上的女性身份，從「國民之母」、「女國民」到「新女性身分」，顯示在晚清時期，不同的話語範疇反映不同的女性身份期待，揭示女性角色在社會中的認同價值，其中包含由知識婦女所建構的新女性身份。知識婦女參與女報的創辦，體現婦女同男子一樣也有辦報的能力，更能支持男女平權的呼聲。在創辦女報的過程，知識婦女意識到女性主體的作用，透過她們的性別視角更能聚焦於婦女切身的真實問題，為傳統婦女應對時代變化，擘劃出不同於男子理想的女性身份。在「她們」的報刊中，女性典範的呈現是報刊傳述新女性身份的主要文本，透過這些進步文明的女性人物介紹，她們的言語與行為對婦女來說有著性別上親近性，為晚清的舊婦女提供一個可以效法的模範。晚清婦女的「新化」，它所改變的不僅僅只是個別婦女的生活變化，更是整個傳統文化的價值體系變動，因此新女子的出現，不但是婦女個人身份的重新建構，也擴及整個女性族群在社會階層的選擇與變動，而女報報導的傑出女傑正是她們社會實踐信心與勇氣的來源。

　　知識婦女在她們的女報呈現的女性身份，是多元又相互重合，也是存在相互矛盾，倡議婦女走出家庭與呼籲婦女回家的話語，「天權論」與「天職論」同時具存於同一時空中。這種對新女性身份的交疊與矛盾，如實呈現在她們的報刊上，而觀點的差異也是反映出晚清知識婦女面對傳統文化與現代思想在兩者之間的游移與猶疑，在選擇新女性身份上充滿多樣性的迷惘，但無論如何，不管是男子主辦還是婦女主辦，晚清的女報文本確實為婦女解放運動

發揮呼聲的工具效果，在社會實踐中起了一定程度的作用，透過這些文本的傳播，爲晚清婦女在建構新身份的選擇上起了一定的示範作用。

二、論述場域

晚清的婦女解放運動，民初談社英曾指出，最初投身這場社會變革運動的人士，多數是個人的行動，頂多是少數有志一同的小團體行動，這些大量的個人與小團體對這場社會變革的具體實踐便是興辦女學以灌輸女界知識與創辦女報以開通女界風氣。〔註19〕晚清女報的論述議題，從一開始聚焦於「反纏足」與「興女學」兩大主軸上，到了後期刊物，更多延伸至婦女的婚姻、就業，最後甚至論及婦女參政的問題，在民國初年，婦女參政議題的爭執更是達到高峰，立場態度果決鮮明。然而，這些女報的刊行，它的作用並不同於現在的新聞媒體，不能算是典型的大眾傳媒，因爲它的讀者群主要局限於知識分子（男女皆是）的社會階層。中國傳統文化習慣以樹立模範來做爲社會群體的仿效對象，做爲達到社會秩序控制的手段，各種形式的「列女傳」便是爲婦女指定社會規範的典範，要成爲優良的婦女便是仿效這些既有的人物範例，可以說典範的仿效是約束傳統婦女的主要社會實踐，因爲「風行草偃」與「見賢思齊」一向是中國社會習慣的文化傳播方式，晚清報刊的論述與傳播模式，或多或少也是依循這樣的文化習慣。與現代的大眾傳媒相較之下，儘管這些女報的讀者族群沒有擴及廣大的社會群眾，同時發行的時間與期數也都是想當地「短命」，但對於晚清社會卻是有一定的影響，帶動了婦女解放思潮，有一定的啓蒙作用，改變傳統婦女「一物不見、一事不知」的閉塞狀態，使其可以透過這些女報可以「調古今、審中外、瞻風俗、察物理、諳時變、稽敵情、新學術、強智慧」。〔註20〕女報改變傳統婦女囚錮性質的教育規範，替她們建立新的典範，透過這些新的典範，讓這些女報讀者開始重新認至自己，建構新的女性認同，有機會選擇不同於往的女性身份，女報便在這傳統習慣的教育模式中發揮不可忽視的啓蒙效果。

（一）話語典範

話語的論述是反映社會的互動關係與傳遞網絡，論述的實踐構築社會中

〔註19〕談社英：《中國婦女運動通史》（上海市：上海書店，1990 年），頁 12。

〔註20〕翦伯贊（編輯）：《中國近代史資料叢刊・戊戌變法》（上海市：神州國光社，1953 年），頁 535。

互動與傳遞的實體，不同的論述實踐會建構出不同的社會實體，並在實體的關係網絡中體現人們的社會主體地位，因此論述的實踐行動成爲話語分析關注的焦點。特定團體、族群、組織在社會中占有的特權，實質來自論述實踐的產物，這些權力由論述所建構，但也會因新的論述而消失，權力的消長反映的是論述的競爭結果，而晚清女報的盛行便是眾多論述在社會實踐的話語爭奪。

　　晚清女報編輯者與撰寫人所帶領的話語示範，最大程度表現在報刊當中的專門論述，或者是針對特定事件的評論，如《中國女報》的「社說」、「論說」、「演壇」、「女學文叢」，《中國新女界雜誌》的「論著」、「演說」、「記載」、「時評」、「談叢」、「文論」，《天義報》的「社說」、「附錄」、「論說」、「時評」、「記事」、「來稿」；又或透過對外國女界事物的翻譯介紹，在轉譯中帶入譯者的個人立場，強化欲傳遞的觀點立場，或倡議婦女應當學習仿效，或呼籲婦女改變傳統陋習。〔註21〕這些欄位的內容以明確的態度立場向女報的讀者傳遞鮮明的觀點主張，藉由絕對肯定的語氣文字來影響讀者的思維意識，透過向讀者演示話語的示範效果來建構女報對女性身份的重新認同。因此，這些清晰明確的論述，不管是在觀點言說的表達，抑或是對社會時事的評述，都具體呈現出女報編輯者與撰寫人在女性議題的個人立場與態度，表達對議題的認同或否定的意見，試圖透過文字引領婦女趨向他／她們所主張的價值取向。〔註22〕

　　女報所呈現的另一種典範作用，便是女性典範人物的介紹。這種編輯安排符合傳統社會對典範人物的接受習慣，透過實際人物行爲的描述，讓女報讀者能夠產生更直接的實踐經驗，夏曉虹曾言：

> 晚清西學東漸，外國女傑的姓名、事蹟亦競相傳入中國。在外來新價值觀的衝擊下，傳統的女性典範驟然面臨空前未有的挑戰，重構理想女性的形象已勢在必行。處此新舊交替的時代，一批中外婦女傳記以及各地女報的「史傳」專欄紛紛出現，及時爲晚清女性提供了眾多取向不一的榜樣。而基於政治理念、文化地域與時間差別的典範選擇、闡釋之異同也隨之發生。〔註23〕

〔註21〕《中國新女界雜誌》的科普文章與女界記事便是這種情形的具體反映。
〔註22〕張麗萍：《報刊與文化身份：1898～1918 中國婦女報刊研究》，頁 73～74。
〔註23〕夏曉虹：《晚清女子國民常識的建構》（北京市：北京大學出版社，2016 年，頁 35。

因此，女報透過女性典範人物的專欄，藉由這些典範的新形象取代舊傳統的女性楷模，尤其是西方女性典範人物在職業場域中所展現的傑出形象，為當下婦女提供一種新身份的認同與選擇的演示。另外值得注意的是，女報對於女性典範的選擇，除了外國婦女的引進之外，也試圖從傳統歷史中去尋找適合的可能典範人物，花木蘭便是最常被提及的例子，除此之外，女媧更是常被援引的指標人物，在《中國新女界雜誌》與《天義報》裡，我們都可以看到女媧形象的再塑造。這意味中國婦女的本質上也是可以有像西方婦女建立那般豐功偉業的能力，不若傳統文化所認定的「無才」，同時女報所追求的女性典範也去除傳統價值的侷限，不再只是賢妻良母的楷模表象，而是關注於婦女可以在國家社會的公眾領域中發揮自我意識的公共影響力，這表明女報認知到傳統社會在性別結構上的操弄與控制。季家珍認為此一時期的新舊文化衝擊，產生一定程度的結合作用，她說：

> 結合傳統與現代的典範，這種做法所顯示的作用遠遠超過政治思維上儒家思想和西方文化的混血，其中存在著對性別認同的的基本課題，引發了對既有的社會性別結構與實踐意義的質疑，對於晚清的女性而言，她們所感受的時代變化與新舊衝擊，可能比明末清初或五四時期的女性論述都要來得更加深刻。〔註24〕

因此，西方與傳統女性典範的呈現，顯示女報的編輯者與撰寫人認為傳統文化與現代思維中有著內在轉變與過渡的可能性，試圖透過熟悉的「古有明訓」來轉化建構現代的新思維。因此，西方女性典範的出現，改變婦女對傳統文化的認知架構，打破傳統婦女身份認同的價值體系，為晚清婦女在尋找新的身份認同上提供選擇的可能與啟蒙的作用。

（二）文本空間

晚清社會的發展有別傳統，新式媒體的傳入，改變傳統社會訊息的流通模式，也改變知識的傳遞網路，透過報刊的發行，涉及民眾的公共事務可以傳播更加的廣泛，使參與討論的群眾更多，其牽涉層面業更加廣泛。在知識教育不普及的晚清社會，對於普通民眾要能夠確實理解與掌握各種公共議題有相當程度的難度存在，而民眾對議題的知識有限，也間接減少民眾對於議題決策過程的參與。民眾對於社會議題所採取的態度與主張往往受到個別文

〔註24〕 季家珍：〈孟母遇見現代：二十世紀初女子教科書中的女性典範〉，《近代中國婦女史研究》第 8 期（臺北市：中央研究院近代史研究所，2000 年），頁 135。

化背景與學識能力的影響，而具備相關議題的充分知識、資訊、甚至能力，能提高民眾對社會議題決策過程的參與程度，報刊的作用便在於提升民眾對於社會議題具備基本的學識能力，女報有別其他的報刊的地方是，它將它的民眾族群鎖定在於婦女。

不同的女性話語主張，透過女報所搭建的對話橋梁，磨合不同觀點間的差異性，婦女透過閱讀也間接參與議題的討論對話。在女報的媒介調和之下，女報的報導內容便成為讀者與編者的實質對話內容，也是促使女性議題討論互動的媒介要素。經由女報的傳播，婦女從「一物不見、一事不知」的封閉人，開始接觸社會的運作，涉入女性議題的對話場域。是故，晚清女報所扮演的功能，最重要的便是新女子的教育者，讓婦女知悉新時代社會中經濟、政治等各種議題層面的趨向，讓婦女了解自己所身處生活環境的實質狀況。換言之，假若婦女對女報的接觸頻率越多，在當中建構的社會經驗可能性便越高，一來婦女透過女報獲知更多議題相關訊息，二來女報促使婦女對女性議題產生直接的經驗，使得婦女解放議題得到正向的發展與影響，這些特性都是晚清女報刊行所想要達到的效果。

女報透過多元的言語來傳達「天賦人權」的平等思想，實踐婦女解放與發展女權的價值核心，透過女報更多的傳播，讓晚清婦女解放運動更加開展，雖然「她們」的主張訴求無法立即獲得實踐，也無法立即改變婦女的實質生活，但「她們」的發聲確實打破父權社會的性別權力架構，提供傳統性別結構新的可能價值趨向，這是不同於往的性別關係，為民初女權運動起了鋪陳的基礎作用。女報樹立新的女性身份認同，強調婦女的自主自立才能實踐真正的男女平權，雖然婦女解放是在國家民族的政治思維脈絡中走向歷史舞台，但在這種有特殊目的的時代氛圍中，女報建構一個新的特殊的文本空間，在其中呈現的新女子成為中國婦女新的認同標的，使其開始反思傳統文化的性別權力架構，在性別平等、實業經濟、婚姻自由、婦女參政等方面提出呼籲。在女報的論述場域中，編者以婦女的口吻述說新女子的形象，對女報的讀者提供一個具體實踐的可能性，也就是說，女報建構新女子形象的論述過程，也是現實社會中傳統婦女邁步新女子的經驗歷程。

晚清女報的盛行反映當時社會知識分子對婦女解放議題的關注，但受限當下社會的客觀條件，整體教育程度的低落，女報實際的影響層面仍然受限於少數的知識階層，不若現代大眾媒體那般的傳播效果。然而，女報編輯者

與撰寫人的大量出現，他／她們話語或多或少帶動晚清婦女的解放實踐，將傳統閉籠一室的婦女帶入社會變化的時代洪流中，無論它的具體成效如何，這體現晚清知識分子試圖引領社會走向進步的嘗試，而婦女投入女報活動的參語，也是彰顯女性主體意識的自我覺醒，這些都是晚清社會現代性演變的里程碑標誌。

第三節　婦女解放論述的稀有性、外緣性與積累性

「知識考古學」對論述的分析採用三個更為深入的法則：稀有性、外緣性、積累性。晚清婦女解放運動中，關於女性意識主體的建構，婦女跳脫傳統規制是必然的趨勢。婦女解放運動的核心觀點是「天賦人權」的恢復，但在晚清殊異的歷史情境中，在國家民族的危境框架下，維新人士對「天賦人權」的詮釋，將「權利的擁有」被替換為「義務的擔負」，強調「匹婦有責」的貧弱指責與救國義務；然而，不同背景的知識婦女，從其自我的視角，嘗試建構不同於維新人士的詮釋路線，在不同程度的國家關聯差異下，顯示婦女解放的多元歧異面貌。本節從「知識考古學」對於論述稀有性、外緣性、積累性的分析法則，以不同的思維角度探討晚清婦女解放運動中女權意識主體的建構歷程。

一、稀有性（rarity）

「知識考古學」將論述的實踐視為是一種權力的運作，一但論述成為一種權力的資源象徵，話語（words）的表達便存在著競爭的衝突，因為可以擁有的資源數量有限，因此真正掌握話語權力的論述是稀有的。眾多的論述為了在有限的資源中取得脫穎而出的發聲權，構成論述的陳述便有其特定存在條件與操作要素。在歷史的時間洪流中，陳述組合成多元樣貌的論述，但實際被紀錄在歷史文本中的只有少數，意味真正被表達出來的論述是少數的，而這些少數論述卻是扮演歷史論述的「正聲」角色，「知識考古學」的稀有性分析便是針對論述的這種現象，找出這些「正聲論述」何以出現的規則性，揭露出陳述運作的條件要素，以及在話語的演示空間中，陳述的分布情形與特殊地位。社會運作藉由論述來傳遞知識、技術、思想等，然而用來表達論述的文字或語言卻是無法完整呈現論述的全部面貌，以至於人們所接收的論

述是片面不完整的，論述成了存在缺漏的表達，它不是處在飽和的狀態，而是一種充滿溝陷、脫漏、空白的分布面貌，〔註25〕無論文本的數量有多少，論述永遠是一個不完整的話語表達，因此「知識考古學」針對論述的分析提出稀有性的分析原則，去描述論述出現的形構場域，以及為何是這些論述被揭露（呈現）出來。因此，對於晚清女報在婦女解放議題上的論述分析，便不能單就於報刊篇章的內容來看，從其「稀有性」的特徵著手，關注這些論述何以出現，並佔據那些文本空間。「知識考古學」強調從陳述價值的評估著手論述的分析，〔註26〕而陳述的價值指涉出論述涉及的相關文本空間、訊息傳遞與轉變能力，當論述成為話語形構的一種資源時，它變形成社會互動與實踐的權力象徵，不同的論述彼此之間相互競爭，爭奪形構話語權力的資源。晚清婦女解放路線的爭論，在論述的背後蘊含著性別規範的權力運作，論述者為了不同的目的，在不同的視角下，提出不同的婦女解放詮釋，與傳統文化保持著不同關係：或者承襲，在國家民族的框架中，婦女成為男子強國保種的工具；或者斷絕，徹底打破原有的性別權力架構，訴求新女子的主體獨立；或者接合，在傳統與現代之間游移，反思新女子的適合形象。

　　從論述的路線變化來看，受到社會達爾文主義的影響，訴求文明進步與強國保種的思維是當時最大的主流，因此婦女貧弱的本質需要被重新塑造，於是反纏足、興女學、投入實業經濟等新女子面貌的主張紛紛應世。然而，晚清婦女解放的論述並非只有從國家民族框架出發的視角。對維新人士而言，婦女解放是他們採取的救國方針，「解放」之意在於改變婦女依賴、貧弱的本質，將其塑造成未來的理想婦女，擔負「她」的責任，扮演好「國民之母」的定制角色。但對知識婦女而言，她們對婦女解放的論述，在國家民族之外，更加關注女性主體意識的建構。晚清的歷史情境，「救國」是知識分子的群體運動，即便婦女也是認同這樣的主張；但在救國之外，知識婦女更加關注婦女解放運動中的性別架構變化，「她們」不甘於只是「救國工具」，更多的是要成為參與國家運作的實體，擁有實質的國民人格權利，如此才能真正改變長久以來父權社會所建構的性別權力關係。因此，知識婦女從不同的視角詮釋婦女在國民角色上的想像，從不同的立場佔據不同的發聲位置，但她們的論述話語都化約在婦女解放的議題身上，在這個共通的觀點理念上，

〔註25〕Michel Foucault，馬月、謝強譯：《知識考古學》，頁116。
〔註26〕Michel Foucault，馬月、謝強譯：《知識考古學》，頁117。

不斷發展轉變話語的論述策略，擴大婦女解放論述的發聲空間。

　　晚清婦女解放運動的面貌，是各方知識分子、團體組織從其不同的目的與訴求，在不同的詮釋視角下，觀點與路線相互衝撞造就的產物。運動倡議者的觀點被鑲嵌於多重交疊又錯綜複雜的論述脈絡中，並在這些論述的變化中，相互爭奪話語的發聲權，追求與展現具體的社會實踐行動。晚清的時局危境，國家民族存亡的憂慮無時無刻挑動著維新人士的敏感神經，婦女解放的社會實踐便因這種外在因素被化約到文明進步的救國目的中，直接影響到婦女解放在社會實踐中所採用的生存與因應策略；國難當前，維新人士主要關心的是如何改變國家的命運，在救國的大框架下，「他們」的婦女解放是著眼於婦女可以爲國家發揮何種國民功能，因此維新人士的婦女解放論述多數聚焦於婦女與國家的關係，企圖將國家需求加諸在婦女的未來理想形象，以此確保國家文明可以走向進步正向的發展。維新人士對婦女解放運的投入，可以視爲是一種工具利益與目的利益並存的社會行動。維新人士藉由婦女解放的實踐來達到拯救國家的目的，改造傳統婦女，使其變身成爲符合國家需求的未來理想婦女是他們所採用的手段，與婦女相關的反纏足、興女學與實業經濟等論述，都是滿足救國的政治目的，實現文明進步的理想，改變當前的國家危境。然而，晚清婦女解放所涉及的行動者並不只有維新人士的群體，其中亦牽涉諸多知識婦女投入這項運動。知識婦女有別男子爲主的維新人士，她們對婦女解放的論述是站在更多的女性視角上來發聲，她們有著不同於維新人士的生活背景，更加關注婦女自身的最大利益爲何，因此在「她們」與「他們」的婦女解放論述之間，形成一種話語權力的爭奪。女報做爲婦女解放的實踐文本，它的刊行是行動者對婦女解放理念的堅持，但有限的文本只能呈現出有限的論述話語，而這些話語卻是來自脈絡錯雜的權力競爭關係所建構的。社會的運作往往牽涉到權力的爭奪，一場新的改革運動便會影響既有權力者所掌控的資源。在國家民族框架下，維新人士所關注的是婦女對國家的工具性，而不是她應該擁有什麼權利，「天賦人權」在這裡是與國家目的相衝突的，他們並無男女平權的認知，強調婦女的「國民義務」，「國民之母」的重點在於「母」，而非「國民」，而這種女性工具論的思維成爲知識婦女所批判的對象。

　　事實上，婦女解放論述的差異，無論是保守、激進或過渡於兩者之間，它所反映的是不同話語權力的爭奪。其中最直接的牽涉便是傳統父權體制的

男女權力關係。在傳統父權體制下，婦女是男子的依附者，沒有她的聲音，她的存在只是輝映男子的表徵，如同月光僅是太陽的「反映」，是隨著象徵中心波動的邊緣表徵。在父權中心的運作下，婦女解放開展在救國論述的話語中，與晚清時代思潮背景有直接關係。甲午戰爭引發的瓜分風潮，促使知識分子開始著手制度層面的改革，維新運動雖然以百日失敗收場，但所帶起的維新風潮卻是影響了整個晚清社會。源自西方的社會達爾文主義，讓維新人士認為國家貧弱在於文明落後，為使國家走向富強，建構進步文明是必須的，而傳統婦女的依賴、分利等特質是被視為落後的象徵，因此需要被改造；婦女若能經由放足、興學、參與實業，變成自主生利的「國民之母」，貢獻於國家，將使文明由落後轉為進步，國家便能走向富強。父權體制下的傳統婦女，是纏足、無學且分利的依賴者角色，是維新人士認為文明落後的指涉表徵；現在國家要走向進步文明的軌道，因此落後的婦女需要被改造，符應象徵（男子）中心的新要求。婦女同為國家的人民，因此要求婦女要對國家有所貢獻，盡其義務。然而，維新人士將婦女解放視為救國方針，婦女改造是文明進步的實踐手段與工具，這是婦女解放主流的論述路線。晚清的婦女解放運動，維新人士將「她」從表徵邊緣拉進了象徵中心，因此從反纏足、興女學到實業經濟，充滿著男性視角的國家利益與目的，婦女的工具性質強烈，文明進步的話語主導了婦女解放路線的聲音，「社會達爾文主義」的手段目的超越了「天賦人權」的本質核心。

是故，知識婦女所倡議的婦女解放論述便是批判維新人士工具性的話語。她們將焦點關注婦女面對的實質問題，雖然對於傳統文化的價值有著不同的評述，但都認同「天賦人權」的核心價值，婦女與男子同為國民之一員，便應該享有相等的國民權利，盡負相同的國民義務，同時她們也都認為婦女的衰弱本質是父權體制運作的結果。因此，為了實踐「天賦人權」，她們從不同的視角來詮釋各自的婦女解放論述。採取溫和路線的女報論述，例如《中國新女界雜誌》，試圖在傳統與現代之間架接一條接合的渠道，調和新舊之間的對立衝突，走的是一種修正的中間路線，不採取乾坤大挪移式的典範變革，藉由傳統話語的過渡來增加發聲的力量，擴大論述的被接受性。但另一方面，採取激進路線者，如《中國女報》與《天義報》，她們認為婦女在當下確實是衰落的，但這種衰弱是傳統文化與父權體制所運作的「不公」現象造成的，說出維新人士沒有說出的話，在批判男性話語的過程中，試圖爭奪男子的論

述主導權。激進的知識婦女採取激烈的論述話語，急切希望改變婦女當下的衰落問題，亟欲在當下便落實理念的社會實踐，這造就了她們的大反傳統的速效型策略話語。不過，無論溫和還是激進，知識婦女的論述話語都充滿著對傳統父權體制的反抗，因此在不同程度上都有訴求既有體制的革新，以至於到重新塑造新典範的大規模變動。然而，這種建構新典範的婦女解放論述，若是脫離救國論述的話語範疇，不僅對既有的性別認知體制產生若大的衝擊，傳統文化中的諸多環節也未能銜接轉化這些衝擊，知識婦女倡議的婦女解放往往受到傳統論述的反動，而女報的發行數變反映了這種現況。《中國新女界雜誌》在論述路線上屬於相對溫和，它 6 期的發行總量便達萬本以上，這是晚清數量相當大的報刊；而採取激進路線的《天義報》，雖有 19 期，但總量也僅有 500 本左右。〔註27〕

　　知識婦女的婦女解放論述，無論是激進或溫和，都有其論述上的開創與局限，但與傳統的接合程度差異，卻是能影響「她」被晚清社會接受的程度差別。然而，不同路線的論述主張，對晚清婦女都產生一定程度的生活影響，「她」必須因應賴以熟悉的生活產生變革，同時傳統父權文化是否接受這樣的改變與挑戰，婦女都要面對新典範產生的衝擊與壓力。從國家民族框架出發的婦女解放主流論述，聚焦在婦女的救國的工具性質，並未關注於婦女的權利本質；而知識婦女的婦女解放運動，訴求婦女可以擁有她的「天賦人權」，與男子一樣享有同樣的國民權利，婦女擺脫傳統的依賴習性，自主獨立。這兩種論述在國家需求的框架下，產生一定的相互矛盾，尤其當國家對婦女的工具需求不再那般強烈之後，男子與婦女的角色期待便產生對立衝突，傳統習性的性別角色呼籲悄然復辟，不僅反對婦女對國家政治的參與，更甚者直指婦女應該「回家」，回歸母親的傳統角色，以至於後來在國家制度與天賦人權的對立話語中，「母職說」的論述占了上風。

　　投入婦女解放的晚清知識婦女，她們都有鮮明的理想色彩，但無可避免地，她們的話語直接挑戰既有的權力架構，衝撞男子主宰的社會秩序。女權地位的提升，某種程度反映出男性特權的消解與喪失，男子不再掌握社會秩序的絕對控制。在傳統社會「男主外，女主內」的思維裡，呈現男子主導、婦女依附的性別架構，婦女被限制在家庭生活的範疇，她的工作是「相夫教子」，理想角色是「賢妻良母」。婦女解放運動的肇始，因為國家的需要希望

────────────────

〔註27〕萬大鋐主編：《中華民國開國五十年文獻》第 1 編第 12 冊，頁 679。

婦女走出家庭，投入社會，貢獻國家，創造婦女的實業價值，變成「生利」的國民。當婦女的生活世界不再侷限於家庭的範疇，她的認知世界隨之變大了，嘗試跳脫傳統框架，試圖與男子競爭相同的話語權，形成一股意見論述的知識婦女群體，她們投身於社會化與的競爭場域，爭奪男子在社會秩序的主導權力，意味晚清婦女解放運動在救國之餘，額外產生一條維新人士沒有、甚至反對的歧出路線：純粹女權的話語。因此，婦女解放對維新人士而言是一種工具手段，對知識婦女而言是一場權力爭奪，論述即在社會實踐的過程中產生互動。

細究晚清婦女解放的多元論述，維新人士「救國」思維與知識婦女「女權」視角的話語競爭，存在國家體制與「天賦人權」的矛盾對立；知識婦女的女權論述本身，對傳統文化採取的對應態度差異，也產生溫和與激進的歧異路線。總結來說，晚清婦女解放的多元路線，救國憂慮主導的論述話語，模糊了女權的核心本質，一旦國家危境不再持續，婦女救國的工具性質便不再被重視，此一特點在主流論述的表面是沒有被明說出來的。

二、外緣性（exteriority）

「知識考古學」分析論述的另一特性為「外緣性」，外緣性的分析試圖將論述恢復到原本離散的分布狀態。〔註28〕在論述不連貫的軸線上，將論述內容視為一種話語的實踐場域，就論述本身的運作層次來進行敘述。社會上的各種論述充斥，不管說話的人是誰，佔據怎樣的位置，所表達出來的話語都帶有自身的立場，而這個立場源自於其所身處的外在社會環境、文化背景、傳統規範所影響。因此，「知識考古學」將論述視為由外在形塑的產物，論述所說出的話語都是實踐在社會規範中，而外緣性的分析便是找出論述在社會實踐中的運作脈絡與權力結構。「知識考古學」以論述的外緣性做為論述研究的一種建構視角，試圖找出形塑論述的陳述的離散狀態，重新替論述做出新的表達話語，使論述跳脫既有規範的局限，更加貼近原有的先存狀態。「知識考古學」認為已經被表達出來的論述，在歷史軸線上無法永遠保持它原有面貌的清晰，它實踐的本質、模式、規範都會隨著時間演化而有所改變，外緣性分析的意義便在於分析論述於外在環境的運作中，如何藉由那些已經被說出來話語來呈現發聲主體的特殊地位。

〔註28〕Michel Foucault，馬月、謝強譯：《知識考古學》，頁118。

　　晚清婦女解放運動中，知識婦女的視角將恢復「天賦人權」當做是婦女解放的第一要務，婦女不應該只是成為男子救國的工具手段，婦女應當與男子一樣，享有相同的國民權利，而不是男性國民的附屬品。維新人士的婦女救國論調是當下時空的歷史產物，他們聚焦的是如何改變國家的未來命運，而非婦女本身的問題，意味女權是否恢復不是他們關注的重點，國家民族是他們的第一要務，因此維新人士將婦女解放納入國家拯救的範疇中是因為他們認為這樣可以達到他們第一目的。在維新人士的婦女救國論述中，婦女從傳統的家庭範疇被移置到國家社會的公共場域中，從家庭「被動的依附者」變成國家「主動的依附者」，在國家層次中盡負「她的義務」。這種婦女解放論述，知識婦女認為婦女只是從家庭的奴隸變成國家的奴隸，婦女的地位並未有真正的改變，原有的問題依舊存在。她們並不反對國家是需要被拯救，但這是男女都需要面對的問題，同時男女都對國家有其義務，當然也就有其權利，因此「復權」與「救國」是相等重要的目的，試圖改變男尊女卑的性別架構；更甚者，主張激進路線的知識婦女，將男子的婦女救國論述視為一種新的性別宰制，將論述更加聚焦在女權的恢復。知識婦女的背景差異，使得她們的主張與男性論述之間有著不同距離的差異，或者相容、或者對立；換言之，晚清婦女解放在男子主導的救國思維中，婦女解放的具體實踐並非是走在單一的軸線，受到諸多外緣因素的競爭與影響，產生多樣的岔路。

　　影響晚清女清解放論述的外緣因素，本論文認為主要有以下 3 點：

1. 論述者的活動地域：晚清時期的女權運動發展，依照分布地區可以大約化略兩大地方派系，即京師地區與蘇滬地區。前者位處天子所在地，其論述主張相對溫和保守；後者位處外國勢力範圍，其論述主張代表激進開放。

2. 論述者的政治立場：晚清的保皇、立憲、革命等不同的政治主張，對現存的政治機制採取不同的立場，呼應這些政治立場的論述，婦女解放的話語也會隨之變化。支持現有政治機制，論述路線相對溫和，反對現有政治機制，提倡婦女走向革命路途。

3. 論述者的思想源頭：從西方引入的自由權利、天賦人權、社會達爾文主義等觀點，論述者吸收哪些新的思想理論，這些新思維便會反映在其說出話語，最鮮明的變化莫過於無政府主義的主張。

再加上論述者的出身背景上的差異，這些差別對應在婦女解放運動上，在話語上同中有異，看待婦女解放的視角、論述都存在著不同層次上的差異度與

複雜性。

　　基本上，維新人士的婦女解放論述擁有一定的話語權威，因為在當下的社會環境中，傳統的性別架構賦予他們這樣的話語權力，同時也對社會運作機制產生一定的影響。對維新人士而言，影響他們論述的最大外緣因素便是晚清國家危境，在外交與戰爭一連串的挫敗，尤其瓜分風潮事件的發生，讓他們深刻體會到亡國不是不可能發生的。維新人士從其旅外的經驗來看待晚清的危境，他們認為列強之所以強盛在於文明進步，中國明顯在這一點遠遠落後，而他們所指涉的落後代表便是二萬萬依賴分利的婦女，中國婦女的負面特質成為國家衰弱的肇因。在維新人士的救國思維裡，國家之衰弱乃因婦女之衰弱，婦女被視為造成國家危境的指涉對象，因此改變婦女的衰弱便可以使國家走向富強。這種思維論調明顯受到社會達爾文主義的影響，「婦女－國家」議題的設定反映晚清的社會情緒，尤其是男性知識分子的因應心理，因為他們在「士大夫」的習慣思維上亟欲尋找一種解決國家問題的方案。然而，同樣也有旅外經驗的知識婦女卻採取不一樣的主張觀點，她們沒有傳統上士大夫的包袱，因此新的經驗促使她們聚焦於婦女的本質問題。知識婦女之間有著不同的旅外經驗與職業角色，使得彼此之間的論述同異並存，並且試圖挑戰傳統男尊女卑的性別結構，爭奪社會論述的話語權力。因此，知識婦女與維新人士爭奪婦女解放的話語權力，《中國女報》、《中國新女界雜誌》、《天義報》的問世便是在男子救國軸線之外，佔據話語空間的女性論述。

三、積累性（accumulation）

　　「知識考古學」在分析論述的第三個法則是「積累性」，其特性在於透過描述論述的實踐方式，以及論述自身與其他論述之間的關聯性，以此呈現論述存在的特殊脈絡。「知識考古學」主要在分析陳述話語的表徵結構，陳述話語的發生如同歷史事件一樣，是不斷積累的結果。文本（text）是人們對歷史記憶的存在標記（mark），文本的實踐則是人們重新閱讀、詮釋、轉譯這些標記，賦予它新的意義。「知識考古學」將這種文本標記視為一種實踐跡象，試圖分析這些遺存的運作痕跡，重新檢視論述被再次實踐或遺忘的運作機制與可能條件。「知識考古學」指出論述的留存是透過社會既有的物質技術、實踐機制與關係網絡等的運作模式，因此論述的存在是在社會的運作體系中被呈現出來的。「知識考古學」將這種呈現出來的論述視為一種殘跡（remanence），

在這個殘跡中，我們可以發現論述實踐的各種蹤跡脈絡，而在這些蹤跡脈絡中才能真正找出論述特有的存在模式。

論述隨著時間軸線的推進，它的內容是日進累積起來的，透過歷史事件的重重堆疊，增加它的存在痕跡；但同時地，在論述形成之後，隨著時間流逝，它也不斷地被人遺忘；有些論述留存下來，有的則是消失無蹤。遺留下來的論述，可以提供後面的人檢閱它的內容，可以從中追尋當初論述表述時的標記殘跡。這些殘跡再度被重新解析，便不受原本的時空限制，可以解放它的意義，「知識考古學」便是經由這樣的特性來描述論述如何被保存下來與再度重新使用的機制。

晚清婦女解放運動的論述存在多元的話語模式，團體、學校、報刊都是論述的實踐方法，因此婦女解放不是單一飽和的意義整體，它的多元性是該被視為一個不完整的片段形象，並在其中找出論述積累的特殊模式。對知識婦女而言，她們透過報刊建構的主要目標論述，聚焦在傳統社會男女地位不平等的批判，這種不平等的現象導致婦女喪失她原有的權利，無論這個喪失是因為婦女的放棄或是男子的壓迫，批判傳統社會體制，打破不公的權力結構是知識婦女在婦女解放論述的首要目標。

積累性的分析不將焦點固著於說出的話語，而是探討說話的主體是佔據怎樣的發聲位置，找出不同論述之間的權力運作與支配關係，以及之間關係脈絡的共通話語，婦女解放的論述便是透過這樣的論述實踐而不斷的積累下來。對「知識考古學」而言，積累性的議題不僅僅是流傳文本的重新檢閱與詮釋，同時關係到論述實踐所引發的知識生產。人們在歷史的各個時期，透過社會文化的實踐過程，認知自我與他者之間的互動關係，在這層關係中建構出共同的認知基礎，因此話語是在特定歷史與社會情境中被實踐的。晚清婦女解放論述的積累性便在於特定歷史情境中，女權主體建構與具體實踐一組陳述組合，這組陳述的內涵涵蓋了論述的知識產物、描述方式與運作規則，特過這些機制論述得以存在，並且積累成一項具權威性的話語，從中可以看到婦女解放的積累性分析，它的論述是被放置在特定情境下實踐運作的陳述產物。

另一方面，婦女解放的何種論述得以不斷累積而重現，誰又佔據了發聲的位置，當中便牽涉到話語權力的互動關係。知識考學認為論述的產出同時，說話的主體也同出現，但是發聲的主體是由知識體系與權力結構所決定，因

此必須受到特定的社會情境所侷限。佔有發聲空間的主體，便掌握論述的合理性。維新人士的婦女救國論便是晚清特殊情境的話語產物，與國家結合的婦女解放，使他們的論述呈現一種與歷史情境相容的表象，讓社會大眾更容易接受他們所傳達的觀點主張。總歸而言，論述在不同歷史事件中的積累，其所牽涉的權力結構並不是固定不變的支配關係，知識與權力的運作是一種動態變化的關係，可能支持論述的積累，也可能逆轉論述的重現，因為論述的積累是奠基於歷史情境的脈絡中。論述的積累性揭示重新文本媒介解讀的可能性，文本（報刊）所提供的訊息，它所傳達的意義不一定如同版面文字那般的反映呈現，因為透過這些文字，讀者反而可以從符號、知識、圖像去建構其所認知的「真實世界」，夏曉虹曾表示說：

> 這一對晚清社會的重新認識，藉助於近代新興的報刊媒體，而獲得
> 了更實在的印證。〔註29〕

因此，晚清女報所呈現的婦女解放運動面貌，透過團體與個人在文本上的不同話語，分析婦女解放論述的積累內涵。以維新人士來說，他們將目標聚焦於救國第一，在積累性的思維下，從梁啟超、馬君武到金天翮，他們的論述便不斷強化婦女救國的論調，「國民之母」的理想婦女形象便被他們所建構出來。因此，探討晚清的婦女解放論述，各種論述的分必須考量其積累性。

　　分析一個歷史時代的論述檔案，我們無法進行整體無缺的描述，流傳的檔案會因研究者的觀點與焦點而產生與原本歧異的詮釋面貌，因此檔案無法呈現一幅連續的真實場景。「知識考古學」以分析論述的形構做為研究的進路，深入探討論述實踐所牽涉到的「稀有性」、「外緣性」、「積累性」，藉由純粹的描述試圖還原歷史事件的可能面貌。在「知識考古學」的研究思維裡，論述是歷史事件的遺存痕跡，但「知識考古學」不強調論述起源的追尋，不相連「現在」與「從前」，透過描述，找出並質疑在檔案中現在被說出來話語，依據這樣的研究思維，本論文即在探討晚清婦女解放論述中，對那些已被表達出來的描述進行論述的考古學分析，進而反思在主流話語未被說來的話語。

〔註29〕夏曉虹：《晚清女性與近代中國》，頁2。

第六章　結　論

　　本文從傅柯的「知識考古學」觀點來探討晚清女性意識主體的建構，並以《中國女報》、《中國新女界雜誌》、《天義報》做為分析文本。本文歸納「知識考古學」的分析觀點，嘗試以其「不連續」的史觀來分析晚清女權意識主體的發展，梳理與分析晚清時期女權論者在詮釋西方「天賦人權」理論，對於女性啟蒙主體的建構視角。從分析得出晚清社會以維新人士在救國視角下倡議「國民之母」的主張為婦女解放的主要論述，但在此一中心軸線之外，三大女報則從婦女問題的視角分別提出「盡與男子一樣義務」、「國民新角色的探索」、「脫離國家的無政府視角」等三種路線主張。三大女報觀點與維新人士的差異之處，除了性別二元角色的框架之外，更多是對於婦女問題的關注與否。另一方面，「天賦人權」思想在晚清社會的傳播，受到知識分子國家存亡危機意識與當下中國歷史情境的雙重影響，因此在詮釋理論的過程中，轉換了理論原本的面貌，以配合國家民族的需要。而婦女解放與啟蒙的女性主體，則在不同的女權話語路線與變化後的「天賦人權」，因應國家民族需要的大前提之下，不斷變換自身的形象與實踐的位置。綜合歸納前面論述，本文結論分為兩個部分，一者為「知識考古學」理論部分，一者為「知識考古學」在晚清女性意識建構的應用分析。

第一節　「知識考古學」的分析脈絡

　　傅柯的「知識考古學」理論，本質上並未提出具體的分析方法與步驟，但從「論述」的領域為歷史事件與文本內容的研究提供一個新的詮釋視角，本文將「知識考古學」歸納為以下幾點：

（一）論述領域

「知識考古學」以論述爲分析的核心，將論述視爲個別的歷史事件，分析論述的內容就如同翻查事件檔案一樣。傅柯將社會文化的運作歸結爲各種論述在社會空間的具體實踐，因此特重論述在個別社會文化情境中的分析，力求揭示論述的形成與實踐背後的權力機制與策略。傅柯明確指出論述便是一種事件，[註1] 論述的運作便是歷史事件的社會實踐，再由個別事件匯集成社會文化的機制系統，傅柯稱之爲「檔案」。不同的社會有不同的情境結構，如同個別檔案結構也不同一般；分析論述的形成與變化機制，便如同翻閱這些多元的檔案一般，從中找出論述事件背後的可能原因、策略與權力運作，這便是「知識考古學」思考的重心。

（二）空間性

「知識考古學」跳脫傳統歷史學單一線性的軸線思考模式，主張歷史事件的發展脈絡是一種多元的空間結構，去除對整體、統一、連續、起源的一致性追求。傅柯認爲傳統歷史學過份著重於事件的時間軸延伸，將事件歸納出符合時間推演的邏輯順序，僅僅只是一貫性的表象呈現，無法揭示歷史事件的眞實面貌。因此，「知識考古學」從多元空間來看待歷史事件的分析層次，將其置放在紛亂熙攘的空間情境，讓事件之間相互碰撞、衝突、排擠，呈現歷史事件不受預設的眞實面貌。

（三）不連續面

「知識考古學」打破傳統歷史學一致性的整體，挖掘在事件間的縫隙，考察打斷連貫的不連續面，主張矛盾、衝突、差異等異質性也應該是被敘述的對象，而不是刻意地忽略。「知識考古學」對於異質性的描述，目的不在於呈現彰顯其對立不合的特性，而是揭示彼此對立的觀點是可能存在於一體的論述場域空間，而將異質性視爲描述對象時，便能分析這些不同形式的異質性論述。因此，散布於論述空間的不連續面，表示論述的內部存在許多衝突、矛盾、差異，甚至無法相合的對立關係，「知識考古學」便是嘗試描述這些不連續的異質面向，揭示論述「不連續」的存在特質如何運作於在歷史事件中，凸顯論述的實踐是在歷史情境中的突現事件。

[註1] Michel Foucault，馬月、謝強譯：《知識考古學》，頁 25～26。

（四）主體位置

　　「知識考古學」對論述的空間場域進行分析，因此將焦點著重於主體說話的位置，而非主體本身。「知識考古學」將論述視為事件的實踐，因而論述便不單單是一組符號的組合，[註2] 歧異立場意識的區隔與論述主體採取的論述策略等，這些面向都會影響著論述本身的運作規則，而在「知識考古學」的語境中，主體說話的內容是受到外在的社會文化環境所決定，說話的人是誰不重要，重點是他／她在什麼樣的位置說話，究竟是何種原因使得他／她的論述可以被說出來，因此論述何以成形的位置才是「知識考古學」所關注的焦點。

（五）三大分析法則

　　「知識考古學」提出論述分析的三大法則，目的在於揭示事件一致性整體表面下不連續的異質特徵，歸結如下：

1. 「稀有性」的分析從論述的片段來挖掘論述未被說出的部分，並從既有的論述場域中，探討那些被說出來的少數聲音得以突現的可能規則與論述所佔據的位置，揭示論述突現背後所隱藏的權力競爭關係與機制。

2. 「外源性」的分析試圖還原論述原本的分散狀況，著重論述主體的空間位置，主張論述主體的多元性，因為不同條件的空間場域會對論述主體產生影響，意味說話的人要看場合說話，他／她勢必受到外在環境的影響與制約。

3. 「積累性」的分析說明論述的留存是透過各種媒介來傳達，論述本身無法單獨存在。因為必須有特定媒介的傳播，因此便會受到論述領域之外的因素所影響，而隨著媒介的改變與轉載，論述所指涉的意涵可能與原先的意義產生差距，長時間的累積下來可能改變論述原有的面貌。

　　傅柯在「知識考古學」提出許多關於論述領域的分析洞見，雖然缺乏具體的操作規範方法，但這種新的批判視角提供分析歷史事件另一種結構的可能，某種程度修正傳統歷史學的既有缺陷，擴大歷史詮釋的可能視野，建構看待歷史的新視角。

〔註 2〕Michel Foucault，馬月、謝強譯：《知識考古學》，頁 48。

第二節　關於晚清女報中女權意識建構的考古性解答

　　晚清時期，是近代中國研究的一個核心區域，因爲它是中國現代性發展的開端。鴉片戰爭之後的晚清社會是一個中西文化與新舊思想相互交雜衝撞的時代，也是晚清現代性發展的開端，在前期有洋務學習的自強運動與制度革替的維新變法，因而出現一連串在政治、經濟、教育、國防等面向的新措施；後期則是受到瓜分風潮的影響，將焦點放在解救國家危機與抵抗外來侵略。在這樣的歷史軸線中，晚清的現代性發展被化約爲男性知識分子的專責事務，對於婦女在過程中的參與角色容易被輕筆略過，無法呈現晚清社會的整體面貌。事實上，晚清社會的變動，除了上部科層的變化，更多的是下部科層的「尋常改變」，這股變化是散布在大多數一般民眾的日常生活當中，女性族群當然也涵蓋在其中。

　　晚清的變化擴及社會各個階層，婦女的變動尤其顯著與廣闊，現代性思想的推行助長了婦女與此產生更多的互動與實踐，從男女平權的呼籲開始，晚清社會的政治、經濟、教育等方面的演變都與女性議題息息相關，甚至一脈相承。晚清婦女解放運動的開展離不開社會情境的影響，無論是維新還是革命，都是立基於國家富強的未來願景。婦女被納入這樣的論述體系之內，因此「她」必須戒除纏足的陋習，接受新教育的培育，參與實業經濟的生產，從依賴分立的家庭依附者變成獨立能夠生利的國民成員，因此晚清婦女解放議題的討論很大部分是救國運動的論述實踐，這當中的話語雖然帶有「天賦人權」的影子，但卻不是利基於「天賦人權」的信仰，男性知識分子關注的是國家的「權力」，甚於婦女的「權利」，李又寧曾說：

> 「權利」原是一個西方的觀念，在中國傳統的政治和社會哲學中几
> 是不存在的。這個名詞大概是在十九世紀末年、廿世紀初傳到中國。
> 雖然華文中有了這個新字眼，但這名詞所代表的觀念並不被重視或
> 強調，因此也沒有成爲一種強烈的思想上的力量，或是某種重大一
> 的政治或社會運動的理論基礎。〔註3〕

西方的「天賦人權」，講求的是個人的自由與平等，但在晚清社會的特殊詮釋下，關注的國家面對列強的「自由與平等」，而婦女解放運動在這樣的視角下便與西方理論有本質上的差異。因此，晚清婦女解放運動是救國風潮的一支

〔註3〕李又寧：〈中國新女界雜誌的創刊及內涵——《中國新女界雜誌》重刊敘〉，
　　　　頁182。

重要分流，對於女性議題的關注也是不分派別，同時存續於政治、經濟、教育各方面的思想，滲透到整個晚清社會的各層面、區域的現代性發展。

婦女解放運動在建構國家新文明的呼籲中被納入救國的論述場域裡，女報的問世便是在這樣的社會背景下開始出現的。在晚清新舊思想衝撞的年代，傳統婦女的牢籠尚未完全打破，因此社會對於婦女的新角色充滿著救國的期待與恐懼的猶疑，女報的作用便是調和這兩者之間的距離。女報的刊行有其社會輿論與公共參與的文化價值，而女報的編輯者對於報刊的論述走向更是有著主導與定位的作用，同時也乘載了新時代女性意識的傳播責任，婦女透過女報來建構自己的新身份。

本文聚焦在晚清女性意識主體的建構，以晚清三大女報《中國女報》、《中國新女界雜誌》、《天義報》為研究文本，希冀透過女報文本的分析，找出女報論述的呈現與女性主體意識建構之間的關聯與互動，即晚清女權論者對西方「天賦人權」觀點的詮釋，以及對於女性啟蒙主體建構與轉換的變化。晚清女權論者因應國家民族的需求，提出歧異的婦女解放路線。這些不同的論述主張都有「天賦人權」的概念內涵，但各自有不同的性別角色觀點。從「女新民」到「女界鐘」的「國民之母」主張與《中國女報》「盡與男子一樣義務」說法，其等觀點都是從國家需求視角出發，並且建構在相同的二元性別對立的結構上，差異處在於前者肯定女性角色價值，呼籲婦女從家庭走向社會，並賦予新的「國民之母」角色；後者則是否定婦女的性別角色，所以婦女要變成和男子一樣。然而，二者皆強調「女性」對國家貢獻的責任。另一方面，有些女權論者，如林宗素、陳擷芬等則是跳脫二元性別框架，將視角聚焦在女性主體的人格建構。《中國新女界雜誌》從實業的角度探索符合新時代的婦女新角色，顯露脫離國家框架的端倪；《天義報》則從「天賦人權」的根本觀點著手，主張徹底施行的男女平等，排除國家框架與婦女解放的關聯性。在這些不同論述話語中，女性主體的建構便在不同的路線主張中擺定與游移，從外部環境，我們可以看到兩個面向的發展：

1. 晚清女性議題的討論不同於西方性主義發展，婦女解放的焦點一開始並不是聚焦在女權的獲得，而女性主體的形象是在眾多救國論述中被建構的，這種特殊的發展軌跡是晚清社會情景（抑或說是國家命運）與西方新思想的互動結果。受到社會達爾文主義的影響，面對國家的衰弱，男性知識分子急需一個指涉對象做為解救國家（或者說是他們的焦慮）的出口，因此

國家的衰弱被投射在婦女身上，婦女的衰弱成為拖垮國家的主要歸因。因此，為了富強國家民族的發展，婦女需要被改造，擺脫弱者的形象。於是在象徵意義與現實作為上，婦女與國家成了文明進步發展的一體兩面，改造婦女便可以達到富強國家的目的，隨後衍生的婦女解放議題的討論多數便圍繞這樣的論述軸線上。因此可以說，晚清婦女形象的重新建構與當下的社會情境有很大的關聯互動，其中最不同於西方女性主義發展的地方是，晚清新女子要對比的形象不是晚清的男子，而是外國的婦女；婦女的新形象是依據社會的新需要而賦予新的意義，當中意義便包含中國與列強互動的國際關係。〔註4〕

2. 維新人士主導的婦女解放運動與國家有密切的連動性，但隨著投入運動的知識婦女越多，她們的話語卻開始打破這種連動性。在西方「天賦人權」思潮的衝擊刺激下，知識婦女不從國家需要的角度來看待婦女的主體位置。她們批判傳統文化所加諸的壓迫現象，期望能夠改變原有的性別地位，希望婦女可以脫離被宰制的他者位置，無論是來自男子還是國家，成為確實擁有獨立人格自由的完整主體，將婦女解放聚焦在自我覺醒與社會實踐，而不是單單拯救國家的工具角色。

從知識考古學的角度來看，晚清婦女的形象並不是單一直線式的發展，在維新人士主導的論述軸線之外，仍然岔出許多與其不連貫的異質存在。

以男子為主的維新人士雖然佔據主要的發聲位置，但知識婦女借助權力主體來發聲，轉化呈現自己的主張，婦女解放的論述則是呈現層層疊砌，以各種話語來表述她的主張，女報便是最主要的傳播媒介。女報的論述議題反映出晚清社會的真實面相，隨著女報的發行網絡越趨頻繁，婦女解放議題的討論便越趨熱絡，傳統與現代之間的衝突與調和也更加被關注。被晚清女報所乘載的女性群體，她們對於新角色的認同與自我意識的建構，女報產生一定程度的作用與影響，這種媒體扮演文化傳播的影響作用在現代的全球化局勢中更是可見一番。換言之，晚清女報對於女性大眾的文化角色與身份意識的建構存在牽引的互動關係。本文藉由傅柯「知識考古學」的論述分析理論，分析晚清三大女報的論述內容，認為女報所發揮的知識作用與女性主體意識建構有密切的互動關聯。就內部社會，透過女報的論述話語，知識婦女呈顯

〔註4〕 須藤瑞代，姚毅、須藤瑞代譯：《中國「女權」概念的變遷：清末民初的人權與社會性別》，頁 199～200。

她們對於婦女解放議題的主張與立場，並試圖透過女報的傳播，引領同時代的婦女回應新時代的變局，在過程中建構女性主體的身份認同與社會實踐，我們可以在以下兩個面向看到這樣的作用：

1. 晚清女報的刊行規模，雖然在本質上無法達到現今大眾媒體那樣的傳播效果，但單就「女報」本身的問世對於晚清的婦女便有一定的啟蒙引領，女報所宣傳的婦女解放思潮帶動晚清社會對女性議題的關注與討論（無論其出發點為何），婦女從家庭的隅限走向社會的公眾領域，婦女地位也在論述話語中獲得一定程度的重視，這些變化都是大大不同於傳統社會的性別結構關係。婦女解放議題雖然是由男性知識分子所肇始，在國家富強的思維下被帶入現代性改造的運動中，但這讓婦女開始從家庭的依附者角色，從「妻」與「母」的他者身份，走向建構獨立的婦女自我。婦女在「國民之母」的呼聲下，有機會走出家庭面度公眾社會，伴隨著這樣的機會，「她」逐漸轉換「國民之母」的工具性身份，變成「女子國民」的獨立個體，這一身份的轉換讓婦女更能夠接受從舊時代走向新時代的轉變，也大大提升婦女獨立自主的意識發展。〔註5〕而伴隨著女性意識的萌發，另一方面對於女性教育也是被大力提倡，無論是「國民之母」還是「女子國民」的身份論述，婦女擁有一定程度的學識能力都是必要的前提。晚清社會對「新女子」的角色有一定的期待，呼應這樣的期待，女報的論述也是注重女子教育的推行，透過女報來塑造知識婦女的培養，並且引領這批知識婦女與社會互動的實踐。

2. 女報所推崇「新女子」形象，「她」訴求於男女平等的天賦人權，擁有獨立的人格與自立謀生的實業能力，追求自由婚姻與參政權力，不同於傳統文化所追求的「賢淑雅德」，這是一個前所未有的角色變動，而女報正是提供婦女一種新時代角色形象的典範作用，帶領婦女走向新時代的正確座標。女報以古今中外各種成功的職業婦女角色為典範形象，建構婦女因應新時代的典範需求，在舊傳統「閨制」不合時宜的崩壞下，提供中國婦女新的身份認同的標準。

自我的身份認同是對文化群體與自我歸屬的一種傾向，它既相對穩定，卻又不斷變動，因此「身份」是一個在外界因素不斷刺激下，持續形塑與重構的動態過程。女報的傳播發揮晚清婦女解放運動的外部刺激作用，讓晚清婦女不斷接

〔註5〕張麗萍：《報刊與文化身份：1898～1918 中國婦女報刊研究》，頁 220。

觸來自新時代思想的文化刺激；在這些文化刺激的互動中，女報提供一個迥然不同的文化模式以爲參照物，製造一個「他體」成爲解釋自我的前提條件。知識婦女藉由這個「他體」來詮釋自己所處的文化結構，反照出真實建構的「自我」，並且通過「自我」與「他體」的「真正差別」，證明「自我」的存在，而自我的位置於是也因而不再有疑問。於是，使得婦女能夠反思自我身份的歸屬，衍生出不同的詮釋視角，以達到自我意識的重新建構。〔註6〕

　　通觀晚清的婦女解放運動，我們會看到一些重要而根本性的論點：「天賦人權」的詮釋與「女性主體」的位置：

1. 晚清社會圍繞的婦女解放議題討論，從「女權說」、「女權篇」到《女界鐘》，都可以發現「天賦人權」的反覆論述，然而當中存在詮釋視角的差異，充滿著西方理論與中國文化互動的矛盾與調和。維新人士講求「天賦人權」的目的是國家的需要，更或說是「天賦『國』權」，忽略國家體制在本質上與「天賦人權」的衝突與對立。爲了國家富強的目標，他們關注的是如何使中國可以像西方國家那般，成爲進步文明的一員。因此，維新人士將「國民的權利」置換爲「國家的權力」，意味國家不能擁有權力，國民自然也不存有權利。

2. 另一方面，知識婦女對「天賦人權」的詮釋則是從婦女自身的視角出發，整體而言她們的婦女解放論述是一直與「天賦人權」觀點保持著密切的連動性，意味「女權」的討論是奠基於婦女同爲「人」的基礎而擁有的權利，這比民初新文化到五四運動時期對於人性的重視要早了 10 年以上。再者，無論是《中國女報》的「盡與男子一樣義務」、《中國新女界雜誌》的「國民新角色的探索」、《天義報》的「脫離國家的無政府視角」，她們都從婦女自身問題來思索新女子的可能，甚至跳脫男女性別的二元架構侷限，調和「天賦人權」與國家體制之間的矛盾，建構的新女子主體都不侷限於「國民之母」的「女性天職」。〔註7〕

「天賦人權」觀念的引進，受到晚清知識分子憂患意識的操弄下，呈現出不同於原本的詮釋面貌，權利的平等變成責任的平等。這樣的變化除了理論本

〔註6〕 胡纓：〈邊緣區域與女性主義—評介克里斯蒂娃（Julia Kristeva）及其《論中國婦女》〉，《女性人》第 4 期（臺北市：女性人研究室，1990 年），頁 70。

〔註7〕 須藤瑞代，姚毅、須藤瑞代譯：《中國「女權」概念的變遷：清末民初的人權與社會性別》，頁 202～204。

身與國家體制的內在矛盾之外，更多的影響是晚清社會的時空環境所施加的作用所致。晚清的女權運動是國家民族建設文明的一個部分，對知識分子而言，國家民族的自主價值遠超過婦女的平等權利，婦女的個人權利置換為對國家的責任義務，把女權復興納進國家文明建設的道路上，以「同屬國民，同負責任」的話語建構了婦女的角色功能，而當婦女與國家需求關聯在一起的時候，婦女的主體身份也在過程中得到確認與體現。

　　女性族群本是社會結構中必然的群體，在各種歷史演化中，她們始終有著普遍而廣泛的作用，如同男子一般，是無法忽略的存在。報刊的文本特性，是最直接反映當時社會的真實生活，而晚清女報更是晚清婦女生活的實景轉錄。因此，本文藉由傅柯「知識考古學」的觀點，重新審視晚清婦女解放運動的演變，跳脫「大人物」的研究範疇，從女報中挖掘晚清婦女應對社會變化的真實生活與思想意識，以得到晚清婦女解放運動全面綜合的客觀認識與了解。我們可以看到晚清女報的問世對婦女在面對新時代變局的因應提供一個可以依循的實踐座標，在形塑新女子認同身份的過程起了一定程度的引導作用。有能力與機會參與女報刊行的女性群體，基本上在社會上都有擁有一定的文化資本，因此這一批最早接觸新事物的知識婦女便成為女性議題的領袖人物，三大女報的發行人也是如此。「她們」在女報中傳達婦女自我生活的導引，並且從中重新建構自我身份，使得女報文本成為晚清女性大眾學習仿效的典範對象。因此女報在本質上雖然只是一個小眾的媒體，但對中國婦女在新舊交替的時代應變卻有很大程度的鼓動與倡導作用。張麗萍對此曾言：

> 中國二十世紀初的婦女報刊雖然在發行量方面無法與今天的報刊相提並論，讀者的絕對數量也受到各種因素限制，然而這些婦女報刊卻是進步知識分子對廣大上層女性讀者婦女解放思想的啟蒙媒介。在那個特殊年代，新思想的出現對於長期受到封建思想禁錮的中國女性來說顯得更加振聾發聵，能夠穿透所有女讀者的內心，使她們對生活對自己的身份選擇有了全新的認識。〔註8〕

晚清婦女的變化，是一個艱辛的歷史過程，三大女報反映了知識婦女在過程中參與，她們有不輸男子的熱情與膽識，不屈從於男子所劃定的性別角色，起身反抗傳統專制的壓制，除了在國家民族的文明大業中貢獻己力之外，更多的是為婦女建立一種真正身為人的生活價值，發揮啟蒙婦女與形塑身份的

〔註8〕 張麗萍：《報刊與文化身份：1898～1918中國婦女報刊研究》，頁32。

傳播功能，在晚清的女權思想中，營造一股「新眞理」的光輝，這股光輝不只對婦女有啓迪與影響的作用，對於整個晚清社會的演變更有深遠永恆的意義與價值。

晚清特殊的歷史環境，男性知識分子在新型國家的文明想像中，開展了女權運動的論述空間與活動空間，國家對國民的需求，使得婦女跳脫對家庭的依賴性，進化爲獨立個體的國民，擔負起國民的責任義務。隨著西方思想的傳播，男女平權的概念被引入晚清社會，男性知識分子在危境思維下，將婦女解放置入國家富強的策略當中，在國家存亡的危境中開啓了婦女解放的思潮，女報的問世成爲這股新思維的傳播載體，而在 20 世紀前後的 20 年間，女報的存在一直是女性議題的重要傳聲管道。本論文的三大女報在政治傾向上雖然存在不同的主張，但在婦女解放的精神宗旨上卻是一致的，「她們」以報刊的方式，在有限的發行量下盡可能達到最大的傳播效能，帶領讀者進行新思維的啓蒙教育，女報中歧異的女性形象主張打破了傳統社會的男性話語規範，改變原有固定僵化的婦女身份。綜合上述，身處於新舊文化交替衝擊時代中的晚清知識婦女，她們面對的挑戰不單單只是個人的課題，更多的層面是女性階層的選擇，在面對如此的鉅變，她們的改變步伐是採取多元的方式，一方面挑戰傳統文化的價值規範，一方面也在新時代中學習開明與創新的思維，在傳統與現代的巨變之間建立起接合的橋樑，建構婦女在傳統與現代的平衡角色，爲廣大女性族群在新時代的身份建構預先做出表率與典範。總的來說，晚清的女權運動在國家民族的框架中被談論著，在女權與國家的複雜關係中，無論是主張貢獻國家或是脫離國家，婦女解放總是與國家保持著連動關係，而在這連動的過程中，婦女是被話語建構的形象主體，同時也是權利實踐的體現主體。在晚清救國論述的氛圍下，女報的問世萌發了女性意識的自覺探索。而正因爲這種新舊、中西的雙重價值的碰撞，知識婦女在女性議題的論述實踐有了更爲多元的解讀空間，在她們的話語中，不只呈現出晚清婦女觀看社會變化的一種認知面貌，一方面包含著她們以女性身份所展現的一種複雜的自我覺醒，一方面著思量著女性意識的探討與實踐，對晚清女性意識的啓蒙發展有著相當程度的影響與貢獻，堪稱爲女性啓蒙的引領者，是晚清婦女在社會文化演變上一個無法忽視的時代表徵。

參考文獻

一、報刊資料

秋瑾（編輯兼發行）：《中國女報》（上海市：中國女報館發行部，1907年）。

1. 第 1 期：桑兵主編：《辛亥革命稀見文獻彙編》第十二冊（北京市：國家圖書館出版社，2011 年），頁 456～518。
2. 第 2 期：中央研究院近代史研究所圖書館報刊資料檢索暨圖書館服務系統微卷資料，於 2016 年 07 月列印取得。

燕斌（編輯兼發行）：《中國新女界雜誌》（東京市：中國新女界雜誌社，1907 年）。

1. 第 1 期：王長林、唐瑩主編：《中國近現代女性期刊彙編（二）》第一冊（北京市：線裝書局，2007 年），頁 1～136。
2. 第 2 期：王長林、唐瑩主編：《中國近現代女性期刊彙編（二）》第一冊（北京市：線裝書局，2007 年），頁 137～320。
3. 第 3 期：王長林、唐瑩主編：《中國近現代女性期刊彙編（二）》第一冊（北京市：線裝書局，2007 年），頁 321～542。
4. 第 4 期：王長林、唐瑩主編：《中國近現代女性期刊彙編（二）》第二冊（北京市：線裝書局，2007 年），頁 543～722。
5. 第 5 期：王長林、唐瑩主編：《中國近現代女性期刊彙編（二）》第二冊（北京市：線裝書局，2007 年），頁 723～924。
6. 第 6 期：中國上海華東師範大學圖書館有藏書，館藏地點爲閔行七樓古籍特藏閱覽室，索書號爲 1907 No.4～6。

何震（編輯兼發行）：《天義報》（東京市：女子復權會，1907 年）。

1. 第 1～19 期：萬仕國、劉禾（校注）：《天義‧衡報》（上冊）（北京市：中國人民大學出版社，2016 年）。

其他報刊

除了「三大女報」之外，本論文援引使用之其他晚清報刊，主要出自以下書籍：

1. 丁守和（主編）：《中國近代啟蒙思潮》（上、中、下卷）（北京市：社會科學文獻出版社，1999 年）。

2. 王忍之、張枏編輯：《辛亥革命前十年間時論選集》（北京市：生活‧讀書‧新知三聯書店，1960 年）。

3. 朱榮貴（主編）：《前輩談人權－中國人權文獻選輯－第二冊：女性與人權》（新北市：天主教輔仁大學出版社，2000 年）。

4. 李又寧、張玉法（主編）：《近代中國女權運動史料 1842～1911》（上、下冊）（臺北市：傳記文學社，1975 年）。

5. 夏曉虹（編輯）：《中國近代思想家文庫：金天翮、呂碧城、秋瑾、何震卷》（北京市：中國人民大學出版社，2015 年）。

6. 夏曉虹（編輯）：《《女子世界》文選》（貴州省：貴州教育出版社，2003 年）。

7. 徐玉珍、徐輝琪、劉巨才（編輯）：《中國婦女運動歷史資料（18040～1918）》（北京市：中國婦女出版社，1991 年）。

8. 張靜廬（輯註）：《中國近代出版史料二編》（上海市：群聯出版社，1954 年）。

9. 張靜廬（輯註）：《中國近代出版史料初編》（上海市：群聯出版社，1954 年）。

10. 張靜廬（輯註）：《中國近代出版史料補編》（北京市：中華書局，1957 年）。

11. 翦伯贊（編輯）：《中國近代史資料叢刊‧戊戌變法》（上海市：神州國光社，1953 年）。

二、專書

1. 于奇智：《福柯》。臺北市：東大圖書公司，1999 年。

2. 王治河：《福柯》。湖南省：湖南教育出版社，1999 年。

3. 王政、陳雁（編輯）：《百年中國女權思潮研究》。上海市：復旦大學出版社，2005 年。

4. 王淼：《後現代女性主義理論研究》。北京市：經濟科學出版社，2013 年。

5. 王曉丹：《歷史鏡像——社會變遷與近代中國女性生活》。雲南省：雲南大學出版社，2011 年。

6. 王樹槐（主編）：《海內外圖書館收藏有關婦女研究中文期刊聯合目錄》。臺北市：中央研究院近代史研究所，1995 年。

7. 史和、姚福申、葉翠娣編：《中國近代報刊名錄》。福建省：福建人民出版社，1991 年。

8. 宋少鵬：《「西洋鏡」裡的中國與婦女：文明的性別標準和晚清女權論述》。北京市：社會科學文獻出版社，2016 年。

9. 呂妙芬、羅久蓉（主編）：《近代中國的婦女與文化（1600～1950）》。臺北市：中央研究院近代史研究所，2003 年。

10. 呂芳上（主編）：《近代中國的婦女與國家（1600～1950）》。臺北市：中央研究院近代史研究所，2003 年。

11. 呂美穎、鄭永福：《中國婦女運動——1840～1921》。河南省：河南人民出版社，1990 年。

12. 呂美穎、鄭永福：《近代中國婦女與社會》。河南省：大象出版社，2013 年。

13. 李貞德、梁其姿（主編）：《婦女與社會》。北京市：中國大百科全書出版社，2005 年。

14. 汪民安（主編）：《身體的文化政治學》。河南省：河南人民大學出版社，2004 年。

15. 汪民安、馬海良、陳永國（編輯）：《福柯的面孔》。北京市：文化藝術出版社，2001 年。

16. 汪民安：《福柯的界線》。江蘇省：南京大學出版社，2008 年。

17. 金天翮，陳雁編校：《女界鐘》。上海市：上海古籍出版社，2003 年。

18. 秋瑾，郭長海、郭君分輯注：《秋瑾全集箋注》。吉林省：吉林文史出版社，2003 年。

19. 倪志娟：《女性主義知識考古學》。北京市：高等教育出版社，2012 年。

20. 夏曉虹，呂文翠（編選）：《晚清報刊、性別與文化轉型：夏曉虹選集》。臺北市：人間出版社，2013 年。

21. 夏曉虹：《晚清女子國民常識的建構》。北京市：北京大學出版社，2016 年。

22. 夏曉虹：《晚清女性與近代中國》。北京市：北京大學出版社，2004 年。

23. 夏曉虹：《晚清文人婦女觀（增訂本）》。北京市：北京大學出版社，2016 年。

24. 夏曉虹：《晚清的魅力》。天津市：百花文藝學出版社，2001 年。

25. 夏曉虹：《晚清社會與文化》。湖北省：湖北教育出版社，2000 年。

26. 孫石月：《中國近代女子留學史》。北京市：中國和平出版社，1995 年。

27. 馬庚存：《中國近代婦女史》。山東省：青島出版社，1995 年。

28. 張京媛（主編）：《當代女性主義文學批評》。北京市：北京大學出版社，1992 年。

29. 張蓮波：《辛亥革命時期的婦女團體》。河南省：河南大學出版社，2016 年。

30. 張麗萍：《報刊與文化身份：1898～1918 中國婦女報刊研究》。北京市：中國書籍出版社，2015 年。

31. 梁啓超，張品興編輯：《梁啓超全集》。北京市：北京出版社，1999 年。

32. 章梅芳、劉兵（編輯）：《性別與科學讀本》。上海市：上海交通大學，2008 年。

33. 莫世祥（編輯）：《馬君武集》。湖北省：華中師範大學出版社，1991 年。

34. 郭廷以：《近代中國史綱》。臺北市：曉園出版社，1994 年。

35. 陳三井（主編）：《近代中國婦女運動史》。臺北市：近代中國出版社，2000 年。

36. 陳平原（主講），梅家玲（編訂）：《晚清文學教室：從北大到臺大》。臺北市：麥田出版社，2005 年。

37. 陳姃湲：《從東亞看近代中國婦女教育—知識分子對「賢妻良母」的改造》。臺北市：稻鄉出版社，2005 年。

38. 陳東原：《中國婦女生活史》。上海市：上海書店，1984 年。

39. 游鑑明（主編）：《近代中國的婦女與社會（1600～1950）》。臺北市：中央研究院近代史研究所，2003 年。

40. 湯志鈞：《戊戌變法史》。上海市：上海社會科學院出版社，2015 年。

41. 須藤瑞代：《中國「女權」概念的變遷：清末民初的人權與社會性別》，姚毅、須藤瑞代譯。北京市：社會科學文獻出版社，2010 年。

42. 黃福慶：《清末留日學生》。臺北市：中央研究院近代史研究所，2010 年。

43. 楊大春：《傅柯》。臺北市：生智文化出版社，1995 年。

44. 楊劍利：《女性與近代中國社會》。北京市：中國社會出版社，2007 年。

45. 劉人峰：《中國婦女報刊史研究》。北京市：中國社會科學出版社，2012 年。

46. 劉人鵬：《近代中國女權論述：國族、翻譯與性別政治》。臺北市：台灣學生書局，2000 年。

47. 劉北成：《福柯思想肖像》。上海市：上海人民出版社，2001 年。

48. 劉巨才:《中國近代婦女運動史》。北京市:中國婦女出版社,1989 年。

49. 劉永謀:《福柯的主體解構之旅:從知識考古學到「人之死」》。江蘇省:江蘇人民出版社,2009 年。

50. 談社英:《中國婦女運動通史》。上海市:上海書店,1990 年。

51. 鄭匡民:《梁啓超啓蒙思想的東學背景》。上海市:上海書店出版社,2003 年。

52. 鮑紹霖:《文明的憧憬:近代中國對民族與國家典範的追尋》。香港:中文大學出版社,1999。

53. 魏義霞:《平等與啓蒙——從明清之際到五四運動》。北京市:中華書局,2011 年。

54. 羅婷:《克里斯多娃》。臺北市:生智文化出版社,2008 年。

55. 羅蘇文:《女性與近代中國社會》。上海市:上海人民出版社,1996 年。

56. 譚琳(主編):《性別平等與文化構建》(上、下冊)。北京市:社會科學文獻出版社,2012 年。

57. 嚴昌洪:《中國近代史史料學》。北京市:北京大學出版社,2011 年。

58. 嚴復,王栻編輯:《嚴復集》。北京市:中華書局,1986 年。

59. Adorno, Theodor and Max Horkheimer:《啓蒙辯證法:哲學斷片》,渠敬東、曹衛東譯。上海市:上海人民出版社,2006 年。

60. Brown, Alison Leigh:《福柯》,聶保平譯。北京市:中華書局,2014 年。

61. Edwards, Louise(李木蘭):《性別、政治與民主——近代中國的婦女參政》,方小平譯。江蘇省:江蘇人民出版社,2014 年。

62. Fairbank, John King and Merle Goldman:《費正清論中國》,薛絢譯。臺北市:正中書局,2002 年。

63. Fairclough, Norman:《話語與社會變遷》,殷曉蓉譯。北京市:華夏出版社,2003 年。

64. Foucault, Michel:《古典時代瘋狂史》,林志民譯。北京市:生活·讀書·新知三聯書店,2008 年。

65. Foucault, Michel:《知識的考掘》,王德威譯。臺北市:麥田出版社,1993 年。

66. Foucault, Michel:《規訓與懲罰——監獄的誕生》,劉北成譯。臺北市:桂冠圖書出版社,1992 年。

67. Foucault, Michel《知識考古學》,馬月、謝強譯。北京市:生活·讀書·新知三聯書店,1998 年。

68. Giddens, Anthony:《現代性與自我認同》,趙旭東譯。北京市:生活·讀書·新知三聯書店,1998 年。

69. Gros, Frederic：《傅柯考》，何乏筆、楊凱麟、龔卓軍譯。臺北市：麥田出版社，2012 年。

70. Harding, Sandra：《科學的文化多元性：後殖民主義、女性主義和認識論》，譚兆民、夏侯炳譯。江西省：江西教育出版社，2002 年。

71. Kristeva, Julia：《中國婦女》，趙靚譯。上海市：同濟大學出版社，2010 年。

72. Laclau, Ernesto and Chantal Mouffe：《文化霸權與社會主義的戰略》，陳墇津譯。臺北市：遠流出版社，1994 年。

73. McCracken, Peggy（主編）：《女權主義理論讀本》，艾曉明、柯倩婷譯。廣西壯族自治區：廣西師範大學出版社，2007 年。

74. Mill, John Stuart and Mary Wollstonecraft：《女權辯護／婦女的屈從地位》（合刊書），汪溪、王蓁譯。北京市：商務印書館，1996 年。

75. Moi, Toril：《性／文本政治：女性主義文學理論》，王奕婷譯。臺北市：巨流圖書，2005 年。

76. Sarasin, Philipp：《福柯》，李紅艷譯，魯路校。北京市：中國人民大學出版社，2010 年。

77. Smart, Barry：《傅柯》，蔡采秀譯。臺北市：巨流圖書公司，1998 年。

三、期刊與論文集論文

1. 王孝勇：〈女性主義立場論的主體與權力問題〉，《政治與社會哲學評論》第 21 期（臺北市：巨流圖書，2007 年），頁 89～146。

2. 古楳：〈婦女界之覺醒〉，《中國婦女史論文集第一輯》（李又寧、張玉法編輯）（臺北市：臺灣商務印書館，1981 年），頁 277～318。

3. 吳旭時：〈傅柯——考掘學之方法與實踐〉，《輔仁大學哲學系第九屆校際研究生論文發表會暨海峽兩岸輔仁大學武漢大學研究生哲學論壇論文集》（新北市：天主教輔仁大學哲學系，2008 年），頁 1～15。

4. 呂俊賢：〈《中國新女界雜誌·補天石》人物視角的女權分析〉，《第二十二屆所友暨第九屆研究生學術討論會論文集》（高雄市：國立高雄師範大學國文學系，2015 年），頁 149～168。

5. 呂俊賢：〈晚清《中國新女界雜誌》與《天義報》女性論述比較初探〉，《第八屆全國研究生文學社會學研討會論文集》（嘉義縣：南華大學文學系，2015 年），頁 91～109。

6. 呂俊賢：〈晚清女權運動女性啓蒙主體在「天賦人權」觀照中的建構與轉換〉，《第二十三屆所友暨第十屆研究生學術討論會論文集》（高雄市：國立高雄師範大學國文學系，2016 年），頁 1～22。

7. 宋少鵬：〈中國女權思想眞的被西方理論綁架了嗎？〉，《讀書》第 9 期（北

京市：生活・讀書・新知・三聯書店，2010 年），頁 86～95。

8. 宋少鵬：〈民族國家觀念的建構與女性個體國民身份確立之間的關係〉，《婦女研究論叢》第 6 期（北京市：中國婦女研究會，2005 年），頁 48～54。

9. 宋少鵬：〈馬君武「女權」譯介中的遮蔽與轉換〉，《中國現代文學研究叢刊》第 5 期（北京市：中國現代文學館，2015 年），頁 37～48。

10. 李又寧：〈《中國新女界雜誌》的創刊及內涵〉，《中國婦女史論文集第一輯》（李又寧、張玉法編輯）（臺北市：臺灣商務印書館，1981 年），頁 179～241。

11. 李春梅：〈女性主體建構的初步嘗試——論《中國新女界雜誌》的女權思想〉，《社會科學家》第 3 期（廣西壯族自治區：廣西《社會科學家》編輯委員會，2010 年），頁 136～139。

12. 李曉蓉：〈中國近代女權特色之分析（晚清至五四）〉，《高雄師大學報》第 33 期（高雄市：國立高雄師範大學，2012 年），頁 43～59。

13. 肖莉丹：〈論中國近代女權崛起中的男性邏輯〉，《福建論壇》（人文社會科學版）第 7 期（福建省：福建社會科學院，2013 年），頁 111～114。

14. 谷正艷：〈辛亥時期中國新女性的吶喊——以《中國新女界雜誌》為中心〉，《許昌學院學報》第 22 卷第 3 期（河南省：許昌學院，2003 年），頁 94～96。

15. 李家珍：〈孟母遇見現代：二十世紀初女子教科書中的女性典範〉，《近代中國婦女史研究》第 8 期（臺北市：中央研究院近代史研究所，2000 年），頁 129～177。

16. 林淑芬：〈拉克勞（Ernesto Laclau）霸權理論中的敵對與異質性〉，《政治科學論叢》第 30 期（臺北市：國立臺灣大學政治學系，2006 年），頁 97～130。

17. 林維紅：〈同盟會時代女革命烈士的活動〉，《中國婦女史論文集第一輯》（李又寧、張玉法編輯）（臺北市：臺灣商務印書館，1981 年），頁 129～178。

18. 段煒：〈論清末維新派的女權話語建構〉，《湖北師範學院學報》（哲學社會科學版）第 26 卷第 1 期（湖北省：湖北師範學院，2006 年），頁 107～110。

19. 胡占君：〈論《中國新女界雜誌》的女權思想〉，《廣西大學學報》（哲學社會科學版）第 25 卷第 6 期（廣西壯族自治區：廣西大學，2003 年），頁 91～95。

20. 胡纓：〈邊緣區域與女性主義——評介克里斯蒂娃（Julia Kristeva）及其《論中國婦女》〉，《女性人》第 4 期（臺北市：女性人研究室，1990 年），頁 63～79。

21. 夏曉虹：〈從男女平等到女權意識〉，《北京大學學報》（哲學社會科學版）第 4 期（北京市：北京大學，1995 年），頁 97～104。

22. 夏曉虹：〈晚清女報中的西方女傑——明治「婦人立志」讀物的中國之旅〉，《文史哲》第 4 期（山東省：山東大學，2012），頁 20～34。

23. 夏曉虹：〈《女界鐘》：金天翮的「女權革命」論〉，《南京師範大學文學院學報》第 1 期（江蘇省：南京師範大學，2015 年），頁 1～6。

24. 夏曉虹：〈何震的無政府主義「女界革命」論〉，《中華文史論叢》第 3 期（上海市：上海古籍出版社，2006 年），頁 311～350。

25. 夏曉虹：〈晚清女報中的國族論述與女性意識——1907 年的多元呈現〉，《北京大學學報》（哲學社會科學版）第 51 卷第 4 期（北京市：北京大學，2014 年），頁 118～132。

26. 孫桂燕：〈女學與女權：到底誰優先？——辛亥革命時期對女學與女權關係的論爭〉，《社會科學論壇》第 11 期（河北省：河北省社會科學界聯合會，2011 年），頁 220～224。

27. 馬方方：〈20 世紀初新知世界的「國民」話語與新女性建構〉，《史學月刊》第 12 期（河南省：河南大學，2012 年），頁 69～76。

28. 高宣揚：〈論克里斯蒂娃的新女性主義〉，《同濟大學學報》（社會科學版）第 20 卷第 3 期（上海市：同濟大學，2009 年），頁 9～18。

29. 張洪彬：〈天賦人權與性別分工矛盾嗎？〉，《博覽群書》第 1 期（北京市：光明日報社，2011 年），頁 26～28。

30. 戚世皓：〈辛亥革命與知識婦女〉，《中國婦女史論文集第二輯》（李又寧、張玉法編輯）（臺北市：臺灣商務印書館，1988 年），頁 551～576。

31. 許詩屏：〈克里斯多娃的女性主義思想及其對性別平等教育的啓示〉，《教育研究》第 12 期（高雄市：國立高雄師範大學教育學系教育研究學會，2004），頁 235～243。

32. 郭院林、焦霞：〈《天義報》宗旨與劉師培、何震的婦女解放論〉，《文史知識》第 3 期（北京市：中華書局，2011 年），頁 5～13。

33. 陳文聯：〈西學東漸與中國近代女權思想的形成〉，《中南大學學報》（社會科學版）第 9 卷第 6 期（湖南省：中南大學，2009 年），頁 816～821。

34. 陳文聯：〈論《天義報》的婦女解放思想〉，《湖南城市學院學報》（人文社會科學版）第 2 期（湖南省：湖南城市學院，2001 年），頁 p66～69。

35. 陳沛郎：〈梁啓超的對內民族策略〉，《人文社會學報》第 2 期（臺中市：弘光科技大學人文社會學院，2005 年），頁 101～120。

36. 陳姃湲：〈簡介近代亞洲的「賢妻良母」思想—從回顧日本、韓國、中國的研究成果談起〉，《近代中國婦女史研究》第 10 期（臺北市：中央研究院近代史研究所，2002 年），頁 199～219。

37. 甯應斌：〈Harding 的女性主義立場論〉，《哲學論文集》（臺北市：中央研究院人文社會科學研究中心，1998 年），頁 261～296。

38. 須藤瑞代：〈近代中國的女權概念〉，《山西師大學報》（社會科學版）第 32 卷第 1 期（山西省：山西師範大學，2005 年），頁 137～142。

39. 黃湘金：〈三部日譯《女子教育（論）在晚清中國》〉，《河北師範大學學報》（教育科學版）第 4 期（河北省：河北師範大學，2007 年），頁 56～60。

40. 黃新憲：〈秋瑾女子教育觀探微〉，《遼寧師範大學學報》（社科版）第 2 期（遼寧省：遼寧師範大學，1992 年），頁 20～25。

41. 楊宇勛：〈顛覆史學與權力之眼：傅柯的《知識考古學》及《規訓與懲罰》〉，〈史耘〉第 5 期（臺北市：國立臺灣師範大學歷史學系，1999 年），頁 201～220。

42. 萬瓊華：〈在女性與國家之間－20 世紀初女權主義與民族主義的互構與碰撞〉，《中國特色社會主義研究》第 2 期（北京市，北京市社會科學界聯合會，2007 年），頁 67～72。

43. 葉秀山：〈論傅柯「知識考古學」〉，《女性人》第 5 期（臺北市：女性人研究室，1991 年），頁 4～24。

44. 翟本瑞：〈閱讀傅柯與傅柯式閱讀〉，《權力、意識與教育：教育社會學理論論文集》（蘇峰山編輯）（嘉義縣：南華大學教育社會研究所，2002 年），頁 147～188。

45. 劉人峰：〈陳志群與晚清婦女報刊〉，《湖南農業大學學報》（社會科學版）第 9 卷第 6 期（湖南省：湖南農業大學，2008 年），頁 79～82。

46. 劉人鋒：〈改造舊女界，建設新女界——《中國新女界雜誌》的婦女解放思想探析〉，《宜賓學院學報》第 8 期（四川省：宜賓學院，2008 年），頁 8～10。

47. 劉人鋒：〈辛亥革命時期的婦女刊物《天義報》與無政府主義思想〉，《船山學刊》第 2 期（湖南省：湖南省社會科學界聯合會，2012 年），頁 150～154。

48. 劉青梅：〈清末民初女性期刊中的日本因素——以《中國新女界雜誌》爲中心〉，《內江師範學院學報》第 26 卷第 7 期（四川省：內江師範學院，2011 年），頁 77～80。

49. 劉貞曄：〈論中國近代「天義派」關於婦女問題的主張〉，《婦女研究論叢》第 2 期（北京市：北京中國婦女研究會，2000 年），頁 44～47。

50. 劉慧英：〈消失在歷史迷霧中的「女界革命」——何震和《天義》報〉，《雲夢學刊》第 3 期（湖南省：湖南理工學院，2010 年），頁 5～13。

51. 劉慧英：〈從女權主義到無政府主義——何震的隱現與《天義》的變

遷〉，《中國現代文學研究叢刊》第 2 期（北京市：北京中國現代文學館，2006 年），頁 194～213。

52. 蔡祝青：〈揭示／遮蔽的視野：評《中國婦女報刊史研究》〉，《近代中國婦女史研究》第 20 期（臺北市：中央研究院近代史研究所，2012 年），頁 247～258。

53. 鄭春奎：〈論維新運動時期的女權運動思想〉，《浙江學刊》第 3 期（浙江省：浙江社會科學院，2010 年），63～68。

54. 鮑家麟：〈秋瑾與清末婦女運動〉，《中國婦女史論文集第一輯》（李又寧、張玉法編輯）（臺北市：臺灣商務印書館，1981 年），頁 242～276。

55. 魏紅專：〈《中國新女界雜誌》與婦女解放運動〉，《新聞愛好者》第 8 期（河南省：河南日報報業集團，2008 年），頁 42～43。

56. 羅秀美：〈從閨閣女詩人到公共啟蒙者—以近代女性報刊中的論說文為主要視域〉，《興大中文學報》第 22 期（臺中市：國立中興大學中國文學系，2007 年），頁 1～46。

57. 羅秀美：〈游移的身體‧重層的鏡像——由秋瑾的藝文生命觀看其身份認同問題〉，《興大中文學報》第 26 期（臺中市：國立中興大學中國文學系，2009 年），頁 133～162。

58. Dorothy Ko（高彥頤）、Lydia H. Liu（劉禾）、Rebecca E. Karl，陳燕谷譯：〈一個現代思想的先聲：論何殷震對跨國女權主義理論的貢獻〉，《中國現代文學研究叢刊》第 5 期（北京市：中國現代文學館，2014 年），頁 69～95。

59. Ellen Widmer（魏愛蓮）：〈Shan Shili's *Guimao luxing ji* of 1903 in Local and Global Perspective〉，《世變與維新—晚明與晚清的文學藝術》（胡曉眞主編，臺北市：中央研究院中國文哲研究所，2001 年），頁 429～466。

60. Peter Zarrow（沙培德），張家鐘摘譯，馬小泉校：〈何震與中國無政府女權主義〉，《黃淮學刊》（社會科學版）第 4 期（河南省：商丘師範學院，1989 年），頁 20～27。

61. Sandra Harding，都嵐嵐譯：〈女性主義、科學和反啟蒙思想的批判〉，《上海文化》第 5 期（上海市：上海社會科學院文學所，2009 年），頁 81～95。

四、學位論文

1. 尹深：《中國近代婦女報刊與婦女解放思想》。內蒙古自治區：內蒙古大學碩士論文，2013 年。

2. 尹曉蓉：《清末民初女性期刊的演化與傳播探析》。陝西省：西北大學碩士論文，2007 年。

3. 方靜儀：《女性主義在知識論上的提問暨其思想進路之分析》。桃園市：

國立中央大學哲學研究所碩士論文，1995 年。

4. 王志華：《Michel Foucault 知識考古學之教育科學蘊義》。臺北市：國立臺灣師範大學教育學系碩士論文，2002 年。

5. 王秀雲：《「女性與知識」的幾種歷史建構及其比較——以臺灣當代、七〇年代臺灣、清末及民初四段時空爲背景》。新竹市：國立清華大學歷史學系碩士論文，1992 年。

6. 王國存：《清末民初中國婦女的平等思想與義務意識》。江蘇省：蘇州大學碩士論文，2004 年。

7. 朱彥芸：《梁啓超女子教育思想研究》。臺北市：銘傳大學教育研究所，2006 年。

8. 吳明珍：《九年一貫課程的論述形構——《知識考古學》之分析》。臺南市：國立臺南大學教育學系碩士論文，2004。

9. 吳彬彬：《20 世紀初年婦女解放思潮研究——以《女界鐘》爲例》。湖南省：中南大學碩士論文，2013 年。

10. 呂俊賢：《解構單士釐的啓蒙——《癸卯旅行記》文本論文》。高雄市：國立高雄師範大學國文學系碩士論文，2013 年。

11. 李依蓉：《儼然在望此何人？——秋瑾之國族與女性意識研究》。國立暨南國際大學中國語文學系碩士論文，2011 年。

12. 李美媛：《克里斯蒂娃（Kristeva, Julia）的社會哲學初探》。高雄市：國立中山大學中山學術研究所碩士論文，1993 年。

13. 周翔：《《天義》雜誌研究》。北京市：中國社會科學院研究生院碩士論文，2012 年。

14. 周萍萍：《清末留日女學生與近代中國女子教育》。江西省：江西師範大學碩士論文，2008 年。

15. 高資晴：《清末民初男女平等教育研究》。花蓮縣：國立東華大學教育研究所碩士論文，2009 年。

16. 張娟娟：《晚清民初婦女解放思想的演變》。安徽省：安徽大學碩士論文，2007 年。

17. 張慶仁：《從傅柯知識考古觀論諾爾斯成人教育學理論之重建》。嘉義縣：國立中正大學成人及繼續教育學系博士論文，2004 年。

18. 張馨方：《Michel Foucault 《知識考古學》及其在教育論述上的應用——以國中小教科書開放政策爲例》。臺南市：國立臺南大學教育學系碩士論文，2005 年。

19. 陳媛：《論傅柯《知識考古學》》。新北市：淡江大學法國語文學系碩士論文，2011 年。

20. 馮江峰：《清末民初人權思想的肇始與嬗變》。北京市：中國政法大學博

士論文，2006 年。

21. 楊錦郁：《《中國新女界雜誌》研究》。臺北市：銘傳大學應用中國文學系碩士論文，2005 年。

22. 董博宇：《近代女性期刊小說中的女性形象與性別理想（1904～1917）》。吉林省：長春師範學院碩士論文，2012 年。

23. 趙懷娟：《戊戌至五四時期兩性視野中女權思想變遷研究》。安徽省：安徽師範大學碩士論文，2006 年。

24. 劉欣：《試論福澤諭吉女性論對梁啟超女權觀的影響》。吉林省：延邊大學碩士論文，2014 年。

25. 劉芳：《論克里斯蒂娃女性主義新視角》。浙江省：浙江師範大學碩士論文，2012 年）。

26. 劉晨婷：《哈丁女性主義認識論思想述評》。上海市：華東師範大學碩士論文，2010 年。

27. 劉德戎：《清末民初的女權運動─以反纏足與興女學為中心》。台北市：國立台北教育大學社會科教育學系碩士論文，2007 年。

28. 蔣勇軍：《清末民初女子文化生活與女性意識研究─以知識婦女為主體》。廣西壯族自治區：廣西師範大學碩士論文，2007 年。

29. 蔣喜峰：《論維新變法到五四運動時期女子教育思想》。江西省：江西師範大學碩士論文，2003 年。

30. 韓柳：《柳亞子的女權思想》。山西省：山西師範大學碩士論文，2010 年。

31. 聶會會：《中國近代女子教育發展歷程中的「女性參與」探究》。河北省：河北師範大學碩士論文，2008 年。

五、外文書目

1. Adorno, Theodor and Max Horkheimer. Gunzelin Schmid Noerr ed. Edmund Jephcott trans. *Dialectic of Enlightenment: Philosophical Fragments*. Stanford California: Stanford University Press, 2002.

2. Alcoff, Linda and Elizabeth Potter ed. *Feminist Epistemologies*. New York: Routledge, 1993.

3. Foucault, Michel. A.M. Sheridan Smith trans. *The Archeology of Knowledge*. London: Routledge, 2002.

4. Foucault, Michel. Alan Sheridan trans. *Discipline and Punish: the Birth of the Prion*. New York: Vintage Books, 1979.

5. Foucault, Michel. Jean Khalfa ed. Jean Khalfa and Jonathan Murphy trans. *History of Madness*. London: Routledge, 2006.

6. Foucault, Michel. Paul Rabinow ed. *The Foucault Reader*. New York: Pantheon Books, 1984.

7. Giddens, Anthony. *Modernity and Self-Identity: Self and Society in the Late Modern Age*. Stanford: Stanford University Press, 1991.

8. Harding, Sandra. *Is Science Multicultural?: Postcolonialisms, Feminisms, and Epistemologies*. Bloomington: Indiana University Press, 1998.

9. Harding, Sandra. *The Science Question in Feminism*. Ithaca: Cornell University Press, 1986.

10. Harding, Sandra. *Whose Science? Whose Knowledge?: Thinking from Women's Lives*. Milton Keynes: Open University Press, 1991.

11. Kristeva, Julia. Anita Barrows trans. *About Chinese Women*. London: Marion Boyars, 1977.

12. Kristeva, Julia. Leon S. Roudiez ed. Alice Jardine, Leon S. Roudiez and Thomas Gora trans. *Desire in Language: A Semiotic Approach to Literature And Art*. New York: Columbia University Press, 1980.

13. Kristeva, Julia. Margaret Waller trans. *Revolution in Poetic Language*. New York: Columbia University Press, 1984.

14. Kristeva, Julia. Toril Moi ed. *The Kristeva Reader*. Oxford: Blackwell, 1986.

15. Laclau, Ernesto, and Chantal Mouffe. *Hegemony and Socialist Strategy: Towards a Radical Democratic Politics*. Second Edition. London: Verso Books, 2001.

16. Laclau, Ernesto. *On Populist Reason*. London: Verso Books, 2005.

17. Williams, Raymond. *Marxism And Literature*. Oxford: Oxford University Press, 1977.

附錄　三大女報篇章分類整理

一、三大女報篇章分類統計

三大女報 文章分類		中國女報 1～2 期	中國新女界雜誌 1～6 期	天義報 1～19 期	總計
學理社論		9	44	78	131
傳記	中國	1	1	7	9
	外國	0	11	3	14
藝文創作	詩詞歌曲〔註1〕	19	61	17	97
	小說戲曲	2	12	0	14
時事與評論		4	25	96	125
科學與工藝		2	15	0	17
廣告		0	0	68	68
圖畫照片		2	21	34	57
總計		39	190	303	532

二、統計分類說明

1. 學理社論：有關思想理論述說、觀點詮釋與個人見解回應的篇章均劃分為此一項目。

2. 傳記：針對歷史人物的紀錄書寫，包含對歷史人物的事件記述，並於下區

〔註1〕 此類別統計項目採各別詩詞單一目次，在其項目之下可能有若干首詩詞作品，但於此統計均視為單一數量。

分中國與外國兩個子項目。

3. 藝文創作：藝文創作作品均劃歸於此類，包含中文作品英譯，於下再區分詩詞歌曲與小說戲曲兩個子項目。

4. 時事與評論：針對中外時事的報導、評論與見解的相關記述均劃分為此一項目。

5. 科學與工藝：針對現代科學工藝技術的介紹劃分為此一項目。

6. 廣告：《天義報》獨有之廣告欄目。

7. 圖畫照片：以「圖畫照片」形式刊登的篇章均劃分為此一項目。